U N A   M I R A D A   A
N U E S T R O
M U N D O

AÑOS en eL
futuro

GRUPO NELSON
Una división de Thomas Nelson Publishers
Desde 1798

NASHVILLE   DALLAS   MÉXICO DF.   RÍO DE JANEIRO   BEIJING

© 2008 por Grupo Nelson
Publicado en Nashville, Tennessee, Estados Unidos de América.
Grupo Nelson, Inc. es una subsidiaria que pertenece
completamente a Thomas Nelson, Inc.
Grupo Nelson es una marca registrada de Thomas Nelson, Inc.
www.gruponelson.com

Título en inglés: *The Way We Will Be 50 Years from Today*
© 2008 por Mike Wallace y Bill Adler
Publicado por Thomas Nelson, Inc.

Diseño de la página: *Walter Petrie*
Adaptación del diseño al español: *Grupo Nivel Uno, Inc.*

ISBN: 978-1-60255-125-1

Impreso en Estados Unidos de América

08 09 10 11 12 RRD 9 8 7 6 5 4 3 2 1

Tabla de contenido

Introducción

Este libro presenta el futuro según aquellos que nos trajeron el presente.

Cuando uno pregunta a algunas de las personas más inteligentes e imaginativas del planeta cómo será el mundo dentro de cincuenta años, las respuestas que se obtienen son tan inesperadas como visionarias.

No es fácil predecir el futuro. Como señaló un físico que contribuyó con esta colección, cuando uno trata normalmente con lo que será el universo dentro de varias decenas de billones de años, adivinar cómo será el mundo dentro de medio siglo requiere una forma totalmente distinta de pensar.

La Internet tan sólo tiene unas cuantas décadas de existencia; la transmisión televisiva solamente la hemos tenido con nosotros desde alrededor de 1941; los virus humanos se descubrieron solamente hace setenta y cinco años. La viruela fue eliminada en 1977, y la cámara de los teléfonos celulares se inventó en 1997. Si usted viajara por el tiempo hasta llegar a cincuenta años antes de que estas cosas fueran inventadas, se le haría difícil concebir el mundo del futuro.

Cincuenta años a partir de la fecha de hoy se encuentran sólo a la vuelta de la esquina, son un poquito más de veintiséis millones de minutos a partir de ahora, pero esos minutos pasan rápidamente. Este es el mundo en el que vivirán nuestros hijos y nietos. Es un mundo de asombrosos milagros en medicina y tecnología que verdaderamente no le cabe a uno en la cabeza. Enfermedades que matan a millones de personas serán derrotadas. Exploraremos lugares misteriosos del sistema solar y las profundidades marinas. Los meteorólogos pronosticarán el tiempo no sólo con precisión asombrosa sino casi a nivel de vecindario. Trenes rapidísimos de levitación magnética reemplazarán a muchos medios de transporte que usamos hoy. La educación tendrá alcance universal y el analfabetismo será algo del pasado. Las teleconferencias serán holográficas y lo harán sentir como si de veras estuviera en el salón con gente que está al otro lado del mundo. Viviremos más años y seremos más fuertes en nuestra vejez. La belleza y la funcionalidad serán compañeros más cercanos cuando construyamos edificios nuevos en nuestras ciudades. La luz del sol se convertirá en una fuente principal de electricidad sobre la tierra. Y Estados Unidos finalmente adoptará el sistema métrico.

Sin embargo, no será un mundo perfecto. Puede que no seamos capaces de vencer algunas enfermedades que nos agobian ahora, quizás surjan unas nuevas. No se eliminarán las guerras. La proliferación nuclear podría convertir al mundo en un lugar aun más peligroso. Persistirán las desigualdades en cuanto a las riquezas a nivel mundial. Las especies animales pueden continuar extinguiéndose. Además tenemos el ambiente, el aumento de la temperatura del planeta en particular. Aunque hay peligros que acechan en el futuro, estos son problemas que, como señalan los visionarios en este libro, podemos reducir o quizás revertir. El futuro estará moldeado por lo que hagamos en el presente. Simplemente tenemos que decidir qué clase de futuro queremos, y crearlo.

Mike Wallace

Ciudad de Nueva York

Cincuenta años antes de 2058

1

Vint Cerf

Vint Cerf es vicepresidente de Google. Es conocido como un «Padre de la Internet», sus honores recibidos incluyen la Medalla Presidencial de la Libertad y la Medalla Nacional de Tecnología de Estados Unidos.

PODRÍAMOS VIVIR ASÍ

Es la temporada de primavera en el hemisferio norte de la tierra en el año 2058. La población del planeta ahora sobrepasa once billones de personas, sin contar los puestos científicos de avanzada en Titán e incluso una colonia naciente en Marte. El aumento de la temperatura del planeta ha afectado las áreas costeras, y la población se ha tenido que mudar hacia el interior en muchos lugares. Famosos monumentos históricos están debajo del agua —o les falta muy poco— y los mapas de las costas continentales han cambiado, en algunos casos de manera bastante drástica. El agua fresca escasea en muchas partes del mundo, la filtración de la sal se ha convertido en una industria importante. Donde antes había oleoductos y los tanques inmensos de petróleo hacían surcos en el océano, ahora los reemplazan grandes buques cisterna y acueductos. Nuestra fuente de energía viene del sol, el viento y el átomo. La red de suministro eléctrico es global, y la energía se transfiere de lugares que tienen exceso a sitios con déficit usando un sistema de administración global que equilibra las necesidades del planeta. Las luces incandescentes son objetos de exhibición de los museos y han sido reemplazadas por aparatos de estado sólido que son programables y proveen una variedad infinita de colores y patrones, algunos de los cuales se adaptan dinámicamente a la música u otras fuentes de entrada variable. Cada edificio, vehículo, artefacto electrodoméstico y persona está en la Internet, y los sistemas de sensores proveen vistas holográficas, como de radiografía, de todo. El intercambio de información y la extracción de datos proporcionan un reconocimiento más profundo del estado dinámico del mundo que está moldeado y controlado por medio de redes computacionales distribuidas globalmente.

La telepresencia es holográfica, los mecanismos sofisticados de rastreo y presentación permiten que grupos de personas se «reúnan» en amplios espacios virtuales designados. Las ordinarias transformaciones del pasado han sido reemplazadas por vistas holográficas de gente real interactuando en tiempo real. La fusión de lo real y lo virtual es absoluta. Los niños aprenden explorando espacios virtuales que están conectados con el mundo real de manera que cuando realizan experimentos virtuales, a menudo reciben datos de instrumentos reales.

La nanotecnología ha traído abundancia de productos y artefactos, desde músculos artificiales hasta implantes oculares y de la columna vertebral. Las telas se adaptan de miles de formas a las condiciones locales. Artículos comunes como los utensilios y los platos se desarman después del uso y se vuelven a armar después de filtrar materiales extraños. Las lavadoras de platos son piezas de exhibición en los museos. Los edificios están tan alertas a las condiciones ambientales como al cupo, y se adaptan según sea el caso. Aunque la teletransportación no es posible, se puede enviar información para construir un objeto a un nanoconstructor el cual lo reproduce fielmente.

La física de alta energía y la cosmología se han fusionado, hace mucho tiempo que descubrimos el campo Higgs y detectamos la partícula que lo produce. Hemos aprendido cómo se producen la masa y la inercia y ahora parece posible el ficticio viaje sin inercia inventado por el autor de ciencia ficción, Edward E. Smith. Mientras tanto, la Internet interplanetario, inicialmente puesto en operación para enlazar la Tierra con Marte hace casi cincuenta años, se ha expandido a medida que un número cada vez mayor de largas misiones espaciales robóticas y tripuladas se ha multiplicado. Muchas misiones a estrellas cercanas se han lanzado, y la que tiene como destino Próxima Centauri está programada para llegar allí en unos diez años. Se ha construido una constelación de receptores ópticos de láser interferométrico para que den la vuelta al sol y detecten señales de la misión robótica una vez que haya llegado y entrado en órbita alrededor de la estrella distante.

Tomamos a la ligera el hecho de que podamos conversar uno con otro usando cualquier idioma, la traducción en tiempo real se lleva a cabo automáticamente. Incluso algunos grupos pueden interactuar de este modo con tal que una persona hable a la vez. Además, es bastante común hablarles a los aparatos electrodomésticos alrededor de la casa y la oficina convirtiendo nuestras palabras en órdenes y realizando consultas apropiadas por medio de computadoras conectadas a la siempre presente Internet. Por supuesto, hablar con uno mismo todavía se considera una señal de desequilibrio.

Casi todos los trabajos hoy implican el proceso de información de algún modo porque toda la tarea manual la realizan máquinas inteligentes o semiinteligentes. Algunos de los trabajos de mediados del siglo XXI serían imposibles que los entienda un ciudadano de comienzos de ese siglo. ¡En lugar de tratar de explicar lo que es un «webmaster» a un hombre con un traje gris de la década de los cincuenta! La velocidad de los avances científicos y los descubrimientos continúa acelerando a medida que cantidades crecientes de información son más accesibles en la Internet y se pueden obtener por medio de programas analíticos cada vez más sofisticados. Continuamos especulando sobre la posibilidad de que las computadoras lleguen a ser tan inteligentes como los humanos, posiblemente llegando a ser los sucesores de la raza humana.

2

Francis S. Collins

Francis S. Collins, doctor en medicina, es un especialista en genética que dirigió el Proyecto Genoma Humano, audaz esfuerzo que leyó las tres billones de letras del manual de instrucción del ADN humano. Él continúa dirigiendo el Instituto Nacional de Investigación del Genoma Humano y como líder enfatiza la importancia de tratar las implicaciones éticas, legales y sociales de la investigación del genoma. En su reciente libro, ¿Cómo habla Dios?, presenta el argumento de que la ciencia y la fe no son conceptos del mundo que se oponen entre sí, sino que en realidad se complementan muchísimo.

UNA REVOLUCIÓN EN LA MEDICINA

Durante toda la historia de la humanidad, hemos sido básicamente ignorantes de los detalles de nuestro propio manual de instrucción, el material hereditario que pasa de padres a hijos. Todo eso cambió en abril de 2003, cuando el Proyecto Genoma Humano finalizó su trabajo y reveló la secuencia completa del ADN de nuestra propia especie.

Todos nosotros somos 99,9% iguales a nivel de ADN, pero ese 0.1% de diferencia también puede conllevar el riesgo de enfermedades como el cáncer, enfermedad cardíaca o diabetes. Esos factores específicos de riesgo genético ahora se están revelando, están abriendo una nueva ventana al entendimiento de las causas de las enfermedades y proporcionando ideas sobre la prevención.

Como el campo de la investigación del genoma está avanzando tan rápido, es difícil proyectar dónde podríamos estar en tan sólo cinco o diez años, así que tratar de anticipar el futuro en cincuenta años es verdaderamente sobrecogedor. Sin embargo, lo voy a intentar.

Tengo plena confianza de que en cincuenta años cada uno de nosotros tendremos una copia de nuestra propia secuencia completa del ADN, incorporada a un registro médico electrónico de suma precisión y accesible desde cualquier parte del mundo. Quizás esto se codifique en un chip que se inserte bajo la piel del antebrazo, conjuntamente con una gran cantidad de información importante en el aspecto médico. Esa información de la secuencia del ADN, única en cada individuo, será la base fundamental de una forma altamente efectiva de medicina preventiva, donde se concentrará la mayor parte de nuestros recursos médicos para que la gente siga siendo sana. Tendremos monitores en nuestros hogares y trabajos que registrarán cualquier evidencia que indique que uno se ha expuesto a una nueva condición ambiental que pudiera ser dañina. Una muestra ocasional de una gota de sangre (o quizás sólo la saliva) detectará la presencia de una larga lista de biomarcadores que podrían sugerir el comienzo de problemas, ofreciendo la oportunidad de intervenir rápidamente. Las visitas al médico pueden parecerse un poquito al programa Viaje a las estrellas, con capacidades sofisticadas de procesamiento de imágenes que permitan evaluaciones precisas de cualquier problema en cualquier sistema de los órganos. Si surgen enfermedades a pesar de todas estas medidas preventivas, los tratamientos disponibles serán mucho más individualizados y dirigidos con gran precisión, en base a un entendimiento detallado de la estructura molecular de la enfermedad. Los métodos de distribución de la nanotecnología permitirán que el tratamiento deseado vaya directamente a donde se necesite, sin causar efectos secundarios en otras partes del cuerpo.

Habremos aprendido cómo volver a programar nuestras propias células para compensar un problema en algún lugar del cuerpo. Si está fallando su hígado, se inducirán células de su piel para aprovechar su uso al máximo. Si su corazón se está debilitando, también se programarán nuevas células musculares del corazón. Excluyendo las muertes causadas por traumas, el promedio de vida del ser humano normal alcanzará los tres dígitos. Pero no se logrará la inmortalidad: la tasa de mortalidad seguirá siendo una vez por persona.

Todos esos avances técnicos correrán el riesgo de quitarle las características personales a la medicina, pero los mejores médicos, enfermeras y otros profesionales de la salud seguirán siendo aquellos que se dediquen a conocer a la gente que tienen bajo su cuidado y a brindarle el toque humano. Por cierto, dentro de cincuenta años, se estará de acuerdo en comprender que el acceso a la asistencia médica debería ser un derecho básico de todos los seres humanos. Sólo espero que haya suficiente voluntad política en todo el mundo para actuar en base a ese principio.

¿Resultará toda esta alta tecnología en un cambio de nuestros puntos de vista sobre la humanidad? ¿Nos veremos como máquinas moleculares en vez de criaturas capaces de mostrar acciones nobles y preocuparnos por nuestros compañeros humanos? No me inquieta mucho eso. Sí, la ciencia nos brindará muchas oportunidades. Pero la gente aún estará buscando respuestas con respecto al significado de la vida; la mayoría de nosotros continuará encontrando consolación y gozo al descubrir el amor y la gracia de Dios.

3

George F. Smoot

George F. Smoot, astrofísico, comparte con John Mather el Premio Nobel de Física del 2006. Labora en la facultad del departamento de física en la Universidad de California, en Berkeley, y conduce investigaciones de astrofísica y cosmología observacional en Lawrence Berkeley National Laboratory. Es coautor (con Keay Davidson) de Wrinkles in Time *[Arrugas en el tiempo].*

UN PUNTO DIMINUTO EN EL TIEMPO CÓSMICO; UN GRAN PUNTO EN EL TIEMPO HUMANO

Trabajo principalmente estudiando la creación y la historia del universo a largo plazo. Cincuenta años son tan sólo un punto en la escala cósmica; no obstante, en la escala humana, pueden dar inicio a cambios importantes. Las innovaciones, introducidas con éxito, están aumentando a un ritmo veloz. Son acumulativas y se apoyan entre sí, así como también por medio de las actitudes empresariales del mundo moderno. Esto hace dificultoso predecir la manera en que seremos dentro de cincuenta años; sin embargo, intentarlo es algo instructivo que nos hace sentir humildes.

Podemos estimar con seguridad que sufriremos un cambio en nuestro combustible principal para el transporte. El petróleo no será tan predominante y prevaleciente como hoy. Esto resultará claramente en varios cambios de poder y también de actitudes. Eso no quiere decir que no haya habido cambios en las fuentes de energía —por ejemplo de la madera al carbón, luego al petróleo y al gas natural. Sin embargo, nunca ha sido en una escala tan grande en términos de su impacto diario en la sociedad con necesidades energéticas cada vez mayores, como de su naturaleza global.

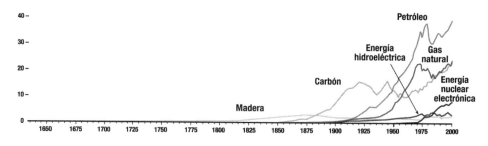

Figura 1. Consumo de energía de los EE.UU. por fuente, 1635–2000 (CUATRILLÓN BTU)

Podemos anticipar que este cambio será estresante y extraerá lo bueno y lo malo de nuestras instituciones y de la sociedad. Grupos progresistas acaban de empezar a lidiar con lo que esto podría significar para ellos y su lugar en la sociedad. Esto es mayormente un concepto económico porque es muy difícil predecir la totalidad de cómo ello impactará la civilización y qué direcciones va a tomar. La trayectoria final depende de muchos factores incluyendo la tecnología, las actitudes sociales, la diversidad de accidentes y las oportunidades. Los conceptos económicos proporcionan la lógica para tomar decisiones.

Un ejemplo interesante es la compañía llamada BP, antes conocida como «British Petroleum». Desde el año 2004 se ha estado haciendo publicidad como BP, siglas para decir en inglés «Beyond Petroleum» [Más que Petróleo]. Esta es una transición osada y complicada con diversos matices. BP anticipa invertir unos ocho billones de dólares en su propia alternativa energética durante la siguiente década, reforzando su determinación de desarrollar sus empresas «Beyond Petroleum».

Es mucho lo que está en juego en el aspecto económico y hay grandes sumas de dinero involucradas aquí. Tales circunstancias requieren cuidadosa consideración y planificación, así como la acumulación de recursos con el propósito de inventar y desarrollar tecnologías ingeniosas que tratarán con complejas necesidades energéticas globales. Esto está reuniendo una generación de científicos con profundo conocimiento en todas las áreas relacionadas con la bioenergía. Esto incluye las ciencias y la tecnología que uno normalmente esperaría y especialmente aquellas que son importantes para las modificaciones genéticas y la viabilidad para desarrollar plantas que sean fuentes eficientes y eficaces de bioenergía. Para que toda esta inversión sea exitosa, el equipo debe desarrollar la capacidad de producir, seleccionar e insertar los genes en las plantas y luego cultivarlas cualitativa y cuantitativamente hasta que se conviertan en cosechas, y después en biocombustibles. Esto no es un equipo aislado de ciencias trabajando en un laboratorio, sino un esfuerzo grande y coordinado para ir más allá de eso y ponerlo en práctica a gran escala en un lapso de cincuenta años. Esto fácilmente cumpliría con mi definición de una innovación exitosa.

¿Por qué cambiará esto nuestra manera de ser? ¿Cambiará mi vida gran cosa por el hecho de tener algo como etanol en el tanque de combustible de mi auto? Bueno, sí, indirectamente por los cambios de poder y las implicaciones perdurables en el aumento de temperatura del planeta. Sin embargo, esta misma tecnología básica puede revolucionar muchas cosas: las cosechas de alimento, las plantaciones, incluso las casas biológicas. Ya hay señales de que este método impactará primero la salud y la medicina. La tecnología que se aplicará aquí se usará para desarrollar una cura de bajo costo para la malaria por medio de una bacteria que ha sido modificada genéticamente para crear dicha cura. Muchas cosas más surgirán después en esta área. Anticipo como resultado un aumento muy notable en la duración de la vida humana y espero ser uno de los muchos beneficiarios. Es muy posible que casi todos los que estén leyendo este ensayo serán jóvenes en sus cincuenta años (esto es, menores de ciento cincuenta años y gozando de buena salud relativamente hablando). Este aumento rápido en la duración de la vida saludable tendrá un gran impacto en la sociedad. Ya existe gran conmoción debido al relativo aumento en las expectativas de vida de unos cuantos años.

Estos son miles de cambios, pero por dentro ¿seguiremos siendo los mismos viejos seres humanos buscando simplemente mejorar y optimizar nuestras vidas debido a los mejores recursos disponibles?

Creo que al mismo tiempo comenzaremos a ver un cambio en el ser humano básico.

Puesto que la sociedad puede rutinariamente volver a diseñar las plantas y animales para mejorarlos o utilizarlos con más eficiencia, ¿y qué de los humanos? Evidentemente, habrá actividad en este aspecto. Primero, vendrá por medio de la terapia de genes aplicada a las enfermedades genéticas del ser humano. Los padres ya tienen cierta capacidad de escoger si van a tener hijos con defectos genéticos severos. Ya es parcialmente posible seleccionar no sólo el sexo de una criatura (p. ej., vea el efecto de la política china de tener un solo hijo) sino también excluir defectos genéticos. Incluso pronto será posible una intervención y selección más directa. Al principio, la gente con un historial de enfermedades genéticas severas irá en busca de esto. ¿No escogerán algunos padres una selección más fuerte para obtener buena apariencia y mayor inteligencia u otros rasgos que tengan más probabilidad de hacer que su hijo sea más exitoso en una competencia general? Creo que esto es posible ya que hay evidencia de que la gente escoge a sus parejas (fuente genética de sus hijos) basada en estos rasgos. Cada vez que he hablado a grupos de estudiantes universitarios o de secundaria, por lo menos un pequeño porcentaje dice que si el mejoramiento de los genes para sus futuros hijos fuera razonablemente accesible y seguro, ellos escogerían hacer uso de esa ventaja. Me parece que en cincuenta años, podríamos ver que entre el cinco al diez por ciento de los hijos que nazcan, lo harán mejorados genéticamente, más quizás por selección, pero también posiblemente por medio de la ingeniería genética directa. Una vez que lleguemos a ese nivel, tales ventajas irán más allá de la moda y el estatus para ser parte de la competencia directa con la fuente de genes, muy parecido a la selección de pareja. Los padres preocupados muy a menudo gastan bastantes recursos (tiempo y dinero) para asegurarse de que sus hijos tengan una buena educación, las escuelas privadas son uno de los principales ejemplos. Uno podría considerar simplemente duplicar el genoma humano (para que sea aproximadamente la mitad del tamaño del genoma del trigo) e incluir todo el conocimiento hasta el nivel de una excelente educación universitaria directamente en el hijo. No habría que preocuparse de la calidad de los maestros, la escuela o si el hijo está estudiando y prestando atención. Todo ese conocimiento está presente y en su lugar en cada célula a la décima parte del costo y muchas veces más confiable.

También podríamos ver a sociedades o grupos que creen que el desarrollo de humanos que han sido mejorados —pensadores, líderes sabios, grandes estrellas de cine, etc.— es la tendencia del futuro hacia una sociedad más utópica o con marcadas ventajas estratégicas y económicas. Cualquiera de esos motivos conduce a humanos genéticamente modificados. Dentro de cincuenta años será muy posible que estemos en el inicio de una evolución rápida y nueva de la humanidad. Una de las motivaciones será la comparación y la competencia con el rápido adelanto de la inteligencia de las máquinas. Los humanos tendrán que avanzar notablemente para mantener el ritmo e incluso ser socios con relación a las máquinas (máquinas que una vez fueron los sirvientes del hombre). Supuestamente una característica que tendrán estos nuevos humanos será un interfaz mejor para conectarse con la energía de la computación. Este es un cambio que de veras acelerará las innovaciones que cambian a la sociedad y los humanos. Es interesante especular lo que marcará el momento crucial en el que la evolución nos lleve de humanos al siguiente nivel.

4

Christian de Duve

Christian de Duve, fundador del Instituto Internacional de Patología Celular y Molecular de Bélgica, compartió el Premio Nobel de Medicina en 1974 por describir la estructura y función de organillos en las células biológicas.

LO QUE NOS DEPARA EL FUTURO: «LAS CIFRAS NO MIENTEN»

Si nuestros hijos y nietos dejan que la naturaleza siga su curso, la situación dentro de cincuenta años tan sólo va a empeorar dramáticamente de lo que es ahora.

Impulsados por su compulsión arraigada de reproducirse y pelear por los suyos, los humanos habrán continuado multiplicándose, excediendo posiblemente la marca de los ocho billones de habitantes.

A fin de asegurarse su supervivencia, habrán reclamado una buena parte de la restante tierra virgen para sembrar sus cultivos y criar ganado, favoreciendo el aumento de las zonas desérticas y reduciendo la biodiversidad. Habrán restado a los océanos, lagos y ríos gran parte de la vida marina, hasta el punto de poner en peligro seriamente la supervivencia de muchas especies. En su esfuerzo por permitir que todos compartan la abundancia del progreso técnico, habrán extendido a gran parte del mundo en desarrollo el equipo y las facilidades que disfrutan los países desarrollados, desde plantas de energía y fábricas hasta ferrocarriles, aeropuertos, autopistas y puentes; desde trenes, barcos y aviones hasta autos y camiones motorizados; desde hospitales hasta instalaciones para la purificación del agua y el tratamiento del desagüe; desde baños y refrigeradoras hasta televisores, teléfonos y computadoras, y ni se diga de las tostadoras, hornos microondas y lavaplatos, todo esto digno de gran elogio pero a un costo ambiental enorme.

Para satisfacer su cada vez mayor necesidad de energía, los humanos habrán agotado la mayor parte de las reservas de carbón y petróleo que hay en el planeta y habrán agregado muchos contaminantes al ambiente. Es muy probable que no hayan sido capaces de contrarrestar el efecto invernadero a tiempo para prevenir grandes cambios climáticos y la pérdida de muchas áreas costeras a causa del aumento del nivel de las aguas debido al descongelamiento de hielos polares.

Todas esas penurias, agravadas aun más por las disparidades económicas, los nacionalismos y los fundamentalismos religiosos, habrán realzado las tensiones entre diferentes grupos y poblaciones. Las oposiciones entre los que tienen y los que no tienen, los poderosos y los débiles, los creyentes y los no creyentes habrán empeorado.

Grandes conflictos habrán continuado haciendo estragos en varias partes del mundo. Quizás, incluso un barril de pólvora nuclear ya habrá explotado en algún lugar, matando a millones y convirtiendo en cenizas a países enteros.

No hay nada inesperado en esta visión sombría; no es otra cosa que la extrapolación del presente al futuro. No es una imagen apocalíptica imaginada por algún profeta de catástrofes, sino la expresión de una cruda realidad. Ya se ven las señales de peligro. Los humanos se *están* multiplicando casi desenfrenadamente, mientras que su hábitat se está encogiendo. Los recursos naturales se *están* agotando, algunos, como los combustibles fósiles, ya se están acercando a la extinción. La biodiversidad *está* corriendo riesgo. Las especies se *están* extinguiendo en cantidades cada vez mayores. El ambiente se *está* contaminando. El clima *está* cambiando. Las ciudades se *están* agobiando bajo la presión de sus crecientes poblaciones hasta llegar al punto de ser ingobernables, si no son lugares donde se pueda vivir. La necesidad y desesperación *están* provocando que cantidades

> *Las grandes ciudades, aplastadas por la sobrepoblación, se habrán degenerado hasta convertirse en selvas regidas por el crimen y la violencia.*

cada vez más grandes de personas emigren a países ricos por cualquier medio y a cualquier precio, en contra de una creciente oposición. Los conflictos y las luchas *están* por todos lados, respaldados por una creciente tecnología de la muerte descontrolada y poderosa. El fantasma de un holocausto nuclear ya no es un concepto descabellado. Si no se le pone cuidado, este movimiento está destinado a agravarse aceleradamente, convirtiéndose al final en algo irreversible. Quizás no en tan corto tiempo como cincuenta años, pero no mucho después podría ser suficiente para llevar al mundo gobernado y saqueado por el humano a una condición de la cual no podrá regresar.

¿Se puede hacer algo para evitar este destino catastrófico? Hay algunos que ven la solución en el progreso técnico. Permitan que se domestique la fusión nuclear y la energía se volverá inagotable. Dejen que se desarrolle el hidrógeno como combustible y la combustión estará completamente careciente de contaminantes. Y así. Tales avances son sin duda deseables y podrían proveer, si se logra a tiempo, un bienvenido alivio para algunas de las crisis que se avecinan. Pero no se pueden evadir las cifras. El espacio habitable que ofrece nuestro planeta es limitado y en algún momento debe inevitablemente ser incapaz de acomodar a una humanidad que se está expandiendo, sin importar las tecnologías que estén disponibles. Se ha sugerido que la colonización de la luna o de cualquier otro cuerpo celeste sea una manera de extender nuestro hábitat. Sin embargo, es dudoso que las tecnologías que se necesiten para eso se puedan desarrollar a tiempo para evitar los desastres pronosticados. Además, hay límites físicos estrictos para el espacio que se podría ganar de esta manera, si es que va a sostener la vida humana.

Hay algunos que promueven la solución opuesta. Abandonemos nuestra civilización tecnológica, recomiendan ellos, y regresemos a la naturaleza. No obstante, pocos de ellos están listos para dejar todos los beneficios de la modernidad, tales como los alimentos saludables, las vacunas para los niños, los medicamentos que salvan la vida, etcétera, o incluso no harían uso de esos beneficios si tratasen de renunciar a ellos. La fortaleza de nuestros antepasados cazadores se ha perdido desde hace mucho tiempo. Las comunas que hoy en día promocionan el regreso a la naturaleza sólo pueden vivir en enclaves rodeados y sostenidos por una sociedad tecnológica.

Una importante objeción a la solución que promueve el «regreso a la naturaleza» es que se basa en una premisa defectuosa. La naturaleza no es buena o benévola. Tampoco es mala. Es neutral y, sobre todo, totalmente impredecible. La naturaleza no hace más que favorecer ciegamente aquellas formas de vida que son más capaces de sobrevivir y procrear bajo las condiciones prevalecientes, y lo hace de una manera puramente pasiva, sólo en virtud de los beneficios inmediatos y sin tomar en cuenta las consecuencias a largo plazo. La selección natural carece de previsión. Los humanos, gracias a sus cerebros superiores, han sido los ganadores privilegiados en este juego, ingeniándoselas para surgir de casi cualquier condición. Esto explica el éxito singular de la especie humana, que ha invadido todo el planeta con multitudes cada vez más grandes, apropiándose más y más de los recursos del planeta para su propio uso.

La mayor parte de la historia humana ha permitido, e incluso apoyado, que esta expansión se lleve a cabo sin barreras, impulsada por la convicción de que la tierra existía para que la disfrutemos y explotemos, y respaldada por lo que parecían ser medios inagotables. Sólo en este último siglo es que la humanidad ha empezado a sufrir las restricciones impuestas por los límites naturales de su crecimiento desenfrenado. Tan sólo en las últimas décadas la humanidad ha tomado conciencia de este hecho y de sus amenazas para el futuro. El sentir correspondiente de la responsabilidad del planeta apenas está despertando; aún está lejos de ser una preocupación compartida a nivel global.

Este texto comenzó con la condición: «Si nuestros hijos y nietos dejan que la naturaleza siga su curso». La única esperanza de la humanidad es que nuestros hijos y nietos *no* dejen que la naturaleza siga su curso y pongan a la *razón* al mando de todo. Los humanos, a diferencia del resto del mundo viviente, tienen la habilidad única de hacer esto aunque, quizás, carezcan de la sabiduría necesaria, la cual hasta ahora no era una condición para el éxito evolutivo.

Entre las muchas medidas que se deben tomar —y, afortunadamente, se están comenzando a tomar o, por lo menos, se están contemplando—, el freno a la expansión de la población, la cual es la raíz de todos los demás problemas, es la más urgente. Si esto no se hace imperiosamente y por todos los medios disponibles, la selección natural se encargará del asunto por nosotros, a través de la hambruna, la enfermedad, el genocidio y las guerras. El precio será exorbitante y podría llegar a exceder lo que puede soportar la humanidad. Aquellos que aún se oponen al control de la natalidad, cualquiera sea su motivo, deberían reflexionar en las dramáticas consecuencias a largo plazo de su militancia. Las cifras no mienten.

5

John R. Christy

El doctor John R. Christy es profesor de Ciencias Atmosféricas y director del Centro Científico del Sistema Terrestre de la Universidad de Alabama, en Huntsville, donde estudia temas acerca del clima mundial. Él y el doctor Roy W. Spencer recibieron el premio de la Medalla de la NASA al Logro Científico Excepcional por haber desarrollado un conjunto de datos de temperaturas globales en base a información de microondas observada por satélites. El doctor Christy ha sido colaborador y autor en jefe de los informes de las Naciones Unidas realizados por el Panel Intergubernamental sobre Cambios Climáticos en los que se incluyeron las temperaturas de los satélites como conjunto de datos de alta calidad para el estudio de los cambios climáticos globales.

LO QUE UN CLIMATÓLOGO NO PUEDE SABER DE LOS PRÓXIMOS CINCUENTA AÑOS (EXCEPTO LO QUE CREE)

¿Qué es lo que un climatólogo podría escribir en el año 2008 que tendría credibilidad dentro de cincuenta años? El sistema climático es tan complicado y los modelos rudimentarios de predicción que se usan hoy son tan inadecuados que simplemente no tenemos al alcance pronósticos confiables para describir los cambios futuros en los tipos de clima que a la gente verdaderamente le interesa.

Yo *no* puedo saber si habrá más o menos lluvia (o nieve) en cualquier parte del planeta. Pero *creo* que a medida que una política más sensata sobre el agua evolucione y el ingenio de nuestros ingenieros entre en juego, más gente tendrá acceso a más agua que nunca.

Yo *no* puedo saber los niveles futuros de los ríos y lagos. Pero *creo* que estos cuerpos de agua serán más limpios y que el flagelo de las enfermedades originadas en el agua, el cual hoy mata a millones cada año, será confrontado y reducido drásticamente.

Yo *no* puedo saber si la temperatura será más caliente o más fría, aunque el sentir hoy en día es que en la mayoría de los lugares la temperatura promedio será un poquito más caliente. Sin embargo, *creo* que más gente vivirá y trabajará en estructuras que las protegerán de temperaturas extremadamente calientes o frías que sólo los más ricos del mundo disfrutan ahora. Y *creo* que estaremos continuamente asombrados por la capacidad de resistencia de los sistemas biológicos del planeta.

Yo *no* puedo saber la extensión del hielo del Mar Ártico en el año 2058. Pero *creo* que habrá por lo menos la misma cantidad de osos polares que ahora porque son criaturas que se adaptan excepcionalmente y sospecho que será más probable que haya más actividad regulatoria para reducir los límites de cacerías.

Yo *no* puedo saber si habrá más o menos huracanes, o si serán de mayor o menor intensidad, aunque las investigaciones de hoy indican que no habrá cambios notables en cincuenta años. Sólo puedo *esperar*, no obstante, que para el año 2058 se habrán tomado decisiones sensatas para evitar que se construya infraestructura cara y vulnerable en zonas peligrosas de nuestras costas activas.

Yo *no* puedo saber exactamente cuánto subirá el nivel del mar, aunque sospecho que serán unos quince centímetros a medida que continúa subiendo desde la última era del hielo. Pero *creo* que este aumento no tomará a nadie por sorpresa o que vaya a ser un problema importante.

> *Yo no puedo saber la extensión del hielo del Mar Ártico en el año 2058. Pero creo que habrá por lo menos la misma cantidad de osos polares que ahora porque son criaturas que se adaptan excepcionalmente.*

Yo *no* puedo saber qué tipos de generación de energía estarán mejorando la vida de la gente en el año 2058. Pero *creo* que la producción de energía aumentará considerablemente para suplir la creciente demanda sencillamente porque los beneficios de la energía para la vida humana son innumerables y perceptibles por todos lados. Además, *creo* que los millones de personas que ahora están destruyendo los hábitats naturales para juntar biomasa para su consumo serán libradas de esta carga a medida que se expandan sistemas modernos de energía, conservando de ese modo los paisajes naturales que ahora están siendo diezmados.

Yo *no* puedo saber qué tipos de gobierno estarán rigiendo en las naciones en el año 2058, aunque mi primera experiencia como misionero en África me iluminó en cuanto a los tipos más tenebrosos. Pero *creo* que el paso hacia sistemas de responsabilidad democrática continuará siendo el ímpetu clave para mejorar la calidad de la vida de los humanos y todo lo demás. Yo *creo* que los derechos humanos se expandirán para incluir más mujeres y niños, y las oportunidades florecerán entre las naciones.

En resumen, yo *no* puedo saber cuál será la trayectoria del sistema climático lo suficiente como para aconsejar a los legisladores hoy sobre qué curso específico tomar, o lo suficiente para ayudarles a saber lo que podrían hacer para ajustar las normas para que se dirijan hacia una dirección considerada «segura», o incluso lo suficiente para parecer excepcionalmente profético a los que estén leyendo esto en el futuro. Pero *sí creo* que el desarrollo económico que se viene acumulando por todo el mundo no se desviará por los llamados a «parar el aumento de la temperatura global» los cuales al final están diseñados para impedir el acceso a la energía asequible. Como resultado, yo *creo* que más y más gente gozará de mejor salud y seguridad y que esto estará acompañado de la bonificación adicional de un ambiente natural mejor conservado.

En otras palabras, envidio a los del año 2058, incluyendo a mis nietos que para entonces tendrán unos cincuenta años, y estarán en medio de avances asombrosos que se llevarán a cabo, incluyendo las mejoras en el ambiente y la prosperidad humana que ahora sólo es un sueño para billones de personas.

6

Louis J. Ignarro

El doctor Louis J. Ignarro es profesor distinguido de Farmacología de la Escuela de Medicina de la Universidad de California en Los Ángeles. Él y otros dos investigadores recibieron el Premio Nobel de Medicina en 1998 por sus tres descubrimientos principales con relación al óxido nítrico como una extraordinaria molécula de señalización en el sistema cardiovascular. Él es autor de NO más infartos: Cómo el óxido nítrico puede prevenir—e incluso curar—enfermedades del corazón.

NO MÁS ENFERMEDAD CARDÍACA

A pesar del deprimente hecho de que la enfermedad cardiovascular es la causa principal de las dolencias y por último la muerte tanto en los hombres como las mujeres hoy en día, soy optimista y creo que vamos a experimentar un retroceso de esta tendencia mundial durante los próximos cincuenta años. El mal cardiovascular es mayormente una enfermedad de estilo de vida que se produce gradualmente pero con seguridad por años de dieta poco sana y una manera de vivir sedentaria. Hace sólo cuarenta años, se consideraba una enfermedad del hombre y se creía que las mujeres estaban bastante protegidas, quizás debido a los altos niveles de estrógeno en el cuerpo. No obstante, el cáncer fue el asesino número uno de las mujeres. Hoy, sin embargo, esta estadística ha cambiado de manera alarmante y más mujeres que hombres mueren de enfermedad cardíaca cada año. ¿Cómo y por qué sucedió esta tragedia en un mundo con tantos avances exponenciales en ciencia y tecnología?

La creencia actual es que las mujeres han cambiado sus estilos de vida para mal. Compare una mujer típica viviendo en la década de los sesenta con una mujer típica de hoy en los países occidentales. Su creciente participación en trabajos profesionales y no profesionales fuera de casa ha promovido el desarrollo de cambios dramáticos en hábitos de la vida cotidiana no sólo de ellas sino también de sus familias, especialmente sus hijos. Las mujeres ahora pasan mucho menos tiempo en el hogar preparando comidas saludables para ellas y sus familias. Lo que una vez fue una comida saludable hecha en casa se ha convertido en una comida mucho menos saludable, preparada rápidamente o, lo que es peor, una «comida rápida» poco saludable. Conjuntamente con un estilo de vida más sedentario, la mala dieta ha llevado a un aumento asombroso en la incidencia de la obesidad en los niños, adolescentes y adultos tanto en los hombres como en las mujeres. El porcentaje de estadounidenses considerados enfermizamente obesos es sorprendente, y el aumento más grande de este porcentaje se encuentra claramente en los niños y los adolescentes. Esta tendencia también se puede apreciar en el resto del mundo. Cuando paseo por cualquier ciudad de Estados Unidos o el extranjero, me quedo perplejo por el aumento en el número de niños enfermizamente obesos. La consecuencia trágica de esta tendencia deprimente ha sido un aumento alarmante en la incidencia de diabetes, derrames cerebrales y ataques cardíacos. La comunidad médica ahora entiende que el punto de partida de la mayoría de las muertes causadas por la enfermedad cardíaca es la obesidad de la niñez. A esto se le debe considerar una condición muy seria que al final progresará hasta convertirse en alteraciones metabólicas y diabetes, lo cual entonces prepara el ambiente para tener una enfermedad cardiovascular. Lo que estoy tratando de decir es que la enfermedad cardiovascular es mayormente una enfermedad que tiene que ver con el estilo de vida, por lo que es prevenible. Un cambio hacia un estilo de vida saludable reducirá notablemente el número de muertes atribuido a la enfermedad cardiovascular.

El triste aspecto de esta tendencia que va empeorando es que no tiene por qué ocurrir en lo absoluto. Si sólo mejoráramos nuestros estilos de vida, todo eso podría desaparecer. Yo verdaderamente creo que con un aumento persistente en la concientización del público, la gente de pronto reconocerá que tiene el control de su propio destino y el de sus familias. El resultado será una población mucho más sana con una incidencia de la enfermedad cardiovascular mucho menor. Podemos ver hoy en día que ya ha comenzado a efectuarse un cambio importante. Por ejemplo, más y más gente está poniendo atención a sus dietas y están involucrándose en más actividades físicas tanto bajo techo como al aire libre. También podemos ver un aumento en el número de tiendas que venden comida saludable, atención a las frutas y verduras que se han cultivado orgánicamente, ingredientes más saludables en comidas enlatadas y empacadas, una amplia gama de suplementos dietéticos sanos, y más y más libros acerca de vivir sanamente. Esto demuestra un aumento en la concientización del público. Pero necesitamos mucho más. Hay que hacer que la gente se dé cuenta cada vez más de que su destino y quizás el de los miembros de su familia reposa mayormente en las decisiones que tomen con respecto a sus estilos de vida. Yo creo que los medios informativos pronto reconocerán lo importante que es esto y responderán de modos singulares para mejorar la concientización del público sobre este problema serio. La cobertura informativa de este problema ya ha empezado con artículos relacionados y convincentes publicados en los principales periódicos y revistas. Pero esta clase de cobertura debe mejorarse y necesita presentarse con regularidad en la radio y la televisión nacional. Por ejemplo, programas dedicados exclusivamente a adoptar un estilo de vida sano deberían salir al aire ampliamente y con regularidad.

La evidencia científica es abrumadora e indica que los alimentos que contienen grasas saturadas y transgrasas pueden conducir a problemas cardiovasculares. Asimismo, una dieta que es deficiente en antioxidantes puede provocar el mismo problema. La razón de esto es que el exceso de grasas saturadas y antioxidantes inadecuados conducen a una deficiencia de óxido nítrico (abreviado en su fórmula química NO) en el cuerpo. El NO es una molécula biológica que sirve para protegernos de la enfermedad cardiovascular, y una deficiencia en el NO preparará el ambiente para enfermedades cardiovasculares serias tales como la enfermedad de la arteria coronaria, el derrame cerebral y el ataque cardíaco. Las dietas ricas en proteína, grasas no saturadas y antioxidantes aumentarán la producción y acción protectora del NO en el cuerpo. De modo similar, al ejercicio se le conoce por acelerar la producción rápida y efectiva del NO. De ahí la frase: «El ejercicio es bueno para la salud». Es fácil ver cómo y por qué una dieta sana con ejercicio adecuado puede protegernos de la enfermedad cardiovascular. La primera palabra del título de este ensayo, NO, significa óxido nítrico. Claramente, un estilo de vida malsano puede conducir a la enfermedad cardiovascular y a una duración de vida considerablemente más corta. Muchos de mis amigos y mi familia han reaccionado a este conocimiento esbozando, planificando y embarcándose en programas de reducción de peso, dietas saludables en casa y en restaurantes, y programas de ejercicios desde moderados hasta rigurosos. Hemos organizado grupos para correr, de ciclismo y natación. Muchos se han afiliado a clubes deportivos locales o gimnasios. Varios grupos de nosotros toman vacaciones que implican no sólo comer saludablemente sino también mucha actividad física como las caminatas, el excursionismo, las carreras, el ciclismo, la natación y jugar tenis. Este cambio en el estilo de vida se siente fabuloso, hace que todos estemos más esbeltos y es contagiante, puesto que atrae más y más participantes tanto de nuestra comunidad local como de fuera.

Hemos reconocido que la gran mayoría de la gente que ha decidido adoptar un estilo de vida saludable está bien educada. Esto parece que también es cierto en otras partes del mundo y no es inesperado. Más educación generalmente significa más riqueza y quizás más tiempo para dedicarse a cocinar saludablemente y hacer ejercicio. No obstante, creo que los que tienen menor educación también están menos informados, ahí está el problema. Tenemos que esforzarnos por extendernos y llevar nuestro importante mensaje a toda la gente, sin importar el nivel de educación o riqueza. Esto puede lograrse y se logrará no sólo por los medios informativos sino también por medio del ejemplo. Soy optimista y creo que la gente va a experimentar un cambio dramático hacia un estilo de vida saludable durante los próximos cincuenta años.

7

E. Fuller Torrey

El doctor E. Fuller Torrey es un psiquiatra que hace investigaciones y se especializa en esquizofrenia y enfermedades maniacodepresivas. Llamado «el psiquiatra más famoso de Estados Unidos» por el periódico el Washington Post, el doctor Torrey es presidente del Centro Defensor de·Tratamientos y es director asociado del Laboratorio de Investigaciones del Stanley Medical Research Institute. Entre sus muchos premios se encuentran dos medallas honrosas del Servicio de Salud Pública de Estados Unidos y un premio humanitario de la Alianza Nacional para la Investigación de la Esquizofrenia y la Depresión.

EL FIN DE LAS ENFERMEDADES PSIQUIÁTRICAS

Dentro de cincuenta años, no tendré trabajo. Como investigador en psiquiatría especializado en esquizofrenia y trastorno bipolar, no habrá nada que investigar porque ambas enfermedades serán muy bien entendidas y tratables. La mayoría de los casos de estas enfermedades que ahora vemos, para ese entonces se sabrá que son causados por agentes infecciosos combinados con genes predispuestos; estos casos ya no existirán puesto que los niños serán vacunados contra los agentes infecciosos antes que estén expuestos a ellos. Un pequeño número de casos, causado por combinaciones genéticas específicas, heridas en el cerebro y otros insultos al cerebro, aun ocurrirán, pero tendremos medicamentos efectivos para el tratamiento de dichos casos.

No sólo se comprobará que la esquizofrenia y el trastorno bipolar son causados por agentes infecciosos, sino que también lo son la enfermedad de Parkinson, la enfermedad de Alzheimer, la esclerosis múltiple, la artritis reumatoide y algunos tipos de cáncer, así como también otras enfermedades crónicas. Lo que sorprenderá a todos será el descubrimiento de que muchos de los agentes infecciosos que causan estas enfermedades están siendo transmitidos de animales a humanos. Por lo tanto, dentro de cincuenta años, la relación entre los humanos y los animales será más distante. Aún se tendrán comúnmente a los perros como mascotas; pero tener gatos, hámsters, pájaros y otros animales no será común debido al peligro conocido de los agentes infecciosos que portan.

Nuestra relación de 14.000 años con los perros, en contraste, significa que se nos transmitieron agentes infecciosos hace mucho tiempo y ya no son patógenos.

> *Aún se tendrán comúnmente a los perros como mascotas; pero tener gatos, hámsters, pájaros y otros animales no será común debido al peligro conocido de los agentes infecciosos que portan.*

No obstante, habrá otros trabajos para mí haciendo investigaciones del cerebro. Entenderemos mucho más cómo operan los módulos del cerebro y el efecto de los genes así como también las experiencias de la niñez en la conducta humana, pero aún habrá mucho que aprender. Mirando en retrospectiva cincuenta años atrás, nuestro conocimiento actual de la función cerebral será similar a la manera en que nos parece la frenología hoy. Nuestra capacidad de entender mejor la función cerebral nos traerá problemas. Un aspecto de gran interés será nuestra habilidad tecnológica para leer la mente de otras personas. Utilizando técnicas de producción de imágenes de las neuronas mucho más sensibles que cualquier cosa que nos podamos imaginar tendremos, por ejemplo, la capacidad de saber cuando la gente no está diciendo la verdad. Esto causará enormes problemas éticos y legales en cuanto al uso de esta tecnología. Tendrá un profundo efecto en la conducta criminal y la ley, pero también afectará cosas como las relaciones conyugales, declaraciones hechas por los políticos y funcionarios públicos, la publicidad y las aseveraciones de ejecutivos empresariales en cuanto a sus productos. La gente recordará con nostalgia los primeros días del siglo XXI cuando las personas todavía podían mentir sin temor a estar sujeto a un escáner de mano para el estudio del cerebro. A propósito, todos los escáners serán fabricados en Camboya bajo contrato con compañías chinas.

8

Arthur Caplan

Arthur Caplan es presidente de la junta directiva del Departamento de Ética Médica y director del Centro de Bioética de la Universidad de Pennsylvania. Escribe una columna sobre bioética para MSNBC.com y es un comentarista frecuente de diversos centros de comunicación. Es el autor de Smart Mice, Not So Smart People: An Interesting and Amusing Guide to Bioethics *[Ratones inteligentes, Gente no muy inteligente: Una guía interesante y divertida sobre bioética] y* Who Owns Life? *[¿A quién le pertenece la vida?]*

EL DÍA DE SIMON CAPLAN

Simon Caplan terminó su desayuno que consistía de jugo diseñado genéticamente de acuerdo a su genotipo específico, una tostada hecha, en parte, en base a las secreciones de microbios que cultivan fibra sana en los tanques con controladores de temperatura en una hacienda de la zona, y huevos revueltos de gallinas clonadas para producir huevos bajos en colesterol y altos en proteínas. Tenía un día muy atareado por delante.

Además de su cita con el doctor, tenía programado pasar la tarde en la computadora de su trabajo ingresando datos y respondiendo a la información enviada por sus colegas en China y la India acerca del control del clima. Simon es ingeniero climático, trabaja para un consorcio internacional enorme que se ocupa de mantener limpia la atmósfera de la tierra y proveer máxima seguridad a sus habitantes humanos, sus mascotas y las pocas especies animales que se dejaron en los zoológicos, clonarios y reservas acuáticas.

Simon sabía que tenía un largo día por delante. Era duro que se esperase que trabajara cinco horas al día. Él pensó que sería mejor que tomara el doble de la dosis normal de su suplemento para el mejoramiento de su capacidad cognitiva, después de todo, ¿qué daño podría causar? Luego recordó que iba a chequearse con su doctor por medio de su aparato telediagnosticador y que la doble dosis de seguro aparecería en la pantalla telemétrica de toxicología. Eso implicaría una multa, puesto que recientemente había acordado que como requisito para mantener su trabajo del clima ningún empleador podía necesitar tomar más de una dosis para el mejoramiento cognitivo al día. Tragarse esa pastilla significaba escuchar obligadamente una cinta de consejería en su sistema de realidad virtual y tomar unas clases por Internet en el departamento de relaciones igualitarias humanas —algo para lo cual no tenía tiempo en esos momentos. Una pastilla tendría que ser suficiente.

Simon estaba inquieto. No era nada que un estabilizador de ánimos no pudiera controlar, pero él sabía la razón de su ansiedad. Los resultados de sus pruebas estaban por llegar pronto de la Autoridad Nacional de Genética (ANG) indicando si podría casarse con su enamorada, Suzy. Él no tenía los mejores tipos de genes, pero Suzy… Suzy era increíble. Sin embargo, sin la aprobación de la ANG, no tendrían la aprobación del gobierno para casarse y tener hijos. Si lo hicieran de todos modos, eso significaría que tendrían que enfrentar una enorme carga de impuestos por cualquier hijo enfermo y discapacitado que tuvieran.

Las cosas con seguridad se habían complicado para vivir en la Alianza Norteamericana. Cuando entró al sistema se dio cuenta de que su mente divagaba en los recuerdos que tenía de haber hablado con su papá acerca de una época más simple cincuenta años antes, cuando la gente realmente iba a trabajar, tenía contacto personal con un doctor y podía casarse sin preocuparse de las consecuencias genéticas de la reproducción. *Sin embargo,* pensó. *Estoy mejor que mi abuelo, Arturo. Él murió, débil y decrépito, a la edad relativamente joven de ochenta años.* Simon podía ver anticipadamente un mínimo de ciento cuarenta años de vida de alta calidad pasando por lo menos la mitad jubilado dedicándose a sus pasatiempos, gozando de momentos en el centro de recreación de realidad virtual, o realizando obras de voluntario de utilidad social. *Parece ser un bajo precio a pagar*, pensó, *mi vida está diseñada, planificada y amoldada por todo tipo de tecnología.* No hay mucho que escoger, pero ¿qué escogería usted: una vida de doble duración y doblemente más placentera que la de sus abuelos o una en la que se pasa sentado en el automóvil, respirando aire contaminado, ingiriendo comida de plantas y animales enfermos y con dolencias, luchando para viajar treinta kilómetros para poder trabajar nueve horas? *No hay comparación*, pensó.

9

Wanda Jones

La doctora Wanda Jones es directora de la Oficina de Salud para la Mujer del Departamento de Salud y Servicios Humanos de Estados Unidos, donde supervisa diez áreas de la salud femenina, incluyendo VIH/ SIDA, enfermedades cardiovasculares, violencia familiar, diabetes, obesidad, lupus, lactancia materna y salud mental. Anteriormente trabajó en los Centros para el Control y la Prevención de Enfermedades, tratando temas sobre normas relacionadas con pruebas de laboratorio para la detección del VIH en las mujeres y el SIDA, desarrollo de la vacuna para el VIH y asistencia médica para la salud de los trabajadores.

DENTRO DE CINCUENTA AÑOS: EL BEBÉ DE HOY ALCANZARÁ LA EDAD MADURA

Imagine los titulares del futuro:

2058: *Personas de cincuenta a setenta años más incapacitados que sus padres*

Si las tendencias actuales en referencia al aumento de peso y la obesidad entre los niños en Estados Unidos continúa como se proyecta, cuando ellos sean adultos, dentro de unos cincuenta años, estarán seriamente marcados por las limitaciones en las actividades diarias (movilidad, mantenimiento de sus casas y tareas de cuidado personal) que hoy caracterizan a una persona de ochenta años. La artritis, la diabetes, las enfermedades cardíacas y los cánceres son consecuencias principales de la obesidad; el riesgo es mayor cuando la persona es considerada como moderadamente obesa. Históricamente el predominio de estas enfermedades aumenta en la mitad de la vida, pero ha sido alarmante desde hace una década para la asistencia de salud pública el incremento de casos de diabetes entre niños y jóvenes adultos. Sin embargo, hemos sido sordos a los continuos llamados de cambios de estilo de vida.

2058: *Oportunidades de trabajo para mayores de setenta años*

Para el 2058 Estados Unidos experimentará un cambio en la fuerza laboral. Los pronósticos de la Oficina del Censo son que la población adulta en edad laboral entre veinticinco y cuarenta y cuatro años, será más pequeña que la que hubo durante la Segunda Guerra Mundial. Los hijos de los nacidos después de esa guerra, que están en edades de cuarenta y cinco años en adelante, tal vez trabajen hasta sus setenta años aproximadamente, no sólo por la escasez de fuerza laboral, sino también porque podrán hacerlo. Aquellos con la mayor opción para cambiar empleos y rehacer sus carreras habrán evitado los peligros de la obesidad. Esos trabajadores no se quedarán en los mismos empleos; es más, podrán tener varias carreras, con muchas opciones después de alcanzar los sesenta años más de lo que habíamos imaginado.

2058: *Las expectativas de vida declinan después de un estancamiento de treinta años*

La niña que nazca hoy puede esperar vivir casi ochenta y un años, el muchacho, setenta y seis. La expectativa de vida se calcula a base de los índices de mortalidad durante varios años en la población. Las poblaciones que experimentan un alto índice de mortalidad en bebés, niños y jóvenes adultos por lo general tienen expectativas de vida menores. Es alarmante la predicción del futuro de la población estadounidense dentro de cincuenta años ya que la característica principal es el predominio creciente de la diabetes, dirigida por aumentos exponenciales desde los años 1960 en el aumento excesivo de peso y la obesidad entre la gente joven. Ese factor solo podría reducir la expectativa de vida de tres a cinco años si fallamos al tratar con esa amenaza a la salud.

¿En qué nos equivocamos? Nuestras madres nos hablaban acerca de comer bien, dormir suficiente, salir a jugar y ser cuidadosos, pero parece que no las escuchamos. Hacia finales del siglo veinte, los datos de salud estadounidenses mostraban tendencias aceleradas en cuanto al sobrepeso, la obesidad y la actividad sedentaria que data de los años 1960. Las personas nacidas después de la Segunda Guerra Mundial (entre 1946 y 1964) han gozado de los avances de la tecnología que nos permiten viajar desde nuestros sillones, comer en nuestros autos, «y vivir a lo grande», en maneras que nuestros padres nunca imaginaron. Nuestros hijos y nietos sólo han ampliado esas tendencias, las generaciones después de nosotros viven y socializan electrónicamente; modos que *nosotros* nunca imaginamos. Su mundo en la mitad de la vida cambiará drásticamente con respecto a lo que ahora consideramos normal.

La tecnología nos ha dado muchas cosas, reduciendo la cantidad de esfuerzo físico que gastamos en las actividades diarias. Al mismo tiempo, para la mayoría de los estadounidenses, el alimento nunca ha sido más abundante ni más fácil de obtener; estas dos tendencias han contribuido a nuestro problema de peso.

Una de las críticas a la tecnología es que aísla a la gente de la interacción social. Creo que en los próximos cincuenta años tendremos un toque tecnológico: la habilidad de transmitir los impulsos neuronales que nos permitirán sentir, oler y saborear. Esto solo cambiará las compras electrónicas (aunque a algunos nos gustaría tocar, pesar y comprobar la suavidad o textura de lo que queremos comprar) y el entretenimiento (el escape virtual), pero además tendrá implicaciones mucho más significativas en la ejecución de la asistencia médica y de la medicina preventiva. Las visitas a la oficina del médico pueden convertirse en cosa del pasado, si un proveedor puede enviar un historial y un examen físico completo a través de la Internet. Nuevos dispositivos de producción de imágenes —pequeños, poderosos y relativamente baratos— ayudarán con exámenes que antes eran invasivos y molestos. Sólo en raras ocasiones se necesitará obtener una muestra física (sangre, orina o tejido), y eso estará limitado a lugares de cuidados avanzados (sucesores de hospitales).

Los perfiles genéticos en el nacimiento (quizás antes) serán asuntos de rutina. La terapia genética podrá corregir muchos defectos que reducen la vida o la calidad de vida, y habrá estructuras de apoyo que ayudan a las familias y los individuos a controlar los factores de riesgo modificables (que puedan o no relacionarse con la genética para causar la enfermedad). Muchos órganos y tejidos serán fabricados con materiales sofisticados o de las propias células de un donante, eliminando el riesgo del rechazo.

Fumar será algo de lo cual ya no se oiga hablar, pero se desarrollarán otras adicciones y requerirán atención (así es la naturaleza de los seres humanos, pero estas rutas bioquímicas se entenderán mejor y serán propensas a mejorar con varios tratamientos).

Con excepción de unos cuantos tipos de cáncer al seno y la próstata, estos serán curables. Habrá una vacuna para prevenir varios tipos de cáncer (estómago, páncreas) y algunas enfermedades autoinmunes (como la esclerosis múltiple). La barrera hematoencefálica se caerá, y el estado físico y mental será totalmente integrado y comprenderán todas las disciplinas de la salud. El Alzheimer se podrá prevenir y tratar (aunque todavía no se podrá curar).

> *La salud será considerada como una inversión global, no como una empresa nacional o corporativa.*

La salud será considerada una inversión global, no como una empresa nacional o corporativa. La tecnología perfeccionará y asegurará los registros electrónicos de salud, y cualquier intervención médica (prevención, diagnóstico y cura) será automáticamente señalada, registrada y monitoreada o supervisada por el registro de salud electrónico.

Cada individuo tendrá acceso directo a sus propios archivos mediante un dispositivo, tamaño bolsillo, que registrará datos fisiológicos y de otro tipo relacionados con el usuario y sus actividades, dieta, estado emocional y otros componentes para ayudar en la evaluación de riesgo. Este dispositivo también puede realizar tratamiento y proporcionar monitoreo en curso para algunas enfermedades físicas y mentales. Los aparatos para implantar como dispositivos serán comunes para los que sufran de condiciones crónicas; ellos proporcionarán la medicina o modificarán directamente las rutas bioquímicas influyendo en las enzimas defectuosas u otros procesos. Además, entenderemos mejor la manera en que la fisiología cambia la vida útil y cómo eso se diferencia entre los sexos y la población (así como en el nivel individual). Esto resultará en servicios médicos aun más eficientes y eficaces con respecto a la salud preventiva y mental.

Como nadie vive para siempre, la sociedad estará mejor equipada para tratar humanamente con el tema de la muerte. Los profesionales de la salud tendrán los recursos para evaluar la inutilidad del tratamiento y los mejores modos de aliviar el dolor de las enfermedades terminales. El apoyo familiar permitirá que los seres amados participen (aun a la distancia) en esta transición final. Los sistemas sofisticados de cuidado en el hogar —y en la comunidad— permitirán que los ancianos y discapacitados se queden en sus casas el tiempo que deseen, en vez de ser forzados al cuidado a largo plazo o a otra forma de vida dependiente.

Las grandes alianzas entre empleadores, sistemas educativos (de todos los tipos y para todas las edades), grupos religiosos y comunidades ayudarán a identificar a las familias y los jóvenes en peligro, proveyendo servicios de cuidado para apoyar el desarrollo de habilidades y la alfabetización. La intervención directa reducirá la diabetes y la violencia, tanto en el hogar como en la comunidad; además mejorará la salud mental y reducirá el subempleo.

La extensión de la calidad de vida creará nuevas oportunidades en la educación, la fuerza laboral y el entretenimiento. Los avances tecnológicos permitirán trabajar a cualquiera que desee un empleo: con opciones de trabajar desde la casa, en el campo de asistencia tecnológica o en empleos basados en conocimiento, lo que exija menos físicamente. La educación podría ser interrumpida por un período de servicio entre la secundaria y la universidad, permitiendo que la gente joven explore los campos para los cuales tengan aptitud sin experiencia previa. Los períodos de trabajo pueden ser interrumpidos por lapsos de educación, en particular para permitir que los jóvenes y los trabajadores más viejos aprendan nuevas habilidades para segundas o terceras carreras. El aprendizaje continuo será el mantra nacional.

Ni puedo tocar quién va a pagar la cuenta. Las diversas presiones a los jubilados (los nacidos después de la Segunda Guerra Mundial) así como los efectos crecientes por ser demasiado pesados u obesos entre los beneficiarios del Medicaid (seguro médico del gobierno estadounidense), no está claro si la asistencia médica, los seguros de salud públicos (Medicaid y Medicare) o hasta los privados puedan sobrevivir sin cambios significativos. Replantear la salud como bienestar —más que como el cuidado médico— es prioritario; esto abrirá nuevas oportunidades para emplear una variedad de tecnologías que evalúen a los individuos, las familias y las comunidades a fin de optimizar las estrategias para el estilo de vida, y proporcionar el apoyo necesario para conseguirlas.

Ocurrirán muchos cambios en los próximos cincuenta años y debemos motivarlos, a menos que aceptemos la creciente discapacidad y una calidad de vida reducida como consecuencia de las pobres decisiones que hagamos hoy.

Espero estar entre millones de centenarios dentro de cincuenta años, sé que debo hacer todo lo que pueda para controlar los riesgos. Las decisiones que tomo cada día acerca de mi dieta, mi actividad, mi seguridad y tantas otras cosas aumentarán mis probabilidades. ¡Me emociona pensar en la posibilidad de estar aquí en el año 2058! Además, para entonces confío en que podré estar sobre mis pies y leer el montón de libros que —por el momento— no tengo tiempo de leer. Incluso, aunque la tecnología permita que «absorbamos» literalmente el conocimiento en cincuenta años, nada sustituirá la satisfacción de darle la vuelta a la última página de un buen libro.

10

Craig Newmark

Craig Newmark es un pionero de Internet y fundador de craigslist, el
tablero de anuncios comunitarios cibernéticos

CÓMO OPINAR EN LOS BLOGS DEL FUTURO

¡Esos chicos! No saben cuán buenas que son las cosas en estos días. Cuando usé por primera vez los sistemas, yo tenía que hacer mis propios bits. (Hablando en serio, usaba fichas perforadas.)

Ahora tomamos a la ligera la computación, por algo más. Algunos prefieren los implantes, otros prefieren usar lentes de contacto como monitores de pantalla ancha. Todo es inalámbrico y a menudo se carga por medio del movimiento de nuestro propio cuerpo. A algunos, incluyéndome a mí, nos encanta la tecnología, pero de lo que se trata es de la manera en que la gente la usa para que les ayude a vivir.

La gente olvida que la red la inventó hace unos quinientos años ese tipo llamado Johannes Gutenberg. Sin embargo, su tecnología menguó por un tiempo hasta que uno de los primeros que usó el blog, Martín Lutero, inventó la primera aplicación fenomenal, la Reforma.

La gente usó esta tecnología para redistribuir el poder, para pasarlo de pequeños grupos a grandes (menos pequeños). El más notable entre ellos fue John Locke, un escritor de blogs asociado con la Revolución Británica de 1688. Después tenemos a Thomas Paine y la Revolución Americana de 1776.

Se necesitaron muchos más escritores de blogs para restaurar la Constitución Estadounidense en 2008. La gente se olvida de que el momento decisivo sucedió en ese año; los periodistas llenos de civismo expusieron tanta corrupción que la prensa predominante le dio seguimiento. Ese fue el verdadero inicio de la cobertura continua del gobierno a través de Congresopedia. Hasta el año 2008, los victoriosos, los individuos armados, escribieron lo que se considera historia. Ese año, la historia registrada se convirtió en Wikipedia.

Lo que pienso que sucedió es que gran parte de la humanidad, en la que casi todos son moderados, se cansó de los fanáticos, se conectó por medio de la Internet, y empezó a hacerse cargo de las cosas. Como dijo Jon Stewart, los extremistas solían recibir toda la atención porque los moderados tenían cosas que hacer.

Así es como los palestinos y los israelíes moderados lograron la paz; tomaron control del proceso de paz por medio de ese movimiento llamado UnaVoz, e hicieron un pacto.

Yo, me tengo que ir, voy a llegar tarde para mi tratamiento de telómeros, que me mantiene luciendo como si tuviera cincuenta años aunque tengo el doble de esa edad.

¡Ustedes, muchachos! ¡Salgan de mi jardín!

11

Ray Kurzweil

Ray Kurzweil es un inventor cuyos logros incluyen la primera máquina lectora de texto impreso a voz para ciegos y el primer sintetizador de texto a voz. Fue admitido al Salón de la Fama Nacional para Inventores y fue galardonado con el premio Lemelson-MIT, el mayor premio nacional por inventos e innovaciones, y con la Medalla Nacional de Tecnología, el honor más alto de la nación en cuestiones de tecnología. Su libro más reciente es The Singularity is Near, When Humans Transcend Biology *[La singularidad está cerca: Cuando los seres humanos trascienden la biología].*

EL PROGRESO SE ACELERA EXPONENCIALMENTE

«No se puede predecir el futuro», es lo que se dice comúnmente. En efecto, este aforismo es verdadero cuando de proyectos específicos se trata. Pero el avance general de las tecnologías informáticas se vaticina asombrosamente. El precio por rendimiento de las computadoras ha crecido a un ritmo doblemente exponencial de modo sorprendentemente uniforme por más de un siglo, regresando hasta los equipos procesadores de datos empleados en el censo de Estados Unidos llevado a cabo en 1890. Eventos tales como dos guerras mundiales, la Guerra Fría, la Gran Depresión y toda suerte de buenas y malas épocas no tuvieron efecto alguno en lo que ha sido un avance inevitable.

Esta observación, a la cual he llamado «la ley de beneficios acelerados», no está limitada a dispositivos electrónicos, sino que se aplica a cualquier área de la tecnología en la cual es posible medir el contenido de la información. Como unos cuantos de una gran cantidad de ejemplos, el costo de la formación de secuencias genéticas se ha reducido a la mitad cada año, desde diez dólares (US$10.00) por par básico en 1990 a una fracción de centésimo en la actualidad. La definición de espacios en los encefalogramas se ha duplicado en precisión (en volúmenes tridimensionales) cada año, mientras que la cantidad de datos del cerebro se ha duplicado cada año. El rendimiento de las tecnologías comunicacionales, incluyendo Internet, y medido de muchas formas diferentes, también se ha duplicado aproximadamente cada año.

El resultado de este avance exponencial en la tecnología informática representa una aceleración en el ritmo del progreso en sí, lo cual según mi modelo ahora se duplica cada década. Aunque esto pudiera parecer obvio, es asombroso ver la frecuencia con la cual observadores atentos se olvidan de tomar esto en cuenta. La última vez que participé en un proyecto en el cual me pidieron que mirara cincuenta años hacia el futuro fue en una conferencia organizada por la revista *Time*, denominada «El futuro de la vida», celebrada con motivo del quincuagésimo aniversario del descubrimiento de la estructura del ADN. Todos los conferencistas, excepto un servidor y otro (Bill Joy), emplearon los últimos cincuenta años como modelo para el próximo medio siglo. Entre estos se encontraban James Watson, codescubridor del ADN, quien predijo que en cincuenta años tendríamos drogas que nos permitirían comer tanto como quisiéramos sin ganar peso. Le respondí: «Jim, eso ya lo hemos demostrado en animales bloqueando el gen receptor de insulina, y hay varias empresas farmacéuticas apresuradas por traer este descubrimiento al mercado humano. Eso lo veremos en una década, no en cinco».

A pesar de lo prodigiosa e influyente que ya es la tecnología informática, veremos un mejoramiento en un factor de mil millones en los próximos veinticinco años, y después volveremos a verlo.

De modo similar, casi todas las predicciones expresaron subestimaciones dramáticas por no tomar en cuenta la naturaleza exponencial de los avances tecnológicos. Creo que esto es una característica predeterminada: nuestros cerebros fueron diseñados por evolución para hacer predicciones lineales, las cuales funcionan bien cuando queremos predecir la trayectoria de un depredador que está corriendo hacia nosotros. Pero no son muy adecuadas para hacer predicciones a largo plazo.

La duplicación del precio por rendimiento, de la capacidad y del ancho de banda de las tecnologías informáticas en menos de un año representa un progreso extraordinario: un mejoramiento de más de mil veces en una década, un factor de mil millones en veinticinco años. Cuando llegué al MIT (Massachusetts Institute of Technology), la universidad tenía una sola computadora compartida entre miles de profesores y estudiantes. Ocupaba todo un piso de un edificio grande y tenía un costo de diez millones de dólares. Hoy, la computadora alojada en su teléfono celular de cincuenta dólares es miles de veces más poderosa. A pesar de lo prodigiosa e influyente que ya es la tecnología informática, veremos un mejoramiento en un factor de mil millones en los próximos veinticinco años, y después volveremos a verlo.

Esto no es tan sólo por la «Ley de Moore» (la reducción del tamaño de componentes en un circuito plano integrado). Cuando ese modelo pierda su relevancia antes del año 2020, adoptaremos otro: circuitos tridimensionales compuestos de moléculas autoorganizadas que continuarán los avances exponenciales al adentrarnos en el siglo veintiuno. También estamos reduciendo el tamaño de la tecnología, tanto electrónica como mecánica, a razón de cien por volumen tridimensional por década, lo cual equivale a una reducción de tamaño por un factor de 100.000 en el próximo cuarto de siglo.

Este avance extraordinario no está limitado a las computadoras y sistemas electrónicos, sino que en últimas transformará todos los aspectos de nuestras vidas. La biología y la medicina, por ejemplo, antes se basaban en el ensayo y el error, descubriéndose agentes químicos que ofrecían ciertos beneficios, pero que invariablemente incluían muchos efectos secundarios y desventajas. Ahora estamos empezando a comprender la biología y a simularla como el conjunto de procesos de informática que realmente representa. Y estamos desarrollando herramientas para reprogramar esos procesos. Tenemos software anticuado instalado en nuestros cuerpos: nuestros 23.000 genes evolucionaron cuando las condiciones eran muy diferentes. Por ejemplo, no convenía a nuestra especie que las personas sobrepasaran la edad de criar hijos. Una vez que uno terminaba de criar a los hijos, lo cual sucedía cuando uno tenía veintitantos años y sus hijos ya eran adolescentes, lo que uno hacía de allí en adelante era sólo consumir los muy limitados recursos del clan. De modo que hace mil años, la expectativa de vida era de veinticinco años. Apenas era de treinta y siete años de edad en fecha tan reciente como hace doscientos años.

Ahora contamos con medios para desactivar genes (con una tecnología llamada interferencia de ARN), y para añadir genes nuevos con formas confiables de terapia genética. Una empresa que ayudo a dirigir extrae células de pulmón del cuerpo, les añade un gen nuevo en una placa petri, corrobora que el gen nuevo haya sido correctamente insertado, reproduce la célula un millón de veces y luego inyecta las células genéticamente modificadas de regreso al cuerpo, terminando estas de nuevo en los pulmones. Esto ha servido de cura para la hipertensión pulmonar, una enfermedad mortal, la cual ahora está siendo sometida a prueba con seres humanos. Vamos rumbo no sólo hacia bebés a pedido, sino de adultos de mediana edad a pedido (algo que en lo personal me interesa más).

La expectativa de vida humana se ha duplicado en los últimos dos siglos y el ritmo de aumento pronto pasará velocidad alta. En cuestión de una década, la biotecnología será mil veces más poderosa de lo que lo es hoy. En unos quince años, según mis modelos, estaremos añadiendo más de un año por año a nuestra expectativa de vida restante. Eso no representará una garantía de vida eterna, pero sí un punto de cambio.

> *Vamos rumbo no sólo hacia bebés a pedido, sino de adultos de mediana edad a pedido (algo que en lo personal me interesa más).*

Una preocupación que casi siempre surge cuando hago esta observación es que se nos agotarán los recursos, como la energía. Pero la tecnología informática también transformará estas áreas. Una revolución que se traslapa con la reprogramación de la biología es la nanotecnología, una tecnología en la cual sus características clave apenas miden unas milmillonésimas de un metro. Estamos avanzando rápidamente hacia una era en la cual esencialmente podremos reprogramar la materia y la energía a nivel molecular para crear casi cualquier producto físico que necesitemos a un costo extremadamente bajo.

Hoy podemos convertir un archivo de información en una reproducción sonora, o en una película, o en un libro. En un par de décadas, seremos capaces de convertir archivos de información en una amplia gama de productos físicos e «imprimirlos» empleando una «nanofábrica» molecular de mesa, a bajo costo. De manera que podremos enviar una tostadora por email, o aun las tostadas. Uno de los productos que «imprimiremos» serán paneles solares sumamente eficientes, livianos y económicos. Estamos bañados en luz solar: sólo basta con que capturemos 1 parte por cada 10.000 de la luz solar que cae sobre la tierra (esto aumentará a 3 partes por cada 10.000 para el año 2025) para satisfacer el cien por ciento de nuestras necesidades energéticas. Esto se logrará de modo fácil y poco costoso en veinte años, mediante el uso de paneles solares nanodiseñados. Almacenaremos la energía en celdas nanodiseñadas, minúsculas y masivamente distribuidas.

La implicación más enorme de este avance inexorable de la tecnología informática será el descifrado del diseño y la ampliación resultante de la inteligencia humana misma. Ya hemos creado modelos y simulaciones de veinte regiones del cerebro humano, incluyendo regiones de la corteza auditiva, la corteza visual y el cerebelo (responsable de la formación de habilidades). Una simulación ambiciosa de la corteza cerebral (responsable del razonamiento abstracto) ya está en marcha en IBM. He presentado el argumento de que tendremos modelos detallados y simulaciones de varios cientos de regiones del cerebro humano en unos veinte años, y que seremos capaces de ejecutar dichas simulaciones en computadoras poco costosas que excederán la capacidad de cálculo del cerebro humano.

Las implicaciones son múltiples. Obtendremos una perspectiva mucho mayor de la naturaleza humana, lo cual ha sido una meta principal de las artes y de las ciencias desde que nuestra especie iniciara esos procesos evolutivos. Estaremos en una posición muy superior para resolver los problemas que surjan en el cerebro humano. De mayor importancia será que ampliaremos el juego de herramientas de la inteligencia artificial (IA). Ya, en la actualidad, hay programas de IA que desempeñan cientos de tareas que antes desempeñaban seres humanos. Estos están profundamente insertados en nuestra infraestructura moderna, e incluyen tareas tan variadas como el diagnóstico de electrocardiogramas e imágenes médicas, detección automática de fraudes financieros, toma de decisiones diarias de inversiones multimillonarias, diseño de productos, mantenimiento de niveles de inventario para entrega «justo a tiempo», ensamblaje de productos en fábricas con autómatas, guiado de armas inteligentes y una multitud de otros usos. La profundidad y el alcance de estos algoritmos inteligentes van en aumento y en menos de un cuarto de siglo llegarán al nivel del alcance pleno de la inteligencia humana. La combinación de los tipos de inteligencia en los cuales los seres humanos nos destacamos (principalmente nuestra capacidad de reconocer patrones) con las maneras en las cuales las máquinas tradicionalmente han sido superiores (tales como compartir conocimientos a velocidades electrónicas) será formidable.

Según mi forma de ver las cosas, la creación de una «especie» inteligente nueva no es la implicación principal de crear IA con nivel humano. En lugar de ello, nos combinaremos con la tecnología inteligente que estamos creando. Ya estamos colocando dispositivos inteligentes en nuestros cuerpos y en nuestros cerebros. Los que sufren de mal de Parkinson pueden sustituir los tejidos cerebrales destruidos por esa enfermedad con una computadora del tamaño de un guisante colocada en sus cerebros. La generación más reciente de este implante neural aprobado por la FDA (Administración de Drogas y Alimentos de los Estados Unidos) permite a los pacientes actualizar el software de la computadora alojada en su cerebro desde una fuente externa a sus cuerpos. Ya contamos con dispositivos experimentales del tamaño de células sanguíneas que ejecutan funciones sofisticadas tales como hallar y destruir células cancerosas en el torrente sanguíneo. En veinte años, estos «nanobots» en nuestro torrente sanguíneo nos mantendrán saludables desde el interior. Entrarán a nuestro cerebro de modo no invasivo a través de los vasos capilares e interactuarán con nuestras neuronas biológicas. Miles de millones de nanobots distribuidos en el cerebro proporcionarán experiencias de realidad virtual por inmersión completa desde el interior del sistema nervioso, al igual que una realidad realzada. Más relevante aun, ampliaremos directamente nuestras memorias, la capacidad de reconocer patrones, facultades cognitivas y todos los aspectos de nuestra inteligencia.

¿Serán esas computadoras dentro de nuestro cerebro sólo herramientas como las computadoras de bolsillos, pero que las ponemos en nuestro cerebro porque ese es un lugar cómodo para ellas? ¿O consideraremos que estas extensiones de nuestro cerebro son parte de nosotros mismos? Les he preguntado a pacientes con mal de Parkinson si consideran la computadora que tienen en su cabeza como parte de su ser. Casi todos los pacientes responden que consideran que los implantes forman parte de sus personas. Obtengo la misma respuesta de personas sordas con implantes cocleares. Anticipo que nos sentiremos de la misma forma en cuanto a los nanobots que estarán ampliamente distribuidos por nuestro cuerpo y nuestro cerebro.

Debido a la ley de beneficios acelerados, la porción no biológica de nuestra inteligencia crecerá de modo exponencial, mientras que la porción biológica permanecerá esencialmente constante. A la luz de eso, ¿seguiremos siendo seres humanos? La respuesta depende de cómo se defina este término. Si define «ser humano» según las características de nuestras limitaciones presentes, entonces la respuesta es no. En mi opinión, definir nuestra identidad humana en términos de restricciones antiguas es esencialmente una posición fundamentalista. Somos la única especie que busca, y alcanza, remontarse más allá de nuestros límites. Desde ese punto de vista, sencillamente estaremos continuando con la antigua historia de avances que se aceleran cada vez más.

12

Thomas C. Schelling

Thomas C. Schelling, distinguido profesor en la Facultad de Política Pública de la Universidad de Maryland, compartió el Premio Nobel de Economía en el 2005 por mejorar nuestra comprensión del conflicto y cooperación por medio de análisis de teoría de juegos. Entre sus otros galardones se incluye el Premio de la Academia Nacional de Ciencias por Investigación de Comportamientos Relevantes para la Prevención de una Guerra Nuclear.

UN ECONOMISTA PREDICE

Las armas nucleares han pasado sin ser utilizadas por más de once décadas. Francia y el Reino Unido han abandonado sus fuerzas nucleares. Irán y Corea del Norte adquirieron armas nucleares, pero ya se han desecho de ellas, junto con India y Pakistán (pero no Israel). No se conoce de ninguna otra nación aparte de Estados Unidos, Rusia y China que posea armas nucleares.

Los actos terroristas, tanto a escala nacional como internacional, continúan sucediendo aproximadamente al mismo nivel que hace cincuenta años atrás, pero han dejado de ser la preocupación principal. En el quincuagésimo aniversario del 11 de septiembre, más de cinco mil millones de personas observaron presentaciones de video del ataque a las Torre Gemelas sucedido en el 2001. Existe una preocupación continua de que alguna organización terrorista llegue a adquirir armas nucleares, pero no se conoce de ninguna que las posea, ni que afirme poseerlas. Las armas biológicas siguen causando preocupación; ningún brote contagioso hasta ahora ha sido atribuido a una infección deliberada.

El advenimiento del «calentamiento global» resultante de las actividades humanas ha sido identificado más allá de toda duda. Ninguna de las predicciones graves hechas previamente se ha convertido en realidad, pero la concentración de gases con efecto invernadero en la atmósfera continúa aumentando. La escasez de agua en gran parte del mundo, aunque no debida totalmente a los cambios climáticos, ha sido agravada por el calentamiento global. La cooperación internacional por reducir las emisiones continúa sin obligaciones por convenio; tres cuartas partes de todas las naciones continúan sin participar y los científicos predicen consecuencias graves.

Todavía no se han presentado fuentes nuevas de energía libres de combustibles fósiles, ni se espera la presentación inminente de ninguna. La captura y almacenamiento subterráneo de dióxido de carbono todavía se encuentra en una etapa exploratoria; la explotación de los depósitos submarinos de metano está siendo explorada. Las propuestas de colocar sustancias reflectoras en la estratosfera o en órbita para reflejar hasta uno por ciento de la luz solar incidente para compensar el «efecto invernadero» están atrayendo la atención de los científicos y socavando la motivación de reducir las emisiones en la escala que se necesita.

Varias, pero no todas, de las peores enfermedades contagiosas, en particular las tropicales transmitidas por vectores (incluyendo la malaria), han sido erradicadas o puestas bajo control. De este modo se han disminuido grandemente las peores consecuencias que se anticipaban del calentamiento global. El aumento en las normas de nutrición y del cuidado de madres e hijos, junto con el mejoramiento del agua potable y el desecho de aguas negras así como el desarrollo de las infraestructuras públicas han disminuido adicionalmente la severidad de las enfermedades infecciosas en el mundo en desarrollo, una gran parte del cual, incluyendo a China y a India, ha progresado de modo dramático.

Rusia, salvo por su arsenal nuclear, ha dejado de ser la superpotencia que cincuenta años atrás se esperaba que fuera. Su economía no se ha mantenido al ritmo con el resto del mundo, sus avances científicos y literarios han sido decepcionantes y su población ha ido disminuyendo. En contraste, Estados Unidos continúa siendo líder mundial en ciencia, tecnología e innovación y hace buen tiempo recuperó su posición, reducida y disminuida al principio del siglo, como ejemplo mundial de democracia y cooperación internacional.

En el ámbito de la tecnología, el mundo sigue siendo muy parecido a lo que era al principio del siglo XXI. Un niño de clase media en Estados Unidos, si pudiera ser transportado cincuenta años atrás a un hogar similar, hallaría poca cosa que le causara confusión y no mucho que echar de menos.

La población mundial parece haberse estabilizado en aproximadamente ocho mil y medio millones de habitantes. La inmigración ha guardado a la mayor parte de los países desarrollado de una reducción demasiado severa de sus poblaciones. Las expectativas de vida han seguido en aumento a través del mundo, especialmente después de la eliminación del SIDA, pero las señas de vejez, anticipadas cincuenta años atrás, han sido ocultadas por la extensión de la buena salud y la vitalidad, y en el mundo desarrollado, los avances en la cirugía, las prótesis y la medicina han reducido significativamente muchas de las discapacidades que antes eran tan evidentes. Desgraciadamente, el mal de Alzheimer continúa con nosotros.

> *En contraste con hace cincuenta años, la Casa Blanca está ocupada por la segunda presidenta; tres de los nueve jueces de la Corte Suprema son mujeres; once estados tienen gobernadoras y la presidenta de la Junta del Estado Mayor, general del ejército, es una mujer.*

En contraste con hace cincuenta años, la Casa Blanca está ocupada por la segunda presidenta; tres de los nueve jueces de la Corte Suprema son mujeres; once estados tienen gobernadoras y la presidenta de la Junta del Estado Mayor, general del ejército, es una mujer. Una mujer astronauta es comandante del pequeño pero floreciente observatorio y estación espacial de Estados Unidos en la luna, el cual está empezando a asemejarse a la Antártica de hace un siglo.

El mundo islámico sigue luchando con los avances de la vida moderna, pero esta lucha no impide a jóvenes en cantidades numerosas estudiar en China,

India, Japón, Estados Unidos y Europa. El reciente galardón de Premios Nobel en medicina y economía a musulmanes ha despertado orgullo y fortalecido los lazos con la comunidad intelectual europea.

El consumo del tabaco, que llegó a su apogeo mundial hace veinte años después de que el aumento en los ingresos hizo más económicos a los cigarrillos y «liberó» a las mujeres de sus inhibiciones, está empezando a declinar en la medida que más gobiernos del mundo en desarrollo han seguido a aquellos de países desarrollados en desalentar el fumar, o aun prohibirlo en ciertas jurisdicciones. El consumo de drogas adictivas ha aumentado en los últimos cincuenta años, a pesar del desarrollo exitoso de ciertos inhibidores medicinales potentes, pero la mayoría de las naciones han abandonado (o en el mundo en desarrollo ni siquiera declararon) la «guerra» contra las drogas, y ni el consumo ni el tráfico de drogas es el flagelo que había sido en partes del mundo desarrollado.

Han pasado tres años desde la última mención del estado de Israel en la primera plana del *New York Times*. El primer ministro de Israel había planeado hacer una declaración festiva al respecto, pero desistió de ello, por temor a que apareciera publicada en la primera plana del *New York Times*.

13

Chandrasekhar (Spike) Narayan

Spike Narayan posee un doctorado en Ciencias de Materiales y ha formado parte de la División de Investigaciones de IBM por más de veinte años. Sus intereses investigativos se enfocan principalmente en las áreas de materiales y tecnologías de procesos relacionadas con la industria de los semiconductores; además, posee experiencia amplia en ciencia y tecnología de nanoescala.

ANOTACIÓN DE MI DIARIO: 2058

En esta fresca mañana de marzo (del año 2058) en California del norte, la alarma de mi reloj me despertó suavemente. Miré la hora y observé que era una hora completa antes de lo usual. En la bien iluminada pantalla de 25 cm (sí, Estados Unidos finalmente terminó el cambio al sistema métrico apenas hace cinco años) había un recordatorio sobre una reunión temprano por la mañana a la cual me era necesario conectarme para hablar con mis colegas al otro lado del mundo, antes de que ellos se retiraran a sus hogares al final del día. La casa interconectada finalmente se ha convertido en una realidad y la mayoría de los problemas iniciales fueron resueltos hace unos cuantos años. Mi calendario comunica automáticamente mi primera cita del día a mi reloj despertador para darme tiempo suficiente para prepararme. El reloj despertador ya le había enviado una señal de encendido a mi cafetera, también una hora antes de lo usual, y ya podía sentir el aroma. Al caminar hacia la cocina, recordé los días en los cuales las personas tenían que salir de la casa a recoger el periódico del patio delantero. La era de las pantallas flexibles se ha impuesto en el negocio de los medios noticiosos. Curiosamente, el formato de los periódicos no ha cambiado. La pantalla flexible es muy semejante a un periódico de antaño en cuanto a su tamaño y sensación, pero se actualiza por medios inalámbricos cada mañana desde el «centro de control del hogar». Una vez listo, al dirigirme al garaje, no pude dejar de notar que los grandiosos planes de crecimiento de la ciudad alrededor de centros de transporte masivo y barrios residenciales agrupados alrededor de ellos nunca cobraron fuerza. Eso, no me cabe duda, puede atribuirse directamente al hecho de que los avances rápidos en los automóviles híbridos de hidrógeno y electricidad cambiaron significativamente el panorama de consumo de energía y que las celdas solares en los techos de las casas han excedido el treinta por ciento de eficiencia necesario para hacer que la vivienda promedio sea razonablemente autosuficiente.

De camino a reunirme con un cliente para visitar sus instalaciones de investigación, sintonicé una radioemisora de la India porque quería saber las reacciones al comunicado de prensa sobre una nueva droga personalizada contra el cáncer que fue anunciada por un pequeño laboratorio farmacéutico de Chennai. La histeria en masa de hace cuarenta años atrás por el rastro de carbono se ha desplazado a un rastro genético de drogas personalizadas. Aunque la terapia genética apenas ahora empieza a mostrar promesa luego de varios arranques en falso, el área de la medicina personalizada ha avanzado a pasos agigantados. La identificación de clases de drogas eficaces y dosis específicas para individuos en particular es ahora cosa normal, y la composición genética de cada niño se determina durante el primer año de vida, de modo que los pediatras pueden establecer patrones de tratamiento en etapas tempranas de la vida.

Mis pensamientos se vieron interrumpidos abruptamente por una serie de timbres provenientes de la pantalla de navegación de mi auto que me advertían de que mi ruta usual tenía ciertos problemas de tránsito y que debía escoger una de las rutas alternativas que se me sugerían, lo cual hice, y llegué al sitio de mi cliente a tiempo. Las redes de sensores interconectados ahora son cosa normal en la mayoría de las vías de tránsito. Hay que observar que la gran mayoría de los estadounidenses ha practicado el teletrabajo por las últimas dos décadas, y un grupo de trabajo típico está distribuido por todo el mundo. El concepto de conducir hasta el trabajo, en gran parte, se ha vuelto cosa del pasado. Esta tendencia se aceleró significativamente luego del traslado de la mayor parte de las actividades de fabricación al continente africano, y la economía local del continente norteafricano quedó dominada por las industrias de servicio, de modo muy similar a como sucedió con las economías de Europa y Asia.

Después de la visita a mi cliente, entré a mi auto y observé en la pantalla que el vehículo de mi esposa no se hallaba muy lejos de nuestro restaurante favorito, así que le pregunté si quería que almorzáramos juntos. Recibí respuesta afirmativa y me dirigí a nuestra cita para almorzar. Después de consumir una comida caliente tradicional, le di un vistazo a mi Terapod, un dispositivo de mano realmente integrado que ahora parece omnipresente, y observé que había un cambio en mi cita de la tarde. Estos dispositivos están conectados a redes inalámbricas de alta velocidad las veinticuatro horas del día y siempre disponen de información en tiempo real. Al salir del restaurante, observé en la pantalla de navegación que nuestros dos hijos iban camino a casa de la escuela; sus Terapod transmitían fielmente sus posiciones a la red.

> *La gran mayoría de los estadounidenses ha practicado el teletrabajo por las últimas dos décadas, y un grupo de trabajo típico está distribuido por todo el mundo. El concepto de conducir hasta el trabajo, en gran parte, se ha vuelto cosa del pasado.*

Esa noche después de la cena vimos algo de televisión personalizada. Los días de la teledifusión tradicional han desaparecido. Los programas ahora se «publican» directamente en vastos centros de datos y los clientes típicamente exploran las bases de datos para ver sus programas favoritos a la hora que prefieran. Esto se hizo posible en gran parte debido a que los medios de almacenamiento se han vuelto increíblemente económicos. El espacio abundante de almacenamiento ha alterado por completo nuestra perspectiva de la selección y el acopio de información. Después de haber visto nuestros programas favoritos, nuestros hijos terminaron su proyecto de tarea en grupo. La capacidad realmente masiva de conexión con una cantidad variada de personas ha transformado la naturaleza del trabajo en grupos, y las escuelas están utilizando este medio de modo eficaz para estimular la colaboración persona a persona.

Al retirarnos para dormir, observé que mi Terapod estaba destellando, terminando planes de un viaje de vacaciones al extranjero. Seguramente halló un bloque de tiempo que resultó conveniente para toda la familia y halló un precio razonable, por lo cual inició los planes de viaje a uno de los destinos escogidos en nuestra lista de prioridades. Me pregunté cuál habría escogido. Cuando me estaba quedando dormido, me recordé a mí mismo verificar mañana por la mañana para ver a dónde nos iríamos a vacacionar.

14

James E. Cartwright

El general James E. Cartwright es comandante del Comando Estraté-
gico de Estados Unidos, Base Offutt de la Fuerza Aérea, en Nebraska.
Es responsable del mando y control globales de las fuerzas estratégicas
estadounidenses para cumplir objetivos decisivos de seguridad nacional.
El USSTRATCOM brinda una gama amplia de funciones y alternativas
estratégicas para el presidente y el secretario de defensa.

«No existe ni la más mínima indicación de que la energía
nuclear jamás llegará a ser obtenible. Ello significaría que el
átomo tendría que ser deshecho a voluntad».[1]

—*Alberto Einstein, 1932*

DESCIFRADO DE LAS MEGATENDENCIAS

Predecir el futuro es un desafío formidable, aun para nuestros mejores y más bri-
llantes individuos. La mayoría de nuestras predicciones no se tornará en una realidad futura porque, para tener precisión, es necesario hacer más que extender las
tendencias y patrones que nos resultan familiares y observadas hacia el mañana.
Los líderes militares son particularmente susceptibles a este fenómeno. Lo deno-
minamos «pelear la última guerra». Si bien las tendencias y patrones familiares
sí nos ayudan en este esfuerzo, frecuentemente son los avances *inesperados*, los
acontecimientos *imprevistos* los que impulsan la historia. Los ataques terroristas

del 9 de septiembre, el colapso de la Unión Soviética, la invención del transistor y posteriormente del microprocesador, el desarrollo de la tecnología nuclear, la revolución de Estados Unidos y el nacimiento de la nación-estado moderna ante la conclusión de la guerra de los treinta años en Europa son ejemplos de sucesos sumamente difíciles de vaticinar, pero que hicieron mucho por forjar el mundo en el que vivimos hoy. Desgraciadamente, para el futurista, la interacción entre los acontecimientos produce una complejidad que no se presta con facilidad a «descifrarla» de modo anticipatorio. No obstante, intentaré lo imposible.

Existen dos «megatendencias» que probablemente forjarán el rumbo de los próximos cincuenta años: los cambios continuos en la población y composición demográfica mundial, y el avance de la tecnología moderna.

Aunque el ritmo del crecimiento de la población mundial disminuirá, la población total del mundo continuará creciendo. La población era poco menor que tres mil millones de habitantes en 1957, es de aproximadamente seis mil quinientos millones hoy, y los cálculos conservadores indican que será de nueve a diez mil millones para el 2058.[2] La mayor parte de ese crecimiento ocurrirá en los litorales del tercer mundo, predominantemente en una zona que por lo general se describe como el «Arco de inestabilidad» (Centro y Suramérica, África, el Medio Oriente, Asia Central y del Sureste).[3] El crecimiento en la población será resultado de índices relativamente altos de natalidad en el tercer mundo y una expectativa más larga de vida en países con índices de natalidad relativamente más bajos, es decir, Estados Unidos, Canadá, Japón y Europa Occidental.[4] Así que la población del mundo occidental industrializado de hoy representará una porción mucho menor de la población mundial en el 2058, y su edad promedio será mucho mayor.

El crecimiento de la población aumentará la competencia por recursos naturales, alimentos y espacios habitables. Si estos se

El flujo de capital y el crecimiento económico estará menos concentrado en el Occidente. China y la India probablemente serán competidores iguales, por no decir que serán líderes económicos mundiales.

manejan mal, se aumentarán los niveles de contaminación, pobreza y estabilidad política y económica. Los cambios dramáticos en la composición demográfica concentrarán a poblaciones mayores en el «Arco de inestabilidad», el hogar de muchos de nuestros aliados, pero también de muchos de nuestros enemigos en la guerra contra el terrorismo global. El flujo de capital y el crecimiento económico estará menos concentrado en el Occidente. China y la India probablemente serán competidores iguales, por no decir que serán líderes económicos mundiales.

El motor de vapor de Roberto Fulton y la desmotadora de algodón de Eli Whitney fueron a la era industrial lo que el transistor de Guillermo Shockley y el microprocesador de Intel han sido a la era de la informática: agentes catalizadores que precipitaron períodos de avances tecnológicos rápidos en períodos históricos breves. En 1964, Gordon Moore postuló que el número de transistores que podía añadirse a un *microchip* se doblaría (y también el poderío de las computadoras) cada dos años. En la actualidad ese número se dobla cada dieciocho meses. Este aumento veloz en el poderío de las computadoras ha propiciado avances notables en todos los campos de la actividad humana: en la industria, los sistemas autómatas y la producción en masa más eficiente; en la agricultura, estudios de la tierra a base de satélites y avances en la ingeniería genética de cultivos y ganados; en la medicina, la cartografía del genoma humano; en las ciencias sociales, la capacidad de medir y clasificar con precisión nuestras necesidades, deseos y motivaciones; en la guerra, operaciones centradas en torno a redes y precisión a distancia; *y para todos nosotros, el flujo casi instantáneo y libre de información a través del ciberespacio que conecta a las personas a través de todo el mundo.*

Este avance tecnológico se acelerará durante los próximos cincuenta años. Más del ochenta por ciento de todos los científicos que jamás han existido vive hoy.[5] Los presupuestos de investigación, tanto privados como públicos, continúan creciendo. Para el 2058, podemos afirmar confiadamente que el microprocesador (o lo que lo sustituya), sin importar si la Ley de Moore sigue vigente o no, será miles de veces, por no decir que cientos de miles de veces más poderoso que hoy. Este poderío computacional cada vez mayor, en las manos de más y más científicos altamente capacitados, doctores, empresarios, estudiantes y ciudadanos comunes gracias a la Internet y otros medios, contribuirá a la sociedad en un gran número de maneras. El mundo estará repleto de «sistemas adaptables complejos», agentes que se componen de muchas piezas que interactúan entre sí para aprender, adaptarse y evolucionar a medida que interactúan (tal como lo hacen el sistema inmunológico humano y la bolsa de valores).[6] El «cambio» de hoy será el «hipercambio» de mañana.

Como resultado de ello, el ritmo de la globalización, la cual Thomas Friedman define de modo general en su libro *La tierra es plana,* como el proceso de utilizar la movilidad de la información y capital para buscar economías internacionales de escala, se acelerará.[7] Habilitada por los avances tecnológicos, e incitada por una población en crecimiento que busca recursos que escasean, la interdependencia global, en lo económico, lo político y lo social, será el distintivo del nuevo siglo. La moneda del poder será la información y el conocimiento. Este poder estará distribuido a través de personas, del tiempo y de la geografía. Como resultado de ello, los individuos tendrán más poder en sus manos que nunca, lo cual aumentará dramáticamente la creatividad, la productividad y la incertidumbre, pero también las oportunidades. La incertidumbre demandará la existencia de una flexibilidad organizacional para poder tomar ventaja de las oportunidades.

El modelo de organización central de la humanidad por los últimos 350 años ha sido la nación-estado. El Tratado de Westfalia estableció los principios de la soberanía territorial, la autodeterminación política, los gobiernos secularizados y un sistema reconocido de relaciones internacionales. El diseño jerárquico de los gobiernos de las naciones-estado, alimentado por el nacionalismo y diseñado para ofrecer estabilidad aprovechando los esfuerzos colectivos de los ciudadanos, concentra el poder según un sistema de leyes que casi siempre es sumamente resistente a los cambios.

La era informática ha erosionado los poderes de la nación-estado. Ha facilitado el flujo libre de personas, capital e información más allá de las fronteras. Esta *movilidad* ha llevado a la formación de organizaciones y convenios de comercio internacional, al surgimiento de corporaciones transnacionales, y a la tendencia hacia entidades políticas «supernacionales» tales como las Naciones Unidas y la Unión Europea, y otros participantes que no son naciones. Las monedas nacionales, símbolo del poder económico de la nación-estado, han empezado a ceder territorio a las monedas internacionales comunes. Las alianzas tradicionales entre las naciones-estado luchan por seguir siendo relevantes.

Aunque las naciones-estado seguirán siendo desafiadas por el avance de la tecnología, y las débiles podrían fracturarse, no desaparecerán. Serán forzadas a adaptarse a los cambios acelerados. En particular, tendrán que aprender a tratar con participantes que no son estados, entidades «intermedias» que carecen de infraestructuras grandes, pero que sí poseen el poder, la credibilidad y la autoridad para actuar en muchas maneras como una nación-estado, o para influir en otras naciones-estado. De las naciones-estado amenaza del siglo veinte veremos una transición hacia redes de amenazas descentralizadas del siglo veintiuno que buscarán ventajas asimétricas. Al aprovechar las herramientas tecnológicas fácilmente disponibles para nosotros, nuestros enemigos buscarán vencernos en nuestro propio juego. Serán capaces de cambiar, reaccionar y mutar en cuestión de minutos y horas, y no de días, semanas, meses ni años. Emplearán la Internet, o lo que reemplace a la Internet, para fines de «comunicación estratégica». Podrán examinar fácilmente nuestros centros de gravedad, identificar nuestras vulnerabilidades críticas e idear métodos para atacarnos.

¡Al aprovechar las herramientas tecnológicas fácilmente disponibles para nosotros, nuestros enemigos buscarán vencernos en nuestro propio juego. Serán capaces de cambiar, reaccionar y mutar en cuestión de minutos y horas, y no de días, semanas, meses ni años.

Las naciones-estado no estarán solas en esta lucha. Otras estructuras organizacionales tradicionales, diseñadas durante la era industrial para brindar estabilidad obteniendo y manteniendo ventajas, serán desafiadas también. Para poder sobrevivir, las organizaciones se tornarán descentralizadas, distribuidas, «uniformes», colaborativas, integradas y diversas. La sociedad estará tan «horizontalmente» distribuida en el 2058, como está «verticalmente» hoy. Por ser capaces de adaptarse más rápidamente a los cambios, las organizaciones pequeñas y descentralizadas poseerán ventajas particulares, o «economías inversas de escala», sobre las organizaciones jerárquicas grandes tradicionales cuyos ciclos de decisión son más lentos. Se asemejarán mucho más a peces estrella (un término dado a las organizaciones descentralizadas y adaptables por Ori Brafman y Rod A. Jackson en su libro titulado *La araña y la estrella de mar*) que a arañas (organizaciones jerárquicas centralizadas).[8] Las burocracias quedarán aplanadas y ganarán eficiencia efectuando actividades distribuidas y desagregadas que pueden «enjambrarse» o unirse para completar una tarea y luego retornar a su estado desagregado una vez terminada dicha tarea.

> **«No existe inevitabilidad alguna, siempre y cuando exista la disposición de contemplar lo que está sucediendo».[9]**
>
> —Marshall McLuhan

El aumento en la población, los cambios en la composición demográfica y los avances tecnológicos acelerados se combinarán para introducir una tensión en la sociedad futura que podría conducir a conflictos. ¿Qué podemos hacer para evitar tales conflictos? Primero, y más importante, aceptaremos los cambios. Aunque continuaremos resaltando el desarrollo de la ciencia y la tecnología, nuestra capacidad de supervivencia realmente tendrá que ver más con la *cultura* y con nuestra forma de tratar los cambios, con nuestra capacidad de lidiar con cambios en formas drásticas y en períodos cortos. Esto lo haremos reconociendo que la medida del valor de cada individuo está relacionada con lo que esa persona tiene que aportar, y menos con su nivel social, edad, experiencia o fondo, algo que la era de la informática ya ha realizado. Aprovecharemos la diversidad a través de la colaboración. Habilitaremos a nuestros «cabos estratégicos» (un término usado para describir a los miembros subalternos de una organización militar que, debido a los avances de la era informática, son capaces de actuar con efectos estratégicos) y a sus similares en el mundo civil. Pensaremos «fuera de la caja». Desafiaremos al *status quo*. Nos haremos las preguntas difíciles y rechazaremos las soluciones tradicionales de «libros de texto». Efectuaremos investigaciones de historial y análisis de tendencias, pero no dependeremos exclusivamente de estas herramientas. Examinaremos las consecuencias de segundo y de tercer orden de las acciones y los acontecimientos, y comprenderemos que los hechos no suceden de modo aislado, sino que están vinculados e integrados tanto en su causa como su efecto. Reconoceremos que no existe la «información perfecta» ni la «decisión perfecta», y que no tendremos cien por ciento de precisión un cien por ciento de las veces. Destacaremos la velocidad y la agilidad organizativa por encima de la optimización. Avanzaremos de procesos del siglo veinte a enfoques integrados del siglo veintiuno. El año 2058 se vislumbra brillante porque nuestra gente está preparada para el aumento en la responsabilidad que la era de la informática exige para obtener el éxito. El «cabo estratégico» está listo.

15

Jody Williams

Jody Williams es una activista de los derechos humanos que fue galar-donada con el Premio Nobel de la Paz en 1997, junto con la Campaña Internacional para la Prohibición de las Minas Antipersona (ICBL, por sus siglas en inglés), por su papel como coordinadora fundadora de ICBL, que logró su meta de establecer un tratado internacional que prohibiera las minas antipersona. Ahora es embajadora de ICBL y fundadora de la Iniciativa Nobel por las Mujeres, un esfuerzo conjunto para fortalecer la labor hecha en apoyo de los derechos de la mujer en el mundo. La Forbes Magazine la ha nombrado una de las cien mujeres más poderosas del mundo.

¿EXISTIREMOS EN CINCUENTA AÑOS?

Esa pregunta quizás parezca un principio pesimista de alguien que sinceramente cree —y obra en base a eso—, que cuando las personas comprometidas actúan, los cambios positivos son más que posibles. Pero al igual que muchos, también creo que nos encontramos en una encrucijada seria y que los futuros probables que enfrentemos dependen de los caminos que tomemos cada día, tanto en lo individual como en lo colectivo.

Estamos enfrentando un entorno global que ha cambiado dramáticamente y que continúa cambiando aun más dramáticamente con cada día que pasa. El calentamiento global tanto como la devastación ambiental, las migraciones masivas como el tráfico humano, el VIH, el SIDA y otras amenazas globales a la salud; la proliferación de armas, estar al borde de una nueva carrera armamentista nuclear, el terrorismo tanto de estados, como de redes y de individuos, la extensión de la violencia generalizada contra las mujeres durante la guerra y la «paz». La lista es larga y bastante abrumadora como para pensar en una sola oración.

Pero podemos ser los guardas de nuestros destinos y de los del planeta entero, si estamos dispuestos a aceptar estos nuevos desafíos con nuevas respuestas para nuestro bienestar colectivo, nuestra seguridad colectiva. Nos guste o no, no podemos escapar los unos de los otros ni de la realidad de que lo que ocurre «allá» tiene efectos «aquí», y que lo que hacemos «aquí» tiene efecto «allá» y «allá» y «allá». Siendo tal el caso, es hora de pensar en seguridad «gente-céntrica», más que en la noción tradicional estado-céntrica que ha forjado el pensamiento por siglos, y que yo afirmaría que está desfasado con las necesidades de nuestros tiempos.

> *Es hora de pensar en seguridad «gente-céntrica», más que en la noción tradicional estado-céntrica que ha forjado el pensamiento por siglos.*

Los individuos y las comunidades individuales en general perciben las amenazas y la seguridad de un modo muy diferente a los estados. Para la mayoría de los millones que habitamos este planeta, las amenazas que se enfrentan son hallar agua para beber, ni hablar de agua potable. O cómo sobrevivir con menos de dos dólares al día. O cómo decidir cuál de los hijos tendrá el privilegio de recibir unos cuantos años de educación, dado que no hay suficientes recursos para que todos vayan a la escuela. O cómo evitar que sus hijos sean tomados y obligados a ser soldados en guerras que no causaron y que destruyen a sus propias familias y comunidades. O cómo proteger a sus hijos de la proliferación masiva de pistolas y otras armas que les amenazan en las calles de las ciudades en donde viven y juegan. O cómo promover los derechos humanos y la igualdad para los sexos en los estados que le condenarían a muerte por tal tipo de actividades.

Para estos miles de millones, la lucha entre Estados Unidos y Rusia por detener el despliegue de misiles en las naciones del antiguo bloque oriental ni siquiera aparece en su radar. Para esos miles de millones, las luchas por la colocación de armamentos en el espacio van más allá de sus intereses. Para esos miles de millones, cabe suponer que si tuvieran idea de los miles de millones de dólares que Estados Unidos gastan cada año en sus programas armamentistas nucleares, alegarían que su seguridad real se obtendría mejor si esos miles de millones se gastaran en salud, educación, agua limpia y viviendas básicas.

Lo que la mayoría busca y todos merecen son las libertades más elementales, como se indica en la constitución de la ONU: libertad de la miseria y libertad del temor. Buscan y merecen voz en cuanto a su propio futuro, un futuro que valga la pena vivir, con esperanza tanto para ellos como para sus hijos y para los hijos de sus hijos Buscan una paz no definida por la mera ausencia de conflictos armados. Una paz sostenible, una paz verdadera, que sólo pueda reposar en la justicia socioeconómica global e igual en un mundo en el cual nuestros escasos recursos sean compartidos y nuestro medio ambiente esté protegido. Podrán no decirlo con esas palabras, pero están buscando seguridad humana: un concepto aún no muy bien definido y menos aun llevado a la práctica.

Tal vez una de las definiciones más claras de seguridad humana se expresó bajo el gobierno de Nelson Mandela. Dice: «En la nueva Sudáfrica, la seguridad nacional ya no es vista como un problema predominantemente del ejército ni de la policía. Se ha ampliado para incorporar asuntos políticos, económicos, sociales y ambientales. En el corazón de este enfoque hay una preocupación suprema por la *seguridad de la gente*. La seguridad es una condición que todo lo abarca, en la cual los *ciudadanos individuales* viven en libertad, paz y seguridad, participan plenamente en el proceso de gobierno, disfrutan la protección de derechos fundamentales, tienen acceso a recursos y a las necesidades básicas de la vida, y habitan en un ambiente que no es perjudicial a su salud ni a su bienestar».

Parece ser una tarea desalentadora y abrumadora, ¡prácticamente utópica! Pero creo que si hemos de tener esperanza de un futuro viable cincuenta años a partir de hoy, es necesario que adoptemos la seguridad humana, el multilateralismo y las respuestas colectivas a nuestros desafíos. En muchas maneras, ya estamos intentando tratar con los diferentes elementos antes descritos: reforzando el buen gobierno, intentando reducir la pobreza extrema, respondiendo a crisis ambientales, mitigando los efectos negativos de la globalización económica. Lo que hay que hacer es tejer esos hilos para formar una estrategia general a fin de tratar con las amenazas directas e indirectas que las personas realmente enfrentan cada día de sus vidas. Y más importante aun, debemos concebir los medios para poner esta estrategia en práctica.

Pero ¿de dónde sacaríamos el dinero para ello? Muchos alegan que los costos serían imposibles de cubrir. Una sugerencia es que las naciones del mundo actúen según la responsabilidad que aceptaron como miembros de las Naciones Unidas y empiecen a cumplir el Artículo 26 de la Constitución de la ONU. Ese artículo, pasado por alto por más de cincuenta años ahora, hace un llamado al Consejo de Seguridad para que formule planes para crear un sistema que regule las armas «a fin de promover el establecimiento y mantenimiento de la paz y la seguridad internacionales con la menor desviación posible de los recursos humanos y económicos del mundo hacia los armamentos...» En otras palabras, detener la producción y proliferación de los medios de guerra, muerte y destrucción y usar esos recursos para el bien común.

Ya los gastos militares y el comercio global de armas constituyen el renglón más grande de los egresos del mundo, más de un billón de dólares, y está aumentando anualmente. Tan sólo Estados Unidos gasta más que todos los demás países juntos. En el 2006, el gobierno gastó 52% de nuestro dinero en defensa, mientras que designó 6,3% a la salud y 5,3% a la educación. Para mediados del 2007, Estados Unidos estaba gastando trece mil millones de dólares al mes para la guerra en Irak. ¿Por qué es posible «hallar» miles de millones para la guerra, pero prácticamente nada para combatir las verdaderas amenazas que las personas enfrentan?

Imagínese si se hiciera apenas un pequeño ajuste a los porcentajes de gastos de guerra, para transferir ese dinero a la salud, la educación, el alivio de la pobreza, enfrentar los cambios climáticos, no sólo en Estados Unidos sino en todos los países del mundo. Imagínese un mundo que pone la seguridad de los individuos por encima de la del estado. Imagínese un mundo descrito por el gobierno de Nelson Mandela, en el que «la seguridad es una condición que todo lo abarca, en la cual los *ciudadanos individuales* viven en libertad, paz y seguridad, participan plenamente en el proceso de gobierno, disfrutan la protección de derechos fundamentales, tienen acceso a recursos y a las necesidades básicas de la vida, y habitan en un ambiente que no es perjudicial a su salud ni a su bienestar».

Si pudiéramos hacer más que imaginarlo y trabajar juntos para convertirlo en realidad, nuestro mundo sería un lugar muy diferente dentro de cincuenta años, en el futuro. Si continuamos por el camino actual, *¿existiremos* cincuenta años adelante?

16

Kim Dae-jung

Kim Dae-jung, ex presidente de la República de Corea. Fue galardona-
do con el Premio Nobel de la Paz por su labor a favor de la democracia
y de los derechos humanos en Corea del Sur y en Asia Oriental en
general, y en aras de la paz y la reconciliación con Corea del Norte en
particular.

LA ERA DE LOS GRANDES CAMBIOS ESTÁ POR VENIR

En cincuenta años a partir de hoy, la humanidad se encontrará en la era de los cambios más rápidos de la historia. Se presenciarán avances asombrosos en todos los campos de la sociedad humana que harán grandes aportes tanto a la vida humana como a la madre tierra.

En primer lugar, el espacio exterior tendrá una nueva figura. Se formarán industrias aeroespaciales, y estaciones espaciales, y se fundarán ciudades en el espacio. La humanidad adquirirá recursos ilimitados de energía y minerales nuevos por medio del acceso al espacio. En medio de ese progreso, se desenvolverá el secreto tras la formación del universo.

En segundo lugar, la era del océano llegará. El uso y desarrollo de recursos oceánicos crecerá rápidamente, y se explotarán minerales de las profundidades del fondo del océano a gran escala. Además, se construirán metrópolis submarinas. Naves que alcanzarán alta velocidad y con dimensiones enormes traerán una revolución en el transporte. Las industrias marina y pesquera se desvanecerán y se transferirán a una nueva era de acuacultura.

En tercer lugar, se anunciará la llegada de los robots y la inteligencia artificial. A medida que los robots y las computadoras empiecen a ocupar el lugar de la inteligencia humana, la clase social entre los empleados de oficina y los obreros desaparecerá. Los sistemas con inteligencia artificial, más veloces y cómodos que el cerebro humano, sostendrán esa era. En ese tiempo, las personas podrán comunicarse con sólo pensarlo.

En cuarto lugar, el nacionalismo desaparecerá y la globalización llegará. Debido al desarrollo de un sistema de red global, las personas harán su vida más allá de la influencia de la «nación-estado» en todos los campos, y esa nación-estado se convertirá más bien en un tipo de organización social grande. Todas las culturas de la tierra se entrecruzarán y se combinarán entre sí. Se posibilitará la traducción simultánea de todos los idiomas. La sociedad internacional, a pesar del escepticismo que existe, probablemente será guiada por *Chindia* y las *BRIC* (Brasil, Rusia, India y China).

En quinto lugar, el despertar y la resistencia de los pobres y una conciencia fortalecida de la justicia humana contribuirán a aligerar las tensiones del problema de la polarización entre ricos y pobres. La contaminación ambiental se reducirá dramáticamente y la tierra contaminada podrá restaurar su pureza.

En sexto lugar, se lograrán avances maravillosos en la tecnología médica. Los mejoramientos en la biología molecular revelarán el origen de la vida y en última instancia permitirán al ser humano vivir más de cien años. Por medio de medicamentos, las personas no sólo podrán curar órganos, nervios y piel dañados, sino que también podrán regenerarlos completamente saludables. El uso de órganos sustitutos producidos por la clonación será una realidad y los nervios del cerebro podrán reemplazarse con éxito.

Sin embargo, hay algunos anuncios negativos.

En primer lugar, puesto que 5% de la población humana domina 95% de toda la riqueza humana, el terrorismo, las rebeliones y las guerras de las clases menos privilegiadas llevarán a la humanidad a condiciones graves. En segundo lugar, existe la posibilidad de que sobrevenga una catástrofe sobre los seres humanos debido al deterioro del medio ambiente causado por los cambios climáticos y la contaminación del agua. En tercer lugar, podrían originarse conflictos entre los seres humanos y los robots como resultado del desarrollo de la inteligencia artificial. Además, como resultado de la informatización extrema, la privacidad del individuo podría verse violada más que en la época medieval. Una vez que se hayan preparado para esos anuncios negativos y los hayan vencido, los seres humanos y la madre tierra podrán abrir la puerta que conduce a un futuro brillante.

17

Ronald Noble

Ronald Noble es Secretario General de Interpol, la organización policía-ca más grande del mundo.

EL FUTURO DEL CRIMEN

Hoy, si uno ve la televisión, lee los periódicos o navega por la Internet, podría concluir que los terroristas vinculados con Al Qaeda o inspirados por ella se han apoderado del planeta. Cincuenta años a partir de hoy, veo un mundo al cual hemos recuperado.

Ese es el optimista que hay en mí hablando, porque cincuenta años es un tiempo largo, y podemos hacer mucho entre ahora y ese entonces para reducir, por no decir que eliminar, tanto la amenaza real como la percibida de este tipo de terrorismo.

Al principio, los terroristas parecían amenazar a ciudadanos y negocios en el exterior, y el grito de guerra era: «Tenga cuidado, los terroristas extranjeros pueden atacarle en cualquier parte del mundo, y en cualquier momento». Esta fue una de las lecciones que aprendimos luego de los ataques terroristas del 11 de septiembre del 2001 en Estados Unidos. A pesar de lo difícil que fue para el mundo aceptarlo, la policía opinó que este problema podía resolverse investigando de modo mucho más minucioso a «los extranjeros entre nosotros».

Después, luego de los atentados en Londres y en Madrid, al igual que varios planes terroristas que se malograron, el mundo fue presentado a una nueva especie de terroristas «autoradicalizados» o «criados en casa» que eligen matar a sus propios vecinos y conciudadanos, en las mismas comunidades a las cuales pertenecen y que les alimentaron. El mundo ahora está comprendiendo que el gran alcance de la Internet permite a los terroristas difundir su propaganda mortífera, obtener reclutas, proporcionar entrenamiento, levantar fondos y planificar sus ataques a nivel global. Las ideologías extremistas y violentas están alcanzando e influyendo sobre todo tipo de personas, de todas las edades, sexos, composiciones étnicas y condiciones socioeconómicas. De modo que no podemos adivinar de dónde provendrá el próximo terrorista suicida, ni cuándo, ni dónde, ni por qué desencadenará el próximo ataque.

Encima de esto, sólo es cuestión de tiempo antes de que las nuevas olas de terroristas empiecen a desbordarse fuera de lugares tales como Irak y Afganistán, en donde se encuentran aprendiendo sus artes mortíferas y adquiriendo experiencias de batalla.

Todo esto puede hacer que una persona vea el mundo de mañana como un lugar de pesimismo y tristeza. Pero no sucede así conmigo. Desde mi punto de vista, puedo ver la tormenta que se cierne en el horizonte. Pero también puedo ver lo que puede hacerse para capear ese temporal: establecer mejores estructuras, sistemas, políticas y prácticas para impedir que esta tormenta cause daños duraderos a los que creemos en las sociedades libres y abiertas, guiadas por principios de derecho.

Sin embargo, no es posible capear este temporal a menos que los líderes, ciudadanos y burocracias del mundo que se preocupan por la seguridad reconozcan que necesitamos cambiar de un énfasis en lo militar a uno en el cumplimiento de la ley. Esto nos permitirá enfocarnos más en la prevención que en las armas y la fuerza de los ejércitos.

En un período de cincuenta años, la prevención del terrorismo es más una función policíaca que militar.

Las acciones militares son necesarias para derrotar a ejércitos desplegados en lugares específicos. Pero los terroristas no emplean ejércitos desplegados, y pueden hallarse en cualquier parte. Al igual que otras redes criminales, emplean a ciudadanos ordinarios que se desenvuelven entre nosotros por medios ordinarios hasta justo antes del momento del ataque (en particular, aunque no exclusivamente, en el caso de terroristas desarrollados localmente). Es por eso que, en un período de cincuenta años, la prevención del terrorismo es más una función policíaca que militar.

Necesitamos reforzar nuestra red global de cooperación policíaca internacional para construir una red global de sistemas de alarma que impidan el movimiento libre a los terroristas y que adviertan a la policía, tanto nacional como internacional, cuando haya terroristas planeando efectuar sus ataques. En este sentido, los gobiernos y ciudadanos del mundo deberán pensar y actuar más como el sector privado que como el sector público.

Permítame utilizar una analogía del sector privado para ilustrar el mundo que veo en cincuenta años. Piense en cómo la industria de las tarjetas de crédito opera globalmente. Imagínese que las entidades que emiten las tarjetas de crédito son como países y las tarjetas son como pasaportes. Y luego considere la red de seguridad privada global que permite utilizar y verificar las tarjetas en cualquier parte del mundo, a cualquier hora del día o de la noche. Las entidades que emiten las tarjetas saben cuándo, dónde y cómo sus tarjetas están siendo usadas por sus portadores, y saben cuándo esa actividad es sospechosa o peligrosa para el bienestar de la entidad.

En cincuenta años, los gobiernos serán capaces de saber cuándo, dónde y cómo se están usando sus pasaportes. Sabrán hacia dónde va la gente y el tipo de transacciones que están efectuando. Así que podrán saber si el patrón de viajes, actividades bancarias u otras transacciones de una persona son sospechosos o peligrosos.

Pero para lograr eso, el mundo tendrá que confrontar muchos asuntos delicados. Un punto importante es la privacidad. ¿Cuáles serán las expectativas de privacidad de los ciudadanos en cincuenta años? ¿Aceptarán que los gobiernos tengan almacenada tanta información sobre ellos, accesible a la policía, como la que ahora aceptan con las empresas con las que hacen negocio? ¿Podrán los gobiernos rastrear el movimiento mundial de personas a través de la tecnología y de una red de instituciones? ¿Serán capaces de analizar tales movimientos de forma tal que se resalten los viajes internacionales y actividades poco comunes? Ahora mismo, por ejemplo, hay gobiernos experimentando con monitores de patrones de viaje capaces de leer las placas de matrícula de vehículos para determinar cuáles automóviles entran en cuáles vecindarios a cuáles horas, con el fin de identificar anomalías y buscar correspondencias con robos o asaltos. ¿Serán estos tipos de monitores la norma para todo tipo de viajes, tanto internos como internacionales? Creo que la respuesta a la mayoría de estas preguntas será sí.

La privacidad es importante, y sin embargo es necesario equilibrarla con la necesidad que tienen los gobiernos de tener la información necesaria para evitar los ataques terroristas. Y a medida que aumenten las amenazas terroristas, como creo que lo harán, la balanza se inclinará más hacia la seguridad. No estoy hablando acerca de una reducción de libertades, ni siquiera de la privacidad en su significado más verdadero (es decir, no estoy diciendo que los gobiernos nos estarán espiando en nuestros hogares), sino que las personas ya no podrán viajar y participar de transacciones de modo anónimo. En otras palabras, los gobiernos sabrán hacia dónde va la gente y qué es lo que estará haciendo en el ámbito público. Esto se logrará por medio del uso extenso de cámaras, dispositivos biométricos (por ejemplo, exploradores de retina, huellas digitales y software de reconocimiento de rostros), exploraciones de cuerpo completo y hasta microcircuitos implantados (como se hace en la actualidad con algunas mascotas y niños), además de la lectura de pasaportes en aeropuertos y otros puntos de entrada fronteriza, al igual que una supervisión más intensiva de transacciones financieras y de otro tipo, y de la Internet (las organizaciones terroristas emplean miles de sitios en la web, salas de chat, foros electrónicos y correo electrónico).

> *Las personas ya no podrán viajar y participar de transacciones de modo anónimo. En otras palabras, los gobiernos sabrán hacia dónde va la gente y qué es lo que estará haciendo en el ámbito público.*

El mundo ya está avanzando en esa dirección. Es más, algunos comentaristas sociales han expresado la opinión de que vivimos en la «era posprivacidad». Ya hay cámaras instaladas a través de muchas ciudades importantes, por ejemplo. La diferencia que veo es que en cincuenta años la vigilancia será mucho más extensa y la información resultante será integrada y analizada de una forma mucho más completa.

Ahora mismo, una gran parte de la información disponible para el gobierno se encuentra incompleta y fragmentada. La información captada por las cámaras se envía a una agencia, mientras que la información sobre viajes internacionales o transacciones financieras se envía a otras agencias, etc. En cincuenta años, visualizo un mundo en el cual la información acerca de los movimientos y transacciones de la gente será recopilada y enviada a centros de «fusión» de inteligencia, en donde será analizada para identificar elementos que delaten actividades terroristas reales o potenciales y otras actividades criminales.

Además de esos cambios a niveles nacionales, creo que también habrá modificaciones grandes a nivel internacional. La campaña contra el terrorismo y otros crímenes internacionales requiere un modelo global completo de sistemas de cumplimiento de la ley. Esto significa que es necesario un cambio fundamental de modelo del enfoque actual, el cual es un mosaico de sistemas dispares y separados nacionales, bilaterales o regionales que están plagados de grietas, grietas por las cuales los terroristas y otras redes criminales extienden sus tentáculos y abarcan el planeta. En cincuenta años, visualizo un mundo en el cual la tecnología avanzada, juntamente con conceptos nuevos en cuanto a las expectativas de privacidad, permitirán a los países compartir casi al instante información y análisis mutuamente, y en una manera en verdad coordinada y completa.

En términos del logro de este tipo de cooperación global mejorada para el cumplimiento de la ley, me alienta lo que he visto en años recientes. He visto que la policía en los países miembros de Interpol ha estado trabajando duro para ayudarnos a desarrollar una matriz de herramientas poderosas internacionales para el cumplimiento de la ley. Pero, tal como la invención de la Internet representó un cambio de modelo que no podía actualizarse hasta que fuese adoptado ampliamente, así también sucede con las herramientas internacionales para el cumplimiento de la ley en la actualidad. No obstante, en cincuenta años, veo a un mundo en el cual los gobiernos mucho antes reconocieron la necesidad urgente de actualizar el cambio de modelo que necesariamente debe ocurrir en los sistemas globales para el cumplimiento de la ley, un mundo en el cual las herramientas internacionales para el cumplimiento de la ley han sido plenamente desplegadas y universalmente utilizadas dentro de un sistema global completo que cuenta con recursos adecuados y con el apoyo de los gobiernos mundiales. Es preciso que creemos tal sistema. Este, creo, es el desafío de nuestra época. La forma en la que respondamos a ese desafío, como comunidad mundial, determinará nuestro futuro.

18

Norman E. Borlaug

Norman Borlaug es un científico agrícola galardonado con el Premio Nobel de la Paz en 1970 por sus contribuciones a la paz mundial mediante el aumento del suministro alimentario. Ha sido llamado el «padre de la Revolución Verde», y ha contribuido al cultivo de variedades de trigo de alto rendimiento, basado en parte en sus investigaciones hechas en 200 millones de acres del mundo. Se le condecoró con las Medallas Presidenciales de la Libertad y la Ciencia de Estados Unidos, la Medalla de Oro del Congreso de Estados Unidos, y la Medalla de Servicio Nacional de las Academias Nacionales de Ciencias de Estados Unidos.

EL FUTURO DE LOS ALIMENTOS

El pasado

En los últimos cincuenta años ha sucedido una revolución en la agricultura. Gracias a un torrente continuo de investigaciones y avances tecnológicos, los granjeros y rancheros del mundo han logrado aumentar el suministro alimentario mundial más rápidamente que el ritmo de crecimiento de la población humana. Entre el año 1950 y el 2000, la producción mundial de cereales aumentó de 650 millones de toneladas en 1950, mientras que la población global aumentó en 2,5 veces. La disponibilidad de alimentos per cápita ha mejorado, y posiblemente dos mil millones de personas han sido rescatadas del hambre crónica. Y por primera vez en la historia, la producción de alimentos fue aumentada principalmente al aumentar el rendimiento de cereales por hectárea, en lugar de arar una mayor cantidad de tierra. En efecto, la triplicación de la producción mundial de cereales ocurrió con apenas un diez por ciento de aumento en la superficie cultivada. Si hubiéramos intentado obtener la cosecha mundial de cereales lograda en el año 2000 empleando la tecnología de 1950, hubiera sido necesario añadir tres mil millones de acres de tierra nueva para la producción de cereales, tierra que el mundo no tenía disponible sin antes cortar bosques y arar praderas.

En la actualidad, una gran parte de la superficie global adecuada para la producción agrícola ya se encuentra en uso. En el Asia densamente poblada, una parte de la tierra empleada en la actualidad por granjeros debiera sacarse de la producción para conservar el medio ambiente. Posiblemente unas tres cuartas partes de los aumentos futuros en la producción de alimentos tendrán que provenir de tierras que ya se encuentran en uso. Muchas de esas tierras, tal como sucede en las naciones industrializadas, ya están siendo cultivadas intensamente, y muchas ya están produciendo cerca de su potencial teórico con la tecnología disponible en la actualidad. Así que los avances futuros en la producción de alimentos serán más difíciles de lograr que en el pasado. Esto requerirá de inversiones significativas en las investigaciones, tanto por el sector público como por el privado, para poder satisfacer las demandas formidables de alimentos, fibras y agricultura industrial de los próximos cincuenta años, y para hacerlo de modos no dañinos al medio ambiente.

El futuro

La ONU vaticina que la población mundial alcanzará su nivel máximo en alrededor de nueve mil millones de habitantes para mediados del siglo veintiuno, y que luego empezará a declinar. No obstante, opino que esta cifra es sumamente conservadora. Debido a los prevalecientes niveles elevados de analfabetismo rural y pobreza que afectan a más de la mitad de los habitantes del mundo, creo que la población mundial crecerá más velozmente, y que probablemente alcanzará los diez millones para el 2050, antes de que posiblemente empiece a declinar. Esto equivale a aproximadamente 3.500 millones más de personas que las que habitan el planeta Tierra hoy. Casi todo el crecimiento estimado en la población humana sucederá en los países en desarrollo, y en el África del sub Sahara se obtendrán los porcentajes de ganancias más elevados (a pesar de la epidemia de VIH/SIDA), seguido de Asia del Sur y los países predominantemente musulmanes.

A través de la historia, el crecimiento en la demanda mundial de alimentos ha sido dictaminado por dos factores: el aumento en la población humana y el aumento en la riqueza, lo cual cambia las dietas de unas en las cuales la mayor parte de las calorías provienen del consumo de plantas, a unas en las cuales la mayor parte de las calorías provienen del consumo de productos alimenticios de origen animal. El crecimiento en la riqueza mundial en algunas de las naciones que están industrializándose demuestra con claridad este cambio hacia un mayor consumo de productos de animales y de pescado, los cuales, a su vez, dependen en gran manera de la producción de cereales y semillas oleaginosas para su alimento.

La demanda de alimentos para consumo humano y de animales en el 2050 probablemente aumentará en setenta y cinco por ciento sobre los niveles actuales, y esta cifra podría ser mucho mayor si cantidades grandes de cultivos para alimentación de humanos y de animales se destinan a la fabricación de etanol y otros biocombustibles. Esto significa que en los próximos años, los consumidores globales probablemente requerirán el doble de la producción agrícola actual: de 5.500 millones de toneladas métricas brutas a 11.000 millones de toneladas brutas. Esta es una tarea enorme que aplicará una presión ecológica enorme sobre los recursos globales de tierra y agua. Requerirá de lo que algunos han denominado una «revolución doblemente verde», en la

> *La demanda de alimentos para consumo humano y de animales en el 2050 probablemente aumentará en setenta y cinco por ciento sobre los niveles actuales, y esta cifra podría ser mucho mayor si cantidades grandes de cultivos para alimentación de humanos y de animales se destinan a la fabricación de etanol y otros biocombustibles.*

cual se aplican los principios de ciencia y tecnología, no sólo a la producción de alimentos para humanos y para animales, sino también a la conservación del medio ambiente.

El aumento en la escasez del agua requerirá que el siglo veintiuno traiga una «Revolución azul», en la cual la productividad en el consumo de agua esté vinculada más de cerca con la productividad en el uso de la tierra. Se necesitará un mejoramiento genético de los cultivos alimenticios, empleando herramientas de investigación convencionales y de biotecnología, para poder elevar los límites de rendimiento y aumentar la estabilidad del rendimiento. Las tierras irrigadas continuarán aportando una porción desproporcionadamente grande del suministro alimentario mundial.

Ha habido mucho debate dentro de la comunidad científica sobre qué hacer en cuanto al calentamiento global. Algunos, incluso un servidor, han propuesto que es mejor concentrarse en adaptarnos a los efectos que intentar invertir los cambios climáticos, lo cual podría ser imposible de todas maneras. Otros han dicho que a través de la cooperación colectiva internacional, podemos mitigar y hasta invertir los cambios climáticos, y hacerlo con costos económicos razonables. A medida que se tenga disponible más información científica, está claro que estas dos estrategias se necesitan con urgencia.

No cabe duda que el calentamiento global está sucediendo, y posiblemente más rápido que lo que se había vaticinado. Cada vez hay más evidencia de que en los próximos cincuenta años la agricultura en las zonas tropicales y subtropicales enfrentará mayores desafíos por el aumento en las sequías y en las temperaturas. Eso tendrá consecuencias graves para el mundo en desarrollo, en especial el África, donde los pobres no estarán preparados para lidiar con las consecuencias que esos cambios tendrán sobre la producción. Por otro lado, la agricultura en las zonas templadas, tal como en Estados Unidos y Canadá, probablemente se beneficiará del aumento en las temperaturas.

Para finales del 2007 es probable que una tercera parte de la cosecha de maíz en Estados Unidos se destine a la producción de etanol. Existe el riesgo de convertir tantos granos en combustible para automóviles, que eso cause un aumento en el precio de los cereales en el mercado mundial. A un plazo más largo, hay mejores materias primas para la producción del etanol que cultivos alimenticios. El etanol celulósico, fabricado a partir de árboles y plantas fibrosas, y de desechos de las industrias de la madera y del papel, a fin de cuentas será lo que desearemos tener, ya que esa materia prima no compite con la demanda de cultivos alimenticios. Pero todavía carecemos de un medio rentable para descomponer las fibras de celulosa y convertirlas en etanol.

La biotecnología basada en la recombinación del ADN ha desarrollado nuevas y valiosas metodologías científicas y productos de alimentos y agrícolas. Este viaje hacia las profundidades del genoma, hasta su nivel molecular, es la continuación de los avances en la comprensión del funcionamiento de la naturaleza. Los métodos en base a la recombinación del ADN han permitido a los ganaderos seleccionar y transferir genes individuales, lo cual no sólo ha reducido el tiempo necesario para que los cruces convencionales eliminen los genes no deseados, sino que también ha permitido que los ganaderos accedan a genes útiles de otras especies distantes.

Las variedades de cultivos genéticamente modificados que existen en la actualidad y que ayudan al control de los insectos y de las malezas están abaratando los costos de producción y aumentando las cosechas. Al preparar la agricultura para la adaptación a los cambios climáticos, las nuevas herramientas de la biotecnología serán valiosísimas para el desarrollo de variedades de cultivos tolerantes a las sequías, inundaciones, el calor y el frío. Los productos genéticamente modificados del futuro tal vez tendrán características que mejoren la nutrición y la salud.

La confrontación innecesaria de los consumidores contra el uso de la tecnología de cultivos transgénicos en Europa y en otros lugares se podría haber evitado si más personas hubieran recibido una mejor educación en las ciencias biológicas. Las sociedades privilegiadas tienen el lujo de adoptar una posición muy poco riesgosa en cuanto al asunto de los cultivos genéticamente modificados, aun si esta acción posteriormente resulta haber sido innecesaria. Pero la vasta mayoría de la humanidad no cuenta con dicho lujo, y ciertamente tampoco las víctimas hambrientas de las guerras, desastres naturales y crisis económicas.

No podemos darle marcha atrás al reloj y emplear la tecnología agrícola de una época anterior. Eso incluye el cambio de una agricultura de alto rendimiento a la llamada tecnología de producción orgánica, en la cual no se emplean fertilizantes químicos ni agentes químicos para la protección de los cultivos. Los consumidores adinerados pueden darse el lujo de pagar por frutas, vegetales y carnes orgánicos, pero los pobres no. He visto estimados confiables que indican que los métodos orgánicos de agricultura probablemente sólo pueden mantener a un mundo con cuatro mil millones de habitantes.

El mundo tiene la capacidad técnica y los recursos financieros para asegurar un suministro alimentario para diez mil millones de personas. La pregunta más pertinente es si tiene la voluntad política y ética de hacerlo.

Y no olvidemos que la paz no se edificará sobre estómagos vacíos ni sobre la miseria humana.

19

Richard Clarke

Richard Clarke fungió como Coordinador Nacional de Seguridad y Anti-terrorismo bajo el presidente Clinton y el presidente George W. Bush. Fue asesor especial del presidente para la Seguridad en el Ciberespacio y presidió el Consejo de Protección de Infraestructuras Críticas del presidente. Es presidente de la junta de la firma Good Harbor Consulting y autor de Contra todos los enemigos *y de* La puerta del escorpión, *una novela de espionaje y antiterrorismo que se desarrolla en un futuro no muy distante.*

¿QUÉ SIGNIFICA SER HUMANO?

Varias décadas en el futuro, los temas candentes políticos, económicos y sociales del momento no serán el terrorismo y la guerra, ni el aborto, ni las investigaciones de células madre. El tema podría ser algo mucho más profundo: ¿Qué significa ser humano?

En un nivel técnico, dejando de lado los conceptos del alma y las divinidades, esa pregunta puede responderse fácilmente en el 2008. Los seres humanos somos una especie viviente basada en el carbono, producidos biológicamente por medio de la reproducción humana, con un cerebro bioquímico capaz de efectuar un procesamiento más avanzado que ninguna otra especie viviente que conozcamos. ¿Qué sucederá para hacer que eso cambie?

Los avances científicos y tecnológicos están edificándose unos sobre otros, acelerando significativamente el ritmo de los cambios. La convergencia del progreso en la biotecnología, las ciencias computacionales, la nanotecnología, la inteligencia artificial, las conexiones entre seres humanos y máquinas, y el estudio del cerebro humano traerán cambios revolucionarios en las próximas tres décadas. La transformación que resultará de ello cambiará nuestra manera de vivir de modo más profundo que la Revolución Industrial, o que la reciente revolución de la tecnología informática. Y crearán temas políticos que dominarán la sociedad.

Me topé con los cimientos de los cambios venideros cuando estaba investigando temas para mi segunda novela, *Breakpoint*. En esa novela de suspenso, traté de describir un mundo al borde de percatarse de lo que estaba a punto de suceder, un mundo que ya estaba sintiendo el impacto positivo de los cambios masivos y dramáticos impulsados por la tecnología. Todas las tecnologías que visualicé en *Breakpoint* existen hoy en laboratorios y programas de investigación.

> *Los soldados podrán trepar mientras visten trajes a prueba de balas que supervisan sus funciones corporales.*

Por ejemplo, el debate actual sobre los jugadores de béisbol que consumen esteroides y otros fármacos para mejorar su desempeño apenas es el principio de la discusión sobre el mejoramiento humano. Si bien hoy pensamos que las caderas y las rodillas artificiales son cosa normal, las investigaciones de defensa ahora permiten proveer a los mutilados miembros de mayor rendimiento que sus brazos y piernas originales. El Pentágono también está empezando a crear vestidos de exoesqueleto. Los soldados podrán trepar mientras visten trajes a prueba de balas que supervisan sus funciones corporales. Cuando su ritmo cardíaco aumenta, o si se sobrecalientan, o si su nivel de azúcar decae, o si se lesionan, ese traje (posiblemente con la consulta de un médico o computadora a distancia) podría administrar las drogas o primeros auxilios que se necesiten. El traje literalmente le dará al soldado ojos en la parte trasera de la cabeza, proyectando imágenes en una pantalla de su casco. Imágenes proyectadas por dispositivos robot miniatura en el aire o a la vuelta de la esquina extenderán la perspectiva de la situación. Los dispositivos ópticos infrarrojos y telescópicos darán al soldado una visión como la de Superman. Parte de la superfuerza provendrá de servomotores ubicados en los brazos y piernas del traje, dándole la capacidad de levantar objetos varias veces mayores que el peso de su propio cuerpo, o de correr a la velocidad de un atleta olímpico.

Las interfaces humano-máquina (IHM) ya están en acción. Las personas con problemas en el oído pueden comprar audífonos que están conectados con sus teléfonos móviles, de modo que aquello que les permite escuchar las cosas que suceden a su alrededor también les conecta con paquetes de Internet que transportan voz a través del ciberespacio. Algunas personas nacidas totalmente sordas se han beneficiado de dispositivos artificiales implantados en la cóclea y conectados con nervios que van directamente al cerebro. Pacientes paralíticos hoy emplean ondas cerebrales para controlar el ratón y el teclado de su computadora. Las IHM implantadas en el cuerpo y conectadas directamente al cerebro son prometedoras para el tratamiento de ciertas formas de depresión y epilepsia. Se está trabajando en el desarrollo de retinas artificiales para los ciegos, las cuales también involucran conexiones directas con el cerebro. Los investigadores están intentando practicar la ingeniería inversa del cerebro humano tratando de construir una computadora que comparta el mismo diseño.

Todo eso está sucediendo hoy. En unas cuantas décadas, es enteramente posible que también nuestros cerebros biológicos, con sus memorias formadas por hormonas y otros agentes químicos, interactúen directamente con chips de memoria de computadora a base de silicona y otros dispositivos relacionados. Esto abre la posibilidad de añadir memoria al cerebro humano, tal como lo hacemos hoy con nuestras computadoras viejas. Si eso llega a suceder, también podríamos descartar la memoria humana en dispositivos de almacenamiento remotos. Esa memoria podría vivir más allá del ser humano que la creó. El cerebro humano, conectado directamente con dispositivos que lo vinculen con el ciberespacio, podría ampliar su memoria disponible mediante el acceso a todo el conocimiento humano almacenado en redes a través del mundo.

Lo último en IHM serían nanodispositivos, unas máquinas altamente capaces, pero tan pequeñas que resultan invisibles al ojo humano normal. El gobierno de Estados Unidos está invirtiendo miles de millones de dólares en la nanoinvestigación. Un uso para esas nanomáquinas podría ser que se desplacen por el ser humano detectando, y posiblemente corrigiendo, el cáncer y otras enfermedades. Aparte de esas máquinas en el cuerpo, las drogas también añadirán habilidades y prolongarán la vida.

Los Fármacos Mejoradores del Rendimiento (PEP, por sus siglas en inglés) que permiten a los atletas batear más cuadrangulares podrían ser controvertidos, pero ¿quién podría objetar los avances farmacológicos que prevengan la degradación cerebral causada por el mal de Alzheimer? Algunos PEP similares podrían ser capaces de potenciar la memoria. ¿Qué pasaría si uno pudiera tomar una píldora mientras estudia para un examen final de modo que la información sea trasladada a la memoria a largo plazo? Las investigaciones del Departamento de Defensa están desarrollando drogas que permitirían a un soldado pasar días sin dormir, posiblemente con un estado realzado de conciencia y sin efectos negativos. Otras drogas podrían ser capaces de detener o aminorar el ritmo del envejecimiento mediante la alteración de los telómeros que se encuentran en las puntas de nuestros cromosomas. Ya algunos científicos han cultivado oréanos humanos.

> *En unas décadas, la sustitución de órganos cultivados de nuestras propias células madre también podría ser cosa de rutina.*

El envejecimiento también puede atenderse por medio de la utilización de células madre. En unas décadas, la sustitución de órganos cultivados de nuestras propias células madre también podría ser cosa de rutina.

La ingeniería genética ofrece la posibilidad de eliminar defectos heredados, tales como la anemia drepanocítica. Sin embargo, las mismas técnicas podrían resaltar las facultades humanas al hacer que ciertas habilidades mentales o físicas poco comunes se conviertan en cosa de rutina.

Mientras que el cuerpo humano es realzado por medio de drogas, dispositivos e IHM, las máquinas mismas también aumentarán sus capacidades. Hoy tenemos robots capaces de armar automóviles y de detectar bombas. En un futuro cercano, los robots atenderán a los pacientes humanos, ofrecerán compañía a los ancianos, dándoles sus medicamentos a tiempo y llamando a los servicios de emergencia si la persona se cae o se enferma. Muchas otras tareas que ahora son efectuadas por seres humanos serán efectuadas por dispositivos robots en las próximas décadas.

Las computadoras se han comunicado directamente entre sí por años. Los programas de inteligencia artificial (IA) de la actualidad toman decisiones que controlan redes de computadoras, teléfonos, energía eléctrica, finanzas y de otros tipos. La IA está empezando a realizar diagnósticos médicos mejor que los doctores humanos. El software de IA podría ser usado para crear otros programas de software, reduciendo así los errores que ahora cometen comúnmente los programadores humanos. Las supercomputadoras más grandes de Europa, Asia y América ahora se están enlazando directamente. Computadoras nuevas que empleen técnicas cuánticas y fotónicas serán desplegadas en las próximas décadas, aumentando de modo masivo la capacidad de procesamiento.

¿Cómo cambiará toda esa tecnología a la sociedad? Para los que tengan acceso pleno a la tecnología, la vida podría ser prolongada significativamente mediante órganos sustitutos cultivados de células madre, ritmos de envejecimiento aminorados por agentes farmacéuticos e ingeniería genética que elimine las amenazas a la salud. Las facultades humanas podrían resaltarse enormemente a través de alteraciones genéticas, implantes, dispositivos de nanotecnología, interfaces humano-máquina, miembros artificiales para el cuerpo y conexiones directas a robots inteligentes así como también a redes de computadoras con acceso a todo el conocimiento humano. En comparación con las personas del siglo diecinueve, algunos individuos del año 2060 serán superhumanos. Otros no. Por primera vez, los ricos podrán ser realmente más inteligentes. La prolongación de la vida humana podría acelerar la sobrepoblación y alterar la estructura familiar multigeneracional tradicional.

Tal como hoy hay diferencias marcadas en las expectativas de vida y la calidad de vida para las personas que viven en lugares diferentes del planeta, los que carezcan de acceso a las nuevas tecnologías podrían ser de manera objetiva menos inteligentes, físicamente más débiles y tener vidas más cortas. Las implicaciones para la democracia podrían ser profundas. Las naciones que antes participaban de la carrera armamentista ahora podrían competir en el desarrollo y despliegue de mejoramientos humanos, IHM y robótica.

Los temas de la bioética harán que los debates actuales sobre las células madre, el aborto y la evolución parezcan suaves. ¿Cuáles PEP debieran permitirse y cuáles debieran ser ilegales, forzados al bajo mundo de las drogas como sucede con la cocaína y la heroína hoy? ¿Debiéramos ir más allá de reparar defectos y llegar a realzar las facultades humanas? ¿Quién deberá recibir cuáles mejoramientos y quién pagará por ellos? Al modificar el genoma humano, ¿estamos empezando a jugar a ser dioses? Los seres humanos podrían, efectivamente, tomar el control de su propia evolución; la primera especie en hacerlo. Estaremos debatiendo si el trayecto final de la evolución siempre ha sido que emergiera una especie que desarrollara suficiente conocimiento en sí misma para reparar sus defectos y diseñar nuevas facultades. Algunos afirman que los realzados ya no son humanos.

Simultáneamente, la sociedad debatirá los papeles y capacidades ampliados de las máquinas, los robots y otras computadoras. Las personas tendrán tantas computadoras en sus cuerpos y tal capacidad de conexión a redes con sistemas de IA que habrá dudas en cuanto a la frontera que separa a los seres humanos de las máquinas. Los seres humanos genéticamente realzados y los dispositivos en su interior estarán conectados a redes masivas de información global. La IA avanzada se asemejará a seres vivos en varios aspectos. Los seres humanos, que originalmente eran seres vivos a base del carbono, ¿podrán vivir pacíficamente o mezclarse con las computadoras, seres vivos a base de silicona? *¿Qué significa ser humano?*, será una pregunta real. Por primera vez en la historia, la respuesta podría ser diferente en cincuenta años.

> *Las personas tendrán tantas computadoras en sus cuerpos y tal capacidad de conexión a redes con sistemas de IA que habrá dudas en cuanto a la frontera que separa a los seres humanos de las máquinas.*

Habrá aquellos que deseen ponerle límite al progreso de la ciencia en estas áreas, basándose en argumentos religiosos. Otros buscarán aminorar el ritmo del progreso para reducir el riesgo de errores desastrosos.

Las personas que tomen esas decisiones no se hallarán en una fantasía de ciencia ficción. Algunas de esas decisiones están siendo tomadas por personas que viven hoy. La raza humana que viva en la era posrealces, ¿nos mirará como una especie inferior, similar a como vemos a los neandertales, o tal vez como vemos a los seres vivos que primero emergieron a tierra firme? Tal vez así sea, a menos que antes dañemos tanto al mundo con los cambios climáticos, o con guerras nucleares o biológicas que nuestra sociedad global se retrase tecnológicamente, como sucedió en la Edad Media. No resulta atrevido suponer que los próximos cincuenta años serán los más importantes de la vida en el planeta Tierra.

20

Richard Restak

Richard Restak es neurólogo y neuropsiquiatra, autor de dieciocho libros acerca del cerebro humano, incluyendo The Naked Brain: How the Emerging Neurosociety Is Changing How We Live, Work, and Love *[El cerebro desnudo: Cómo la neurosociedad emergente está cambiando nuestra manera de vivir, de trabajar y de amar]. Es presidente de la Asociación de Neuropsiquiatras de Estados Unidos.*

LA PERSPECTIVA DE UN CIENTÍFICO DEL CEREBRO

Para el 2058 los nuevos desarrollos tecnológicos serán la fuerza impulsora que conduzca a cambios de comportamiento y de estilo de vida inspirados por las ciencias del cerebro. Por ejemplo, unos instrumentos de bajo costo y fácilmente utilizados permitirán supervisar e identificar los estados internos de la mente. Como beneficio de ello, las personas ya no estarán a merced de cambios del estado de ánimo ni tendrán que mantenerse «desconectados» de sus sentimientos. Gracias a estos instrumentos, las características de personalidad tales como la extroversión, el altruismo, el amor, el patriotismo, la empatía, el arriesgarse y la violencia serán comprendidas por primera vez en términos de patrones de actividad química, eléctrica y magnética dentro del cerebro. Estos avances generarán debates nacionales acerca de si es admisible emplear esa tecnología para estimular los estados mentales saludables en tantos individuos como sea posible, en aras de crear una sociedad más armoniosa.

Los desórdenes emocionales y de comportamiento serán tratados con drogas de diseño especial sintetizadas a partir de una combinación de análisis del ADN celular y de la manipulación de las concentraciones de tejidos de entre veinticinco y treinta compuestos bioquímicos en las diferentes zonas del cerebro. Justo antes de administrar la droga, se practicará una exploración que produzca una impresión codificada por colores que servirá como el equivalente de una «huella digital» del cerebro que identifique los patrones únicos de interactividad entre neurotransmisores y receptores, flujo sanguíneo, actividad eléctrica y metabolismo en el cerebro de cada paciente.

Las drogas se prepararán no sólo para ayudar a que el paciente se sienta mejor, sino para corregir el mal funcionamiento de los genes y neurotransmisores responsables de cada enfermedad. Y debido a que las drogas serán diseñadas especialmente para cada paciente, no habrá efectos secundarios; además, las drogas no ejercerán otros efectos en el cuerpo del paciente. Por primera vez en la historia será posible ofrecer curas en vez de alivio de síntomas para las enfermedades neurológicas y psiquiátricas.

Por primera vez en la historia será posible ofrecer curas en vez de alivio de síntomas para las enfermedades neurológicas y psiquiátricas.

Los avances en la aplicación de las ciencias del cerebro al mundo del 2058 tampoco quedarán limitados a la biología. Las neuroprótesis (la conexión entre el cerebro y las máquinas) posibilitarán la compensación de pérdidas de la vista y del oído. Este avance será la culminación de las investigaciones experimentales que datan de los primeros años del siglo veintiuno, que demostraron que si los impulsos nerviosos producidos por el ojo de un animal se derivan hacia la corteza auditiva del cerebro de ese animal, en lugar de la corteza visual, las células auditivas son capaces de procesar la visión además del sonido. En cincuenta años este proceso habrá sido perfeccionado de modo suficiente como para poder aplicarlo a seres humanos.

El niño que nazca ciego tendrá las señales de los ojos enviadas por medios inalámbricos a la corteza auditiva, la cual entonces procesará tanto la visión como el oído. El niño nacido sordo será sometido a una derivación similar de impulsos del oído a la corteza visual, la cual entonces procesará tanto el oído como la visión. Y puesto que no será necesario efectuar una cirugía, estos dos procedimientos podrán aplicarse de modo fácil y seguro a bebés ciegos y sordos. Así, la ceguera y la sordera esencialmente serán erradicadas de los países que posean los medios y la capacidad de aprovechar esta tecnología.

Esos avances vendrán acompañados de la evolución del «transistor de neuronas», una fusión de la forma «húmeda» de procesamiento de información biológica empleando tejidos vivos con circuitos electrónicos digitales. Nanorrobots (también conocidos como nanobots) incorporados al cerebro proveerán información acerca de actividades en zonas selectas del cerebro. Estas estructuras minúsculas, cuyo tamaño es apenas de una fracción del tamaño de una célula viva, y visibles sólo a través de los microscopios más potentes, permitirán supervisar el cerebro segundo a segundo. La versión de tercera generación de la nanoantena, patentada en el 2007, recibirá señales que servirán para interrumpir convulsiones, inhibir temblores y reparar células cerebrales lesionadas por un infarto o lesión cerebral traumática.

Otra aplicación de la nanotecnología permitirá a personas paralizadas recuperar la facultad de caminar, gracias a la inyección de moléculas en la médula espinal que se autoensamblarán para formar nanofibras, miles de veces más delgadas que un cabello humano, para evitar la formación de tejidos cicatrizados dañinos y promover la regeneración de células perdidas o dañadas.

Otros desarrollos que podemos anticipar para el año 2058 incluyen:

- Para permanecer «conectados» ya no será necesario tener teléfonos celulares o computadoras. Los microprocesadores estarán suficientemente miniaturizados como para permitir conectarlos por medios inalámbricos con el cerebro para que actúen como «asistentes a la inteligencia» para enviar información fuera de los canales sensoriales usuales de la vista, el oído, el tacto, etc.

- Los dispositivos generadores de imágenes serán capaces de supervisar los cerebros de varias personas al mismo tiempo. Esta nueva tecnología abrirá una ventana hacia los mecanismos de la interacción social al demostrar cómo la actividad del cerebro de una persona influye sobre los cerebros de los demás. Las señales características que el cerebro produce por empatía identificarán a las personas que tienen suposiciones comunes y respuestas emocionales similares. Tales perspectivas permitirán la formación de nuevos grupos de estudio basados en la respuesta de muchos individuos que pasan por experiencias simultáneamente, tales como escuchar un discurso político o asistir a un debate presidencial.

- Gracias a drogas que realzan la memoria, las mentes superpoderosas se volverán algo común. Pero esto podría resultar en una bendición con ventajas y desventajas puesto que la salud mental por lo general requiere olvidar en lugar de recordar, en particular como respuesta a experiencias traumáticas. Pero en tales casos, la facultad de olvidar será auxiliada por drogas de libre acceso capaces de eliminar recuerdos dolorosos y de inhibir la formación de nuevos recuerdos dolorosos.

- La ciencia del cerebro hará contribuciones grandes a nuestra comprensión de cuestiones sociales y éticas sumamente debatidas que varían desde lo profundo («¿Por qué la guerra es endémica de todas las civilizaciones de la historia, sin importar la riqueza ni la educación de sus ciudadanos?») hasta lo absolutamente trivial («¿Cómo se diseña una campaña de mercadeo que aproveche plenamente las respuestas de los cerebros de nuestros clientes a los anuncios publicitarios específicos?»)

Pero la innovación más grande de todas sucederá en nuestro sistema educativo. Para el 2058 la aplicación de la ciencia del cerebro a la vida cotidiana será tan común e influyente que, a partir de la escuela elemental, la instrucción sobre el cerebro será parte regular del plan de estudios escolares. Y aunque no todos serán «especialistas del cerebro», cierto conocimiento al respecto será considerado indispensable para el éxito personal y profesional en la parte final del siglo veintiuno.

21

Sandra Postel

Sandra Postel es directora del Proyecto Global de Política del Agua y del Centro para el Ambiente en el Colegio Mount Holyoke. Es autora de El último oasis, *base para el documental de PBS,* Pillar of Sand: Can the Irrigation Miracle Last? *[Pilar de arena: ¿Puede durar el milagro de la irrigación?], y coautora de* Rivers for Life: Managing Water for People and Nature *[Ríos para la vida: Cómo administrar agua para la gente y la naturaleza]. En 1995 Postel fue nombrada erudita destacada en Conservación y Ambiente, y en 2002 fue nombrada dentro de los "Cincuenta Científicos Americanos" por la revista* Scientific American; *además, ha recibido varios premios por sus contribuciones a la ciencia y la tecnología.*

EN ARMONÍA CON EL CICLO HIDRÁULICO DE LA TIERRA

Hace poco más de una década, estaba yo parada sobre tierra seca en el delta degradado del río Colorado y escuché decir a un anciano indio cocopa, cuya gente había pescado y cosechado allí por más de mil años: «Espero que algún día pueda ver surgir el río otra vez».

El Colorado fue uno de los ríos más importantes en ser represados, desviados y completamente diseminados antes de llegar al mar. Sucedió a principios de los años sesenta, pero desde entonces el Río Amarillo de China, el Amu y el Syr Darya de Asia Central, el Nilo en el noreste de África, el Indus y el Ganges del sur de Asia, el Río Grande del suroeste de América del Norte han sido agregados a la lista de arterias azules de la tierra drenados hasta secar antes de sus destinos finales: desconexiones ecológicas con consecuencias como si se desviara el flujo sanguíneo de su ruta inicial en el cuerpo humano.

No es fácil para mí unirme a la esperanza del anciano cocopa. Conforme veo al mundo a través de una lente de agua, las tendencias no son buenas; creer que podemos armonizar las actividades humanas con los ciclos de agua sustentables de la Tierra es creer que una transformación profunda en conciencia humana y acción colectiva es posible, y eso es exactamente lo que creo.

Mientras escribo, el mundo natural a nuestro alrededor está cambiando más rápido que nada, incluyendo lo que los científicos se hubieran imaginado hasta hace sólo cinco años. Los glaciares se están derritiendo, el nivel de los mares se está elevando, los ríos y los lagos se están secando, las tierras desde Australia hasta Alabama sufren sequía y el anuncio del próximo Katrina permanece en el horizonte. Entre numerosos estudios y predicciones sobre las consecuencias de un clima caliente, parece que ya hemos cruzado el límite del cambio que nos ha catapultado hacia un nuevo mundo, uno que la humanidad no ha visto antes.

Hasta ahora, hemos sido como la rana que decide permanecer en la olla de agua mientras la temperatura del agua aumenta, incapaz de comprender las consecuencias del cambio incremental. Pero ahora, la sorpresa ante la velocidad del cambio en nuestro ambiente nos está separando de nuestro estupor; es tiempo de saltar hacia fuera, por seguridad, hacia un lugar diferente. Cada día, más ciudadanos, líderes corporativos y oficiales de gobierno parecen estar listos para saltar.

Creo que dentro de cincuenta años nuestras vidas en relación al agua (la base de la existencia en el planeta) se verá muy diferente a hoy. La buena salud, la comida suficiente, las casas seguras, las vidas estables, la recreación, la inspiración espiritual, la paz con los vecinos; Casi siempre esas cosas se reducen a agua. ¿Hay suficiente para todos?, ¿está limpia?, ¿se comparte justamente?, ¿es usada sabiamente? Ahora, la respuesta en la mayor parte del mundo es no. Pero las tendencias de hoy sólo determinan el futuro si permanecen sin alterarse.

Cuando me adelanto cincuenta años, veo un mundo de agua rediseñado. En él, las enfermedades causadas por estanques contaminados, ríos y acuíferos que ahora toman más de dos millones de vidas cada año —la mayoría niños menores de cinco años de edad—, virtualmente no existen, porque toda la gente tiene acceso a una fuente segura de agua para beber, bañarse y cocinar. Las mujeres en los países pobres habrán extendido sus oportunidades, porque cuando eran niñas pasaban los días buscando agua para sus familias en vez de ir a la escuela. También eligen tener menos hijos, seguras de que los que tengan sobrevivirán.

Más ríos revivirán. Los ingenieros habrán removido los diques que confinan los flujos acuíferos de manera que las aguas de las inundaciones puedan irrigar naturalmente las planicies aluviales, rejuveneciendo piscifactorías y llenando de nuevo los mantos acuíferos. Ciudades y pueblos habrán sido reubicados lejos de las áreas propensas a inundación debido a los altos riesgos de daños costosos de inundación, conforme los ríos crezcan con el agua que se derrite de nieve en las montañas. Presas y reservas que proveen agua y energía serán operadas de manera que den a los ríos el volumen y el tiempo para generar flujos necesarios a fin de sustentar a los peces y mantener la salud ecológica en general; mientras tanto, miles de presas habrán sido eliminadas, conforme los riesgos ecológicos y de seguridad sobrepasen los beneficios. Tristemente, la variedad de vida en los ríos será menos diversa, porque las presas, los desvíos, la contaminación y las temperaturas más cálidas se habrán llevado una de cada tres especies de agua dulce a la extinción.

> *Al irrigar más eficientemente y plantar cultivos específicos correspondientes a sus climas locales, los granjeros utilizarán la mitad de agua para la misma cantidad de producción de los cultivos de hoy.*

Nuestra producción y consumo de comida será muy diferente. Los sistemas de irrigación modernos facilitarán la manera en que los granjeros irrigan sus siembras y las nuevas tecnologías informáticas permitirán la incorporación de datos sobre la lluvia y la evapotranspiración así como otros factores en tiempo real para su administración eficaz. Al irrigar más eficientemente y plantar cultivos específicos correspondientes a sus climas locales, los granjeros utilizarán la mitad de agua para la misma cantidad de producción de los cultivos de hoy; la comida orgánica dominará el mercado debido a sus beneficios en la salud y el ambiente. Los consumidores también comprarán más comida en granjas locales debido a los altos costos de transporte de comida en largas distancias. En las ciudades, la gente obtendrá sus vegetales en jardines hechos en los techos de las casas y las dietas incluirán menos carne, debido al costo y disponibilidad de la tierra y el agua necesarios para producirse, lo que aumentará el precio considerablemente.

Computadoras, ropa, carros y otros bienes se producirán en fábricas que reciclen y reutilicen toda su agua y no emitan agentes contaminantes al ambiente. La productividad del agua en economías nacionales —el volumen de agua usada por dólar del PNB— será más de diez veces más alto que hoy.

En general, la administración del agua se enfocará menos en tuberías, bombas y volteado de concreto y más en ideas, innovación e ingenuidad. La política del agua habrá evolucionado de la competencia a la cooperación, así como las naciones y los estados se dan cuenta de que obtienen más ganancias al compartir los beneficios de una línea divisoria de agua saludable y administrada inteligentemente, que peleando por la última gota. Además, cuadrillas de ingenieros ecológicos permitirán que las comunidades dependan de la infraestructura de la naturaleza —pantanos, planicies aluviales y líneas divisorias de agua forestadas— para proveer agua limpia mientras preserven hábitats para peces y vida salvaje así como también áreas naturales para el disfrute de la gente.

Lo que describí aquí no es una predicción, sino una visión. Imaginándonos el futuro deseado, podemos trabajar con la intención de crearlo.

Vivimos en una década decisiva. Nuestra acción —o falta de ella—, durante estos años siguientes determinará si un mundo mejor puede emerger del cambio catastrófico que hemos desencadenado.

22

Gerardus 't Hooft

Gerardus 't Hooft, profesor de Física Teórica en la Universidad Utrecht en los Países Bajos, compartió el premio Nobel en Física en 1999 por haber puesto la teoría de la física de las partículas en una fundación matemática más firme.

¿CÓMO TRANSFORMARÁ LA CIENCIA A LA SOCIEDAD HUMANA?

La pregunta que me hicieron fue muy simple: Usted sabe cómo se veía el mundo en los años cincuenta, usted puede observarlo hoy. Los nuevos desarrollos científicos han tenido mayor impacto en nuestra sociedad. ¿Continuarán sucediendo dichas transformaciones?, ¿sucederán de nuevo?, ¿cómo podemos esperar que se vea el mundo razonablemente en el 2050?

Aun así, las especulaciones acerca del impacto de los desarrollos científicos de hoy en la sociedad humana de mañana son notoriamente difíciles de explicar, y es instructivo aprender de los errores del pasado. Para los científicos como yo, que sueñan con el futuro, es a veces difícil aceptar el simple hecho de que la ciencia no puede resolver todos los problemas, lo que continuamente lleva a nuevos problemas, pero es ciertamente el caso hoy; y con toda razón uno puede esperar que el audaz Nuevo Mundo de la mitad del siglo veintiuno tenga sus propios conflictos. Algunos desarrollos han sucedido a un ritmo mucho más lento que lo esperado en 1950: no ha habido un incremento explosivo en viajes espaciales con humanos, no estamos rodeados por robots semiinteligentes ni hemos encontrado curas a muchas enfermedades, a pesar de algunos éxitos razonablemente espectaculares. Algunos avances tecnológicos parecen llegar a un alto: las bicicletas hoy lucen casi idénticas a las de 1950, y nuestros automóviles todavía funcionan basados en los mismos principios, sólo hubo algunos cambios pequeños en su apariencia. También, dentro de cincuenta años es posible que el mundo se vea muy similar a este en que vivimos hoy, contrario a lo que algunos «futurólogos» quieran hacernos creer.

Son los progresos inesperados los que en realidad tienen el impacto más grande: la ciencia en varios ámbitos hizo grandes avances en la década de 1970-1980. Mientras numerosos secretos fueron revelados y mejoraron enormemente nuestra visión del cosmos así como del mundo subatómico, la industria de los semiconductores descubrió cómo construir dispositivos microscópicos que pueden procesar información a velocidades y cantidades sin precedentes. La computadora personal se puso en manos del público y el teléfono portátil revolucionó aun más nuestras habilidades de comunicación, y la Internet ha revolucionado la manera en que compartimos información y en que comerciamos. El mundo se ha hecho más pequeño y, consecuentemente, una combinación de culturas sin precedente se está llevando a cabo; esto incrementa disputas y choques, pero también el vasto incremento de entendimiento mutuo, la pregunta está bien planteada: ¿Qué podemos esperar?

Lo más fácil que podemos hacer los científicos es señalar los avances indiscutibles que no han sido explotados totalmente. Uno de ellos es la disponibilidad de información; detectores de todo tipo pueden ser manufacturados en tamaño pequeño, baratos y en grandes cantidades; el *software* utilizado en nuestras computadoras aún puede ser mejorado enormemente; estaremos inundados por mucha más información de la que necesitamos realmente. Nuestros sistemas de posición satelital, así como muchos otros dispositivos pequeños, serán utensilios indispensables. A pesar de que es probable que los robots realmente inteligentes todavía no existan en el 2050, seremos capaces de encontrar respuestas instantáneas a prácticamente todas nuestras preguntas a través de Internet. Es posible que las tecnologías informáticas continúen transformando nuestro mundo en algo que difícilmente podamos imaginar hoy.

La ciencia misma se beneficiará de ese desarrollo. Hoy, el genoma humano es conocido; en el 2050, tal vez, los genomas de la mayoría de las especies vivas estén disponibles en Internet, eliminando algunas de nuestras preocupaciones actuales referentes a la extinción, las especies extintas pueden ser recreadas, de ser necesario. Los biólogos estarán muy ocupados con la pregunta sobre la función exacta de los códigos del ADN, y sus descubrimientos —como sean— tendrán un gran impacto en las ciencias médicas y la industria alimenticia.

Mientras el mundo se encoge más, su población total continuará creciendo, a pesar de que la disponibilidad global de anticonceptivos eficaces ayudará a parar este crecimiento. Desde puntos de vista puramente tecnológicos y económicos, no hay necesidad de pobreza dispersa en ningún lugar del mundo, si acaso los conflictos militares en áreas menos afortunadas pueden ser suprimidos. Esto fue cierto en el año 2000, pero por desdicha, esas situaciones llevan a movimientos espirales que dependen mucho de un factor imposible de predecir: el comportamiento humano. Es cuestionable si nuestra respuesta a la disponibilidad de tecnología altamente avanzada sea tan racional como debiera.

Nuestras fuentes de energía en el 2050 dependerán aún de la disponibilidad de petróleo crudo, aunque continuarán incrementándose las fuentes de energía renovable. Esto significa que nuestros problemas con el clima cambiante estarán lejos del fin. Sospecho que habrá disputas serias sobre las posibilidades de las construcciones de larga escala hechas por los humanos con las que pudiéramos afectar el clima en este planeta pero, a pesar de que nuestro mundo parece estarse encogiendo, este planeta aún será muy grande para eso.

La mayoría de las predicciones sobre los viajes de humanos al espacio hechas en 1950 han estado fuera de la realidad, mis predicciones para 2050 probablemente sean muy optimistas también. Tal vez los planes para un viaje con humanos a Marte se realicen pero, si es así, dicho viaje será un desperdicio de energía y recursos; así como las excursiones humanas a la luna en 1969, el primer viaje a Marte será muy costoso y peligroso para ser seguido por más expediciones humanas regulares y duraderas. Por el contrario, ahora la luna está a corto alcance para una presencia humana más permanente e incluso su colonización. Pienso que alrededor del 2050 una base lunar permanente pudiera existir; expandirla y hacerla autosuficiente estará dentro de las posibilidades tecnológicas, aunque la independencia total de recursos terrestres no se llevará a cabo por muchas décadas más. Pienso que el significado histórico de la base lunar será tan evidente que ganará apoyo generoso del público, y más apoyo de la tierra probablemente continuará, pero el soporte del hábitat lunar dependerá fuertemente de cómo la gente reaccione a los obstáculos, que pueden ser técnicos, financieros o políticos.

También puede haber cambios grandes en el mundo de la diversión: los juegos de computadora y la realidad virtual podrían mejorar tanto su calidad que la gente encuentre la mayoría de sus entretenimientos ahí y no en los viajes reales, las lecturas ni los conciertos, el teatro ni otras funciones. Y la gente, ¿trabajará en la ciencia en el 2050? Por supuesto, siempre habrá algunos que no deseen ir con la corriente pero sí investigar el mundo real en que vivimos. Algunos de mis colegas sospechan que la mayoría de las preguntas sobre las leyes más básicas de la naturaleza serán contestadas para entonces pero, por supuesto, esto es extremadamente insólito. Más aun, deberíamos temer lo opuesto: el progreso para encontrar soluciones a nuestros problemas puede ser más lento. Las instalaciones de aceleración de partículas alcanzarán cientos de TeV (unidad teraelectrón voltios) por partícula, pero eso no será suficiente para obtener una idea completa de qué partículas elementales están hechas y cómo interactúan. Aún habrá futuro en el 2050.

Los juegos de computadora y la realidad virtual podrían mejorar tanto su calidad que la gente encuentre la mayoría de sus entretenimientos ahí y no en los viajes reales, las lecturas ni los conciertos, el teatro ni otras funciones.

23

Shigeo Hirose

Shigeo Hirose es un profesor ganador de varios premios en el departamento de Ingeniería Mecánica y Aeroespacial del Instituto de Tecnología de Tokio. Se especializa en el diseño creativo de sistemas robóticos.

¿Dónde están todos los robots?

¿Qué tipo de vida tendrá la gente con los robots dentro de cincuenta años? La visión típica ilustrada en las novelas de ciencia ficción y las películas es una sociedad en la que la gente vive con humanoides, o robots versátiles con figuras humanas; los humanoides se ven caminando en las calles para hacer compras y limpiar la casa con una aspiradora; el humanoide cuida a los niños cuando la madre está ocupada trabajando en la oficina; los ancianos son cuidados por humanoides; y en el campo de golf, el humanoide enseña a los principiantes cómo jugar.

Desde el escandaloso debut del humanoide P2 de Honda en 1996, los humanoides se han vuelto muy populares en Japón, y con los medios masivos de información, enfatizando su potencial, mucha gente ahora cree que la vida rodeada por humanoides está a la vuelta de la esquina. Incluso el gobierno japonés creyó en ese sueño y gastó 4.6 miles de millones de yenes en el Proyecto de Robots Humanoides de 1998 a 2003. Pero ¿es esta la imagen real de nuestra sociedad futura? Yo estoy en desacuerdo.

Hay cuatro razones por las cuales no puedo concordar con la visión de una sociedad futura con humanoides:

Una es la dificultad de realizar al humanoide mismo. Aunque el éxito de Honda con un bípedo caminando y corriendo con P2 y ASIMO es fantástico, ese éxito no está directamente conectado con la realización de los humanoides. Los humanoides con funciones versátiles deben tener brazos diestros, un cuerpo con sensores táctiles distribuidos, un sistema de visión altamente inteligente, una fuente de energía de poco peso y, sobre todo, inteligencia artificial real. Un robot puede ser humanoide sólo cuando todas esas características se hayan instalado en un cuerpo. Desde que inicié mis estudios de robótica en 1971, he observado el desarrollo del campo por más de treinta y seis años. Aunque el desarrollo del CPU ha sido increíble durante este tiempo, la inteligencia artificial no ha visto tal avance, y el desarrollo de componentes mecánicos y eléctricos para robots se ha mantenido, pero ha sido lento. Cuando extrapolo este hecho al futuro, no puedo predecir que un humanoide será realizado dentro de cincuenta años.

La segunda razón está basada en la consideración de la «diseminación natural de la nueva tecnología». Muchas tecnologías nuevas se desarrollarán en el futuro y los investigadores tratarán de usarlas con humanoides, pero lo que no debemos olvidar es que dicha tecnología no es sólo para humanoides, tan pronto sea comercializada, será aplicada a todas las máquinas existentes para hacerlas más avanzadas e inteligentes. Aunque la realización de un humanoide funcional integrado es difícil, las mejoras tecnológicas de las máquinas simples y funcionales, pueden hacerlo más fácil y eficaz. Por tanto, la mayoría de las máquinas habrán evolucionado a robots, aunque los humanoides no estén completos aún.

Incluso hoy, el automóvil tiene cientos de ejecutantes y es controlado por sistemas computacionales avanzados, y puede incluso guiar al conductor con un sistema navegador de posicionamiento global; también las aspiradoras autónomas pueden moverse en una recámara y limpiarla.

Si todas las máquinas evolucionan a robots, ¿por qué debería la gente comprar un humanoide versátil, pero caro, en el futuro? En el futuro incluso el humanoide puede tener problemas para trabajar porque no pueda encontrar una aspiradora antigua, por el contrario, se sorprenderá al ver que la aspiradora inteligente terminó la tarea antes de que él pudiera iniciarla.

La tercera razón está basada en la consideración de la «libertad de diseño». La figura humana no es óptima. Cuando la naturaleza nos diseñó, el animal cuadrúpedo fue *remodelado*. Dos piernas delanteras tuvieron que utilizarse como brazos, y el bípedo fue la única selección; sin embargo, los diseñadores de robots no tienen tales restricciones, tienen el privilegio de seleccionar la mejor forma para llevar a cabo las tareas requeridas. Si se les pide que imiten la figura humana, también el rendimiento del robot podrán reducirlo dramáticamente.

Los que apoyan a los humanoides dicen algunas veces que la figura humana es la mejor porque esta sociedad está hecha para humanos, y nuestro espacio de vida es geométricamente adaptado a la figura humana. ¿Es eso cierto? Hay muchos ejemplos contradictorios: Los ingenieros que diseñaron el bar de sushi moderno, obviamente no prestaron atención a un dispositivo humanoide para sushi; por el contrario, cambiaron el acomodo del lugar mismo e introdujeron una banda giratoria.

La cuarta razón está basada en la consideración de la «naturaleza de los seres humanos». Los seres humanos son criaturas humanas, la gente se siente natural y relajada cuando vive con otras personas; los humanos han mantenido esta forma de vivir por más de cien mil años, desde que evolucionaron de los monos que tuvieron que vivir en grupos para protegerse. Esta característica de los seres humanos no cambiará en un tiempo corto; cuando pensamos en eso, podemos ver la falta de naturaleza de la visión de una sociedad futura con humanoides.

La tecnología robótica no deberá utilizarse para interferir con las relaciones humanas naturales privando a la gente de su orgullo y su trabajo, sino que debe ser la fuerza silenciosa tras escenario que apoye la vida de la gente.

En vez de darles humanoides a los niños, la tecnología robótica debería ser utilizada para la mejora de la oficina donde la madre trabaja para permitirle que cuide de sus niños por sí misma. Los ancianos podrían ser cuidados por gente joven, dándoles herramientas inteligentes o máquinas para cuidado de ancianos. El trabajo del tutor de un jugador de golf principiante sería reservado para gente joven que quisiera ganarse la vida con sus actividades físicas favoritas. No debemos olvidar que incluso después de cincuenta años, aún habrá mucha gente que quiera tener un sentimiento de dignidad y satisfacción haciendo sus trabajos. La tecnología robótica no deberá utilizarse para interferir con las relaciones humanas naturales privando a la gente de su orgullo y su trabajo, sino que debe ser la fuerza silenciosa tras escenario que apoye la vida de la gente.

Si usted pudiera visitar la sociedad futura, podría preguntarse: «¿Dónde están todos los robots?» En efecto, es posible que no encuentre humanoides en las calles y las casas; la gente disfruta la vida en familia y en la ciudad con otras personas, no con humanoides, pero si usted observa más de cerca encontrará muchos robots con figuras diversas trabajando. El ambiente global es mantenido en el desierto y las montañas, el océano es limpiado por robots y la infraestructura urbana —como las líneas de alto voltaje, el gas, el agua y el drenaje— es mantenida por robots. Por lo tanto, la respuesta a la pregunta: «¿Dónde están todos los robots?» sería: «Están en todos los lugares, pero no en forma de humanoides».

24

Peter Doherty

Peter Doherty es inmunólogo, compartió el premio Nobel de Medicina en 1996 por sus descubrimientos en cuanto a la especificidad de la inmunidad celular. Es un estudioso de la inmunidad viral y divide su vida entre el St. Jude Children's Research Hospital [Hospital de investigaciones infantiles], la Universidad de Melbourne y las playas del sureste de Australia. Algunos libros escritos por él son: Nobel Beginner's Guide to Winning the Nobel Prize *[Guía de principiantes para ganar el Premio Nobel]* y A Light History of Hot Air *[Una ligera historia de aire caliente].*

Granjas de viento en tierra optimista

Anderson Craig tocó el botón de encendido en un día cálido de septiembre, a 88° F, el vehículo deportivo se desconectó de la línea de corriente de la casa, entonces los motores gemelos eléctricos se movieron silenciosamente hacia el camino terregoso. El silencio preocupó tanto a algunas personas cuando la hidroelectrónica llegó al mercado de los camiones, que comprarían la opción de audio que simulaba el sonido de un quemador de gas V8. Ahora, la única vez que usted escucharía algo similar sería el ruido ensordecedor del amplificador —diciendo «pa ta tas- pa ta tas- pa ta tas» de una motocicleta Harley a través de una ventana abierta.

La mayoría de los motociclistas nunca habían experimentado el poder de las vibraciones reales, a menos que hayan visitado el Museo Nacional de Petróleo en Houston; en el año 2025 los directores habrían construido el Domo de Petróleo, donde todavía funcionaban a toda corriente, en condiciones cuidadosamente controladas que cuidaban emisiones de efecto invernadero. El sonido Harley fue un gran favorito, junto con el rugido del aeromotor Rolls Royce Merlin que habría encendido los Spitfires y los Mustangs de hace más de un siglo. Para el 2030, por supuesto, la mayoría del petróleo que quedaba era utilizado para hacer plásticos, por lo que parecía extraordinario que sólo quemáramos algo tan valioso.

Era un largo camino a las Vegas, pese a que el sol estaba brillando y los paneles solares de la camioneta Suburban Chevy de los Craig agregarían energía a las baterías Beijing, altamente examinadas, también habrían quemado algo de hidrógeno antes de llegar a la lujosa plaza King Edgard. Las ropas delicadas y los contenedores de agua que iban a todos los lugares con ellos habrían sido empacadas la noche anterior. El agua fresca de manantial era oro líquido y el precio era semejante, ¿por qué pagar, entonces, para evitar el sabor simplón de DeSal cuando él y Jenny tenían su propio manantial al pie de las montañas?

Esa podría ser su última Conferencia Internacional de Granjas de Viento y, como uno de los pocos miembros fundadores todavía activo, Anderson iniciaría con el discurso en el año 2058. Tenía mucho tiempo para pensar en lo que diría; Marigold y Harrison se habían encargado del negocio, entonces no necesitaba preocuparse de los sesenta molinos grandes de su propiedad, él los había instalado, después se encargó de las plantas de energía y en su vida adulta había hecho tan buen trabajo que incluso los cinco antiguos monstruos daneses generaban muy buen amperaje; ahora su hija y su yerno continuarían.

Pronto, él y Jenny se jubilarían y se mudarían a Santa Bárbara, donde Hamish iluminaba con su liderazgo el Departamento de Reconciliación Religiosa de la universidad. Ham había regresado recientemente de un sabático en el Instituto de Estudios Abrahámicos en Qatar, el lugar que había hecho tanto por educar a los maestros religiosos y calmar las tensiones entre las tres grandes religiones originadas en el medio este. Andy y Jenny habían tomado la oportunidad de pasar unos días con Ham, Angie, y los nietos en esas playas preciosas y serenas del Líbano. El contrapunto entre el sonido de las olas, las campanas de la iglesia y el canto de Muecín llamando a los feligreses a orar estaba integrado firmemente en su memoria.

Para un granjero que descendió de generaciones de ganaderos, Anderson hablaba de manera elocuente y convincente; un hombre profundamente devoto, que influenció de gran manera a su congregación y después a la iglesia nacional para la cuidadosa administración de este bien: un mundo verde es la responsabilidad principal para la gente de fe. Aun así, el apoyo de aquellos que compartieron su convicción no hubiera permitido el fin del día sin culminar con la conciencia de que había menos agua para beber, las temperaturas estaban aumentando inexorablemente y los patrones climáticos se hacían cada vez menos predecibles. Ese gran cambio en las prioridades por parte de la «base» fundamentalista, junto con la desafección causada por la guerra desastrosa de Irak, había destruido en gran parte al viejo partido republicano y llevó a una ascendencia democrática muy larga (por lo menos para Andy) en la escena política nacional.

Los Craig siembre habían sido republicanos y Andy también había sido muy influyente con los cambios revolucionarios que regresaron al partido de Dwight Eisenhower, Teddy Roosevelt y Abe Lincoln a sus raíces. Cuando los nuevos republicanos finalmente tomaron la Casa de regreso en 2020, el partido republicano era una criatura muy diferente. Influenciado en gran parte por su jefe estratega, el anterior «gubernator», Arnold Schwarzenegger, ellos habían logrado la legislación final que mandaba reducciones de emisiones de carbón en 90% para el año 2070.

Incluso más importante fue la firma de la convención internacional de 2023 que decía: «La supresión deliberada de la ciencia relacionada al cambio climático y la tecnología que aliviará la severidad del calentamiento global es un crimen contra la humanidad». Por supuesto, el Congreso estadounidense nunca hubiera apoyado eso si no hubiera sido por el establecimiento de la Corte Internacional de las Américas en territorio estadounidense y la opción de un perdón presidencial. Los abogados, periodistas y observadores que se amontonaron en la vieja corte en Oxford, Mississippi, cuando dichos casos se discutían agregaron un carácter muy diferente al pueblo de William Faulkner.

Anderson había pensado muy cuidadosamente sobre su siguiente discurso para la convención, lo que sus palabras reflejarían sería un sentido de orgullo inmenso por la contribución que los Craig y sus colegas granjeros de aire habían hecho para limpiar y hacer el país que él tanto amaba más verde. Por supuesto, los esfuerzos de los «vienteros» habían sido sólo una parte de la energía y la determinación extraordinaria de los estadounidenses que había llevado a la solución completa del problema de emisiones de carbono. Conforme pasaron las décadas, vieron nuevas industrias emerger, junto con una sociedad más saludable y feliz en todo sentido mientras la gente se agrupaba en comunidades más integradas y redescubrían las maravillas de un estilo de vida más modesto caminando y usando sus bicicletas en su vida diaria. La epidemia de diabetes de tipo 2 de las primeras dos décadas del siglo veintiuno serían historia. Aparte del incremento en ejercicios, la redirección de la industria de jarabe de maíz a la producción de biocombustibles había ayudado.

Con Estados Unidos a la cabeza y la imposición de tarifas contra bienes manufacturados en países que no cumplían con las metas de carbón establecidas internacionalmente, el resto del mundo seguía con rapidez. Remitir impuestos de carbón para darles los recursos necesarios a las naciones pobres del planeta, también llevó a una nueva sensación de armonía internacional, y a ver que la humanidad había regresado de alguna manera a un sentimiento de sanidad. Las ventas de armas también fueron desplazadas por las tecnologías verdes y los productos que habían sido diseñados para ser reciclados como generadores de mayores ganancias para todos los miembros permanentes del Consejo de Seguridad de la ONU. Eso fue una transición tremenda.

Anderson Craig estaba consciente de que había sido parte de grandes cambios que habían llevado al mundo lejos del desastre. Se sintió bien con lo que había hecho con su larga vida, y sonrió mientras Jenny dormía; el gran carro continuaba silenciosamente y los kilómetros pasaban, sabía que el futuro estaba asegurado para sus nietos y sus bisnietos.

¿Todo esto parece ser improbable? Pero así es como las cosas son en un mundo optimista.

25

Stuart L. Pimm

*Stuart L. Pimm es un biólogo conservacionista cuyo enfoque es el estudio
y prevención de la extinción de especies a nivel mundial. Recibió el premio Dr. A. H. Heineken en Ciencias Ambientales de la Academia Real
de Artes y Ciencias de los Países Bajos.*

CARTAS A MIS NIETOS Y BISNIETOS

Navidad de 2050, en la casa de mi nieto.

—*¡Ok, niño!, abuelita está aquí, todos vamos a ver una película.*

—*¿Cuál, papá?*

—*Bueno, ¡tiene más de cien años!*

—*Oh, ¿Cómo se llama?*

—*El mago de Oz.*

—*¿Un mago, papi?*

—*Ya verás, y hay un premio especial después. Abuelita va a leer una carta, es de
su papá; él la escribió hace más de cuarenta años ¡sólo para ti y tus primos!*

—*Entonces vamos a verla, ¿de acuerdo?*

Abril 29, 2007

Niñas:

Hay dos cartas en este paquete, ustedes sólo necesitan leer una de ellas, y espero que sea la segunda. Ustedes sabrán cuál, y tal vez recordarán cuando les dije sobre las cartas en un correo electrónico (¡recuérdenlos!), hace todos esos años.

Primera carta

Niños, este es su bisabuelo, ustedes nacieron después de que yo muriera, así que no las pude conocer, pero pienso en ustedes casi todos los días. Soy ese hombre que se ve curioso en las fotografías al lado de la abuela en África.

¿Qué pensaron acerca de la película? Hay una parte que sé que no entenderán. Es cuando Dorothy se preocupa con los animales salvajes («leones, tigres y osos, ¡Oh cielos!») Yo sé que ustedes han visto esos animales en zoológicos, probablemente dormidos. Ellos no han sido animales salvajes desde que ustedes nacieron.

Hubo un tiempo en que lo eran y había lugares salvajes, lugares donde yo podía viajar por días y ver sólo cosas salvajes. Escribí esto en mi diario estando en India hace cincuenta años.

Los tigres no rugen, los leones sí, al igual que los elefantes. En la profundidad de la noche de la selva en la India, un tigre gime y hace que el bosque tiemble. Ellos lucen completamente atemorizantes, por sus voces, pudieran ser monstruos de proporciones increíbles; mientras voy de regreso —ya había cenado— por el bosque a la casa de huéspedes donde me hospedo, ¡me doy cuenta que podría ser la cena de un tigre!

Búfalo es el nombre del ganado salvaje, esas reses musculosamente poderosas bajo sus abrigos fantásticos. (¡Son diferentes a las vacas que ustedes ven en el zoológico!) Los búfalos, escondidos por la selva en el día, pasan silenciosamente en los claros durante el atardecer, muy salvajes y muy amenazantes, mientras aparecen de repente frente a las luces de nuestro auto. Aquel toro era enorme, sus cuernos no eran adorno para las vacas que estaban con él, estas son totalmente suyas porque corneó al único toro ligeramente menos impresionante que lo retó.

El tigre no me persigue, los búfalos son la comida del tigre. Aunque mi mente me indica que es poco probable que sea la cena del tigre, el cabello que se me eriza en mi cuello no lo puede creer.

Tengo también historias de leones. En Zambia observamos a un grupo de leones tomando una siesta; conforme se aproximaba el atardecer, primero una hembra, y después otra, se despiertan, se estiran y se acercan silenciosamente a un grupo distante de antílopes. Las seguimos conservando la distancia. Después de que oscureció pudimos escuchar a los antílopes resoplar de miedo; luego se escuchó un ruido sordo y encendimos las luces del auto: una leona había tomado al antílope macho por el cuello, arrastrándolo por el suelo. En segundos, otras tres leonas estaban cazando, y después los dos machos (que no habían hecho nada hasta ese momento) vinieron a reclamar, «la parte de los leones». En un par de minutos no había nada, entonces notamos que eso sucedió a ¡sólo treinta metros de mi casa de campaña!

Espero que hayan visto esa fotografía mía, todo lo que pueden ver es la parte de arriba de mi casco blanco de seguridad (junto con los de otras dos personas en un pequeño bote de hule) cerca de una enorme ballena azul, ese fue el mamífero vivo más grande que ha existido. Antes de declararse extinto, fue una vista maravillosa, especialmente cuando estaba a tan sólo unos metros de distancia; la fotografía es desde un helicóptero que volaba sobre nosotros, lejos de la costa de México.

¿Me asustó el mundo salvaje junto con sus animales, como a Dorothy? ¡No! Fue maravilloso estar en lugares verdaderamente salvajes, sólo teníamos que ser cuidadosos.

Una vez viajé por una parte del Amazonas tan remota que nuestros únicos guías eran gente nacida en el bosque, que aún vivían en el bosque y que compartían sus cabañas. Ellos cazaban en el bosque, sabían como usar sus plantas, incluso hace cincuenta años, el Amazonas era especial, pues las selvas tropicales en todo el mundo se estaban quemando. Pocas selvas tropicales existen todavía, por supuesto, pero son mucho más secas y se queman más que cuando yo escribí esto. Por supuesto, ya nadie vive en la selva.

Sólo muy pocos hombres saben aún cómo usar armas de viento y hacer los dardos envenenados para cazar. Espero que sus padres todavía tengan el arma y los dardos que nuestro guía me obsequió por ayudarlo a pelear contra las compañías de petróleo. Fuimos exitosos por un tiempo, pero la creciente necesidad mundial de petróleo terminó con el bosque de Ecuador en sólo unos años. El bosque ya no existe, los adorables monos tampoco, y ya nadie habla la lengua de mi guía. Sabemos que el petróleo sólo daría suficiente energía a los autos en Estados Unidos para unas pocas semanas.

También sabíamos que terminar con el bosque era particularmente necio, pues emitía gases al aire que calentaban el planeta, cuando haber mantenido dichos bosques habría absorbido esos gases y mantenido templado.

Nunca vi a un oso polar en libertad, pero ellos cazaban focas en el hielo del mar que ya se ha derretido; observarlos dormir en el zoológico no es lo mismo. (Mientras lo pienso, por favor, hagan lo que sus padres les dicen cuando están afuera y manténganse cubiertos protegiéndose del sol. Por supuesto, sé que ahora está haciendo mucho calor para estar afuera durante el verano).

Los países hicieron parques nacionales hace cincuenta años, pero sabemos que eran muy pequeños incluso para los leones y los tigres. Era obvio que si no los hacíamos más grandes, esas especies al fin morirían, y así fue. No fue sólo lo más grandioso tampoco. En mis tiempos, había diez mil tipos de pájaros ¡y traté de verlos a todos! Ahora, casi mil han desaparecido para siempre, o son tan raros que casi no se ven.

Hemos hecho un mal trabajo para salvar la variedad de vida tan maravillosa que había en la Tierra y sé que los animales y las plantas interesantes desaparecen cada año. He predicho que perderíamos especies más de mil veces más rápido de lo que deberíamos; desearía haber estado equivocado.

Lo que queda de nuestro planeta no es natural, pero es muy especial. Hagan un mejor trabajo cuidando la Tierra que lo que yo hice, niños. Ustedes no desearán escribir una carta como esta a *sus* bisnietos en el siglo veintidós.

Segunda carta

Hola niños, este es su bisabuelo, ustedes nacieron después de que yo morí, así que no los pude conocer, pero pienso en ustedes casi todos los días. Soy ese hombre viejo que se ve chistoso al lado de la abuela en las fotografías de África.

Esta carta es para pedirles que ¡no acepten un «no» como respuesta! Llevé a su abuela a su primera visita a una selva tropical cuando tenía seis semanas, cubierta en una red para protegerla de mosquitos; para cuando tenía diez años, ella me ayudaba en el campo. El Amazonas es una increíble naturaleza, así que pidan uno de esos ecotours para su próximo cumpleaños, sean muy respetuosos de la gente que han elegido vivir a lo tradicional en el bosque.

Si sus padres no los han llevado a ver tigres, ya es tiempo. Sé que van a observar ballenas todo el tiempo, ¿a poco no son espectaculares las ballenas azules? Fui muy afortunado al verlas, casi se extinguieron, ¡pidan el viaje largo! Empiecen en África del Sur y manejen por la ruta que los mantiene dentro del gran parque sudafricano, vayan al norte, a través del Zambezi, y continúen hacia el Serengueti. Si reservan con tiempo, se pueden quedar en campamentos dentro del parque, sin necesidad de salir del viaje de tres semanas.

Cuando los leones estén dormidos, pídanle a la abuela que les platique sobre cómo la gente al inicio de este siglo pensaba que podríamos perder los lugares naturales y las especies que vivieron ahí. Yo fui uno de ellos. Parece tonto ahora, ¿no? Hay una línea o dos sobre eso en su libro de historia en algún lugar, pero no estará en el examen.

¿Recuerdan a Dorothy en la película? Hay animales salvajes, así que ¡tengan cuidado!

26

Malcolm Bricklin

Malcolm Bricklin, fundador y director general de Visionary Vehicles, es reconocido como uno de los emprendedores más destacados en la industria automotriz. Es también fundador de Subaru de América y Yugo América y actualmente trabaja en el diseño, ingeniería, importación y distribución de una línea de carros eléctricos «exclusiva» y también camiones ligeros de China a Norte América.

Carros futuros y los Supersónicos

Tengo seis hijos, y es posible que lo que veo para los siguientes cincuenta años y casi todo en lo que he trabajado gran parte de mi vida profesional se derive de cuando estaba en el mismo cuarto con ellos —cuando eran pequeños— y veíamos cada semana los «Supersónicos». Es interesante ver que, el programa salió al aire en los años sesenta y se supone que sucedía «dentro de cien años», así que el tiempo parece ser el correcto.

En transporte, que es en lo que paso la mayor parte de mi tiempo y en lo que más pienso, espero ver no en cincuenta años, sino tal vez en más de diez, un carro híbrido que sea completamente eléctrico. Aunque los híbridos que manejamos hoy alternan entre una batería y un motor de combustión eléctrica, basado en lo que la computadora determine que sea la fuente de energía óptima, esos carros dependerán totalmente de energía de baterías. El propósito del motor será recargar la batería, dándole al carro un rango más amplio, haciéndolo una elección viable para transporte diario.

El elemento interesante en todo este escenario es que, si los planes actuales se realizan, el carro será más que una fuente de transportación. Si el clima es drástico o las líneas eléctricas le cortan la electricidad a su casa, su carro se convierte en una fuente alterna. Aun mejor, usted podrá conectar su auto por la noche y recargar la batería, usando electricidad en el momento que la energía en su planta local tenga menos demanda. Eso significa que, con el arreglo correcto, es posible que usted compre energía a una tarifa y la venda a la ciudad, si usted no la está utilizando, durante el día a una tarifa más alta. En Austin, Texas, Austin Energy ha dado un paso en esa dirección y estará listo para responder cuando los autos que se conecten a la corriente lleguen al escenario.

> *Usted podrá conectar su auto por la noche y recargar la batería, usando electricidad en el momento que la energía en su planta local tenga menos demanda.*

Llevar esos autos a los consumidores es mi prioridad ahora, y construir la infraestructura para las agencias lo harán una realidad. Varios empleadores, Google y el Bank of America son dos ejemplos, ellos ofrecen incentivos monetarios a sus empleados que manejen autos híbridos. Ayudar al crecimiento del mercado y a que las agencias entreguen los autos es un proceso sinérgico. Una vez que el sistema esté listo, no hay razón para creer que el costo por vehículo no baje dramáticamente.

Imagínese qué tipo de agencias serán esas. En la medida en que los híbridos se hagan más modulares, en vez de que usted llame para hacer una cita para el mantenimiento, su agencia tendrá un registro de su auto y todas sus partes en archivos computarizados. Usted recibirá una llamada que dirá: «Hola, parece que usted necesita una nueva parte número 1318, ¿está bien si le enviamos a alguien para que se la entregue?»

Aunque tal vez mejor que los híbridos, y un poco más futurista, será la introducción de los autos voladores al estilo de George Jetson (el Super Sónico), con su burbuja arriba. He trabajado en eso por muchos años y estoy convencido de que es posible. Considere sólo dos de los muchos beneficios: 1. No hay necesidad de construir y mantener sistemas de carreteras o puentes sobre aguas. 2. Eficiencia temporal óptima pues podríamos ir «volando», limitados solamente por las restricciones creadas para fines de seguridad.

Aunque me gustaría mucho hablar y pensar sobre el futuro del transporte, creo que otros aspectos de la vida en la tierra cambiarán también dramáticamente, aunque no necesariamente siempre de manera positiva.

Mencionaré algunos:

- En arquitectura, creo que veremos construcciones de estructuras que serán estéticamente magníficas, como las que ya pintan los cielos de Dubai. Belleza y función irán de la mano.

- En el escenario global, China será el siguiente poder económico mundial, con India siguiéndole. ¿Dónde estará Estados Unidos? No lo puedo decir, pero estoy muy interesado en descubrir no sólo dónde estará Estados Unidos, sino dónde se acomodarán las otras «antiguas» economías y otras culturas. Creo incondicionalmente que podemos terminar siendo mejores, sólo que no puedo identificar exactamente en qué.

- En vez de hablar acerca de educación, hablaremos en cuanto a aprender. Me refiero a que nuestro enfoque es asumir que una u otra forma de educación crea cierto tipo de élite en la sociedad. Si en cambio hablamos de una persona «aprendida», se entiende que nuestra sociedad no es diferenciada basada en el acceso a las instituciones o a un específico régimen educativo. Entonces respetaremos las *diferencias* de ideas entre nosotros.

- Cuando se trata de salud, mi vista no es tan rosada, por lo menos en términos de instituciones y organizaciones que proveen cuidado (o no, como puede ser el caso). Lo que veo, que pueda ser la manera más factible de resolver este problema, es el crecimiento de un sistema de valores compartido en el que usted y yo tomemos la responsabilidad de nuestra propia salud. En otras palabras, en los siguientes cincuenta años trabajaremos en tratar de mantenernos saludables como individuos, cualquier sistema que desarrollemos para proveer cuidado tendrá mucho menos que hacer y por lo tanto podrá ser más exitoso. Al mismo tiempo estaremos en la mejor posición posible para aprovechar la tecnología que avanza rápidamente para extender la vida.

Un punto más convincente aun. Estoy entre aquellos que creen que una pandemia está por venir. Hay que aceptar que es verdad que la gente saludable sobrevive a lo que sus amigos enfermos no pueden.

Sobre todo —lo que manejemos, cómo vivamos, las ideas que escuchemos—, somos parte de una raza que sobrevive. He pensado que tal vez el hecho más devastador para el mundo actual será la destrucción irreversible de nuestro sistema computarizado; aun así, mis padres vivieron mucho y muy bien sin computadoras. Dentro de cincuenta años puede no haber diferencias en velocidad, comodidad y conveniencia. La humanidad, sin embargo, seguramente vencerá la adversidad.

> *Sobre todo —lo que manejemos, cómo vivamos, las ideas que escuchemos—, somos parte de una raza que sobrevive.*

27

Abdulla Salem El-Badri

Abdulla Salem El-Badri es Secretario General de la Organización de Países Exportadores de Petróleo (OPEP).

Un mundo sin fronteras

Yo veo un mundo sin fronteras.

Los desarrollos en el mundo actual están preparando el camino para cambios demográficos grandes que serán muy visibles dentro de cincuenta años. Veo un mundo donde ninguno de los países desarrollados de hoy pueda conservar su homogeneidad conforme el flujo de inmigrantes —con diferentes culturas, estilos de vida, religiones, etc.— afecte sus culturas autóctonas. Esta tendencia ha empezado y sólo aumentará.

Aunque las naciones desarrolladas ofrecen mejores condiciones de vida, la mayoría tiene dificultades para suplir la demanda de mano de obra, atrayendo así a los inmigrantes. Al mismo tiempo, la vida en los países menos desarrollados se ha hecho más difícil, llevando a la gente a emigrar en búsqueda de pastos verdes.

Habrá un punto en que las autoridades de los países desarrollados, sobre todo aquellos con poblaciones relativamente pequeñas, se preocuparán por la dilución de sus culturas y actuarán para detener eso. Sin embargo, no tendrán éxito, porque en los siguientes cincuenta años es posible que las autoridades nacionales sean menos poderosas con los ciudadanos y otros residentes de sus países, a la vez que el concepto de humanidad rompe los límites nacionales. Esto puede, por supuesto, atribuirse al argumento firme acerca de las nuevas tecnologías en comunicaciones, etc. ¿Deberán las naciones del mundo mantener sus tradiciones y estándares de vida en sus propios territorios, o deberán permitirles volar alrededor del mundo?

Espero que la gente tenga ciudadanías dobles (las de su estado-nación y la del mundo). El mundo rescatará a sus ciudadanos cuando sus soberanos nacionales abusen de sus derechos humanos.

28

Lee H. Hamilton

Lee H. Hamilton es director del Centro Internacional para Becados Woodrow Wilson y el Centro del Congreso en la Universidad de Indiana. Fue vicepresidente de la Comisión del 11 de Septiembre y líder del Grupo de Estudio de Irak. Trabajó durante treinta y cuatro años en el Congreso de Estados Unidos y fue líder del Comité de la Casa de Representantes en Asuntos Internacionales e Inteligencia.

TECNOLOGÍA, SEGURIDAD Y LIBERTAD EN CINCUENTA AÑOS

Han sido casi ciento cincuenta años desde que Abraham Lincoln estuvo en Gettysburg y preguntó lo que definió nuestra guerra civil y nuestro propósito nacional: Si una nación «concebida en libertad, y dedicada a la propuesta de que todos los hombres son creados iguales... puede permanecer». Dentro de cincuenta años, presiones nuevas y sin precedentes a Estados Unidos imbuirán a la pregunta con relevancia renovada.

Los avances revolucionarios en tecnología continuarán a un ritmo que no podemos imaginar; si vemos a nuestro alrededor hoy desde la perspectiva de hace cincuenta años, muchas cosas no cambiarán. Todavía conduciremos automóviles con motores de combustión interna, generando mucha de nuestra electricidad con energía de vapor y tomaremos aspirina (patentada en 1899) cuando tengamos un dolor de cabeza. Sin embargo, la información equivalente a la Librería del Congreso hoy se genera cada quince minutos. La revolución de la información ha cambiado la educación, la medicina, el comercio, la guerra, la política e incluso nuestros hábitos para enamorar a alguien. Cuando agreguemos la revolución biotecnológica y la nueva revolución nanotecnológica a los avances en telecomunicaciones y computación, tendremos las piezas para un cambio transformador.

Los gobiernos y las corporaciones tendrán una capacidad enorme para compilar y administrar la información, también los individuos. Esto abrirá la puerta a oportunidades sin límites, pero también tendrá un lado oscuro: será cada vez más difícil para Estados Unidos, o cualquier grupo de gobiernos y corporaciones, monopolizar las tecnologías más peligrosas del mundo. La manera en que gobernemos y cuidemos la tecnología, en que protejamos nuestra privacidad y nuestras libertades, será un reto preeminente para Estados Unidos y la humanidad.

La difusión de la tecnología será sólo uno de los retos centrífugos que encare Estados Unidos. La población de esta nación será mucho más grande y diversa, con un gran influjo de inmigrantes de Asia y, principalmente, de Latinoamérica. No podemos detener ese cambio. La economía americana continuará creando trabajos que no puedan ser tomados por los trabajadores nativos, por lo tanto continuaremos buscando inmigrantes. Cómo emplear, regular e integrar ese flujo constante, que seguramente llevará a una América más hispana, será la prioridad para los gobiernos desde los ayuntamientos hasta el Congreso.

En el extranjero, la posición relativa de Estados Unidos declinará, aunque la democracia y las economías de libre comercio se expandirán. América continuará siendo el poder principal del mundo, pero el dominio absoluto posguerra fría en lo militar, lo económico y lo cultural no podrá sostenerse. China retará nuestra fuerza económica y seguramente jugará un rol más asertivo diplomática y militarmente en Asia. Una Europa unida, India creciendo, una Rusia asertiva y un Japón fuerte representarán otros polos de poder; también los nuevos poderes regionales como Brasil, Sudáfrica, Indonesia y una Corea potencialmente unificada. Para adaptar dicho cambio y para ser eficaces, las instituciones como las Naciones Unidas tendrán que ser reformadas por completo, si no es que reconstruidas.

Similarmente, la cultura global se hará más difusa. Los estadounidenses estamos acostumbrados a que los mejores atletas del mundo vengan a jugar deportes profesionales; a que nuestros programas de televisión y nuestras películas dominen el entretenimiento mundial; a escuchar el idioma inglés alrededor del mundo; a tener estudiantes extranjeros inundando nuestras universidades. Mientras nuestra cultura continúe predominando, la influencia de los poderes emergentes se incrementará. El idioma chino se hablará en salas de reuniones y hoteles intercontinentales, se convertirá en el idioma de la Internet para millones de personas. Los grandes mercados, como China e India, proveerán servicios de manufactura, entretenimiento e industria atlética. Los estudiantes internacionales buscarán un rango de lugares más amplio para estudiar.

Estados Unidos continuará forcejeando con las amenazas de la seguridad que vemos hoy. El terrorismo continuará, habrá casi seguramente más ataques en territorio estadounidense. Nuestra relación con el mundo islámico continuará siendo un reto, aunque esa relación se hará más fuerte, más allá de nuestra dependencia actual con algunos gobiernos clave, como Egipto, Arabia Saudita y Pakistán. La proliferación de armas de destrucción masiva tomará cada vez más de nuestro tiempo. Nuestra relación bilateral más importante será con China; la manera en que lidiemos con esa relación determinará en gran parte si los grandes poderes del mundo continuarán tratando disputas con un sistema internacional, o si podemos regresar a la tradición del gran conflicto de poderes.

> *El idioma chino se hablará en salas de reuniones y hoteles intercontinentales, se convertirá en el idioma de la Internet para millones de personas.*

Aun así las principales amenazas de seguridad dentro de cincuenta años serán atribuidas no a milicias o terroristas, sino al ambiente. Debido a la degradación ambiental, el crecimiento poblacional y el cambio climático, habrá problemas sin precedentes en los recursos más elementales: el agua y la comida. Más de doscientos cincuenta mil millones de personas podrían ser desplazadas debido a la hambruna. A menos que la comunidad internacional actúe, conflictos horribles surgirán en las regiones más vulnerables ambientalmente, África, el Medio Este y el Sureste de Asia. La inestabilidad que traen esos conflictos, y el daño potencialmente irreversible provocado por la contaminación al océano, el exceso de cultivos, la urbanización y las emisiones de carbono podrían llevar a una baja en los estándares de vida a nivel mundial.

Estas fuerzas presentan preguntas críticas para Estados Unidos. ¿Cómo podemos usar la tecnología sin permitirle erosionar nuestras libertades o darle poder a nuestros enemigos? ¿Cómo podemos ajustarnos a una migración sustentable mientras mantenemos nuestras leyes y nuestra cohesión nacional? ¿Cómo podemos reformar el sistema internacional y renovar nuestro liderazgo global en un mundo más multipolar? ¿Cómo administraremos nuestras dos relaciones más volátiles, con China y con el mundo islámico? ¿Cómo podemos reconciliar el crecimiento económico y poblacional con la necesidad absoluta de proteger a nuestro planeta y desarrollar nuevas fuentes de energía? ¿Puede nuestra nación, como es concebida, tan dedicada, aún permanecer y prevalecer?

El hecho es que Estados Unidos creará su propio futuro, y aún tendrá el rol de liderazgo para darle forma al mundo. Nuestra base política, la Constitución, si se utiliza y entiende correctamente, es lo suficientemente flexible e ingeniosa como para ajustarse a esas realidades cambiantes. La revolución tecnológica es en gran parte el producto del conocimiento estadounidense; el cambio que verá el mundo continuará siendo establecido en valores estadounidenses: gobierno democrático y economía de libre comercio. Mientras el cambio provoque revueltas, nuestro país será puesto a prueba. Nuestra nación y nuestro sistema permanecerán sólo si los estadounidenses confrontan el reto.

29

Steven Beckwith

Steven Beckwith, astrónomo, actualmente es director del Instituto de Ciencia del Telescópico Espacial en la Universidad Johns Hopkins, a cargo de las operaciones del Telescopio Espacial Hubble.

Nuestro lugar en el universo

A pesar de que no podemos saber exactamente *cómo* cambiaremos nuestras vidas en cincuenta años, ya tenemos una buena idea de cómo reaccionaremos a dichos cambios. Para la mayoría de nosotros, o más precisamente, de nuestros hijos, la vida será más fácil e intelectualmente rica en cincuenta años. Nuestros recursos para tratar las necesidades diarias serán mejores y más eficientes, y reducirán la mayoría de las incertidumbres más atemorizantes de la vida. La manipulación genética y el uso de drogas curarán muchas de las enfermedades más debilitantes y reemplazarán a los procedimientos de poca tecnología como la cirugía con la facilidad increíble de las píldoras y las inyecciones, reduciendo dramáticamente los problemas de la medicina. La expectativa de vida se incrementará, la incomodidad debida a problemas crónicos disminuirá y el costo del bienestar se reducirá, eliminando el dolor y la incertidumbre que siempre ha acompañado a la vida. Para su seguridad, la mayoría de la población mundial encarará condiciones de vida difíciles, pero incluso esas condiciones mejorarán, en promedio.

Conoceremos mucho más sobre la naturaleza, el universo y nuestros propios orígenes. Desafortunadamente no seremos más sabios en el uso de este conocimiento para curar las enfermedades de la sociedad. Al recordar la mitad del siglo veintiuno, nos preguntaremos cómo tanto conocimiento puede iluminarnos y al mismo tiempo ser tan difícil de usar para mejorar las condiciones sociales. El choque entre el conocimiento y la creencia, apreciado mejor hoy en debates sobre evolución contra creación bíblica, será tan fuerte como hoy a pesar de los progresos innumerables en el entendimiento de mecanismos por medio de los cuales fuimos creados. Los avances en la ciencia cognitiva revelarán que muchos de nuestros comportamientos más controversiales: el tribalismo, la violencia, incluso la preferencia sexual, tienen raíces profundas en la biología y no serán eliminados mediante una reforma social. Pero esos avances enfrentarán barreras que se utilizarán en la mejora de la sociedad: la resistencia al poder concentrado y necesario para la reforma social, «científica» y (más poderosamente) la necesidad de certidumbre religiosa que impida dejar nuestros prejuicios históricos acerca del comportamiento humano, así como las mejores maneras de regular sus peores excesos. Temo que la nueva tecnología sólo traerá más violencia antisocial, lo que parece ser una plaga constante en lo que serían las sociedades libres.

> *Los anuncios acerca del descubrimiento de vida inteligente en otros lugares serán muy buenos, generando un interés renovado en la ciencia espacial como la mejor manera de encontrar a nuestros vecinos más cercanos.*

Viendo al futuro, nos damos cuenta de que la vida en la tierra no es muy especial y nuestra especie no es fundamentalmente diferente de las demás. Tenemos evidencia fuerte, mas no irrefutable, de existencia de vida alrededor de otras estrellas justo como tenemos también evidencia fuerte, pero no irrefutable, de existencia de agua en otros cuerpos en el sistema solar, un paso mucho más pequeño. La evidencia quitará cualquier cimiento intelectual de la noción de que la tierra es un lugar especial en el universo y marcará el fin de la era actual en la misma manera que los tratados (correctos) de Copérnico marcaron el fin de la última.

La mayoría continuaremos creyendo que somos especiales y actuaremos en consonancia. Algunas religiones se ajustarán, pero la mayoría ignorará la evidencia abundante de nuestro rol cual peatones en el cosmos. Los anuncios acerca del descubrimiento de vida inteligente en otros lugares serán muy buenos, generando un interés renovado en la ciencia espacial como la mejor manera de encontrar a nuestros vecinos más cercanos.

Este último avance será el más interesante para mí, si todavía vivo. Por lo menos una sociedad avanzada (sospecho que no será Estados Unidos) reconocerá la dificultad enorme para los viajes espaciales, especialmente con humanos, y la facilidad relativa de comunicación a larga distancia, y llevar a cabo su exploración con telescopios y sensores remotos; la mayoría de los países invierten actualmente con la esperanza de que el viaje espacial de largas distancias sea más fácil. Esta sociedad construye nuevos satélites para recibir señales del universo y ver la mejor manera de transmitir información terrestre a planetas distantes. A menos que suceda algún accidente feliz, será muy temprano para haber descubierto otros seres sensibles, pero todos tendremos una buena idea de cómo hacerlo y hacerlo en los siguientes cincuenta años. Y más que nuestra habilidad para poner gente en el espacio o caminar en la luna, el primer descubrimiento de seres extraterrestres marcará el inicio de la era en que los humanos expanden el horizonte más allá del pálido punto azul que llamamos «hogar».

30

Tim Mack

Tim Mack es presidente de la Sociedad del Mundo Futuro, una asociación sin fines de lucro, no partidista, científica y educativa para gente interesada en cómo los desarrollos sociales y tecnológicos modelan el futuro.

VISLUMBRE DE UN MUNDO CON LA NUEVA NACIÓN DE CALIFORNIA

Demos un vistazo al mundo del 2058. Asuma que vive en California, ahora una nación independiente, después de su separación de Estados Unidos. No es una gran sorpresa, considerando su historia, que California nunca perdió su herencia única méxico-española. La línea costera en la que estamos parados es la misma que California ha tenido en los últimos siglos. Por dicha, «El Grande» no ha sucedido y los terremotos dañinos del siglo veintiuno son cosa del pasado. La Falla de San Andrés es ahora parte de un sistema de monitoreo electrónico que rastrea presiones a lo largo de las mil trescientos kilómetros de la falla y hasta dieciséis kilómetros de profundidad, que causa presiones internas difusas conforme se desarrollan. Otros mundos digitales, futuras generaciones de *segunda vida*, son tan funcionales como el «mundo real», y las compañías aseguradoras ahora ofrecen cubrir la propiedad digital (después de que suficientes celebridades adquirieron bienes raíces en mundos digitales), además de que su segmento asegurado hace tiempo rebasó la valuación de los mil millones de millones en Euros.

Mientras miramos al Pacífico, la escena se puede descubrir como desordenada. La línea costera ya no es prístina, ahora está poblada con un gran rango de hábitats anclados y flotantes, estaciones de energía generada con viento, generadores de corrientes de marea e islas artificiales.

Estas y otras fuentes de energía alternativa han ajustado las limitaciones impuestas por la prohibición de California de los combustibles fósiles. La gente aún tiene carros, más que en otro lugar del mundo, pero en California no utilizan gasolina ni ningún otro combustible a menos que viva en lo más remoto del país. Toda la gente parece beneficiarse del mar o vivir en él, especialmente después de la crisis del 2030 que convirtió al agua en un artículo tan valioso. El milagro tecnológico que sintetiza agua del aire ha marcado toda la diferencia, pero la gente aún se enloquece con el océano. Puesto que los bienes raíces en la costa ya no están al alcance de muchos, sólo de corporaciones grandes, no sorprende que la propiedad digital se haya vuelto tan popular.

La línea costera ya no es prístina, ahora está poblada con un gran rango de hábitats anclados y flotantes, estaciones de energía generada con viento, generadores de corrientes de marea e islas artificiales.

Este escenario de medio siglo es relativamente pacífico, a pesar de que hace algunas décadas no lo hubiera sido; hay disturbios sinfín en las ciudades criminalmente abarrotadas, y lo que llamamos las guerras SARS —con sus enfermedades mutando constantemente—, tenía al mundo asustado, hasta que la prohibición de armas biotecnológicas se hizo realmente efectiva. Aunque las ciudades no están mucho mejor hoy, la declinación en la población mundial se ha aliviado algo, y la migración a lugares rurales se ha convertido en la norma. Los pocos conflictos que aún persisten, son principalmente en el mundo digital. Aviones sin humanos patrullan cañones y ciudades. Sus misiles son reales, y ocasionalmente matan gente real, pero sus pilotos se basan en salones de realidad virtual (RV) a medio mundo de distancia del peligro.

Ahora, mucha de la imaginación humana se enfoca en rediseñar nuestros cuerpos. Como casi todas las enfermedades que amenazan la vida han quedado atrás, el enfoque moderno es en los accesorios personales. Uno puede reemplazar sus propias retinas con unas artificiales, no sólo para mejorar la agudeza, la resolución, sino también para cambiar las distintas maneras de ver. El modo «real» (un interruptor neuronal, que se puede pensar que es «real») le trae imágenes del mundo físico, rodeando su cuerpo, mientras la modalidad RV le permite interactuar con cualquier otro mundo (diseñado o imaginado), como ver a su hija jugar en su salón de jardín de niños o su madre en el asilo de ancianos. La modalidad RV le permite estar en un lugar donde usted está o no físicamente o en varios al mismo tiempo. Esas tecnologías han madurado, las opciones de actualización personal que alguna vez estuvieron sólo a disposición de los ricos ahora son comunes. La investigación y el desarrollo han sido aplicaciones populares a fin de emplear la retina digital para visitar mundos electrónicos. Por supuesto, esto ha cambiado la educación por completo, tanto para niños como para adultos. Un viaje en clase de biología hoy puede ser dentro de un árbol, a través de venas microscópicas, visitando la punta de una rama y viendo el alimento y la luz convertirse en una nueva hoja.

Ahora podemos construir criaturas, vivientes y no vivientes, a partir de cero.

La tecnología digital ha traído realidad virtual a la vida en un universo de entendimiento humano. Hoy, en el 2058, si queremos entender las profundidades de nuestros propios cuerpos y mentes, lo hacemos de manera digital; los humanos son muy complejos para entenderse de otra manera. Estamos en el camino a llegar a un nuevo nivel de complejidad, uno donde el cuerpo y la mente se reúnan en un lugar común donde se conduce energía con información. Las habilidades tradicionalmente masculinas de fuerza, lógica y la entrega de ADN fueron valiosas a través de la historia de la humanidad. La tecnología digital le quitó el monopolio a los tres, porque la tecnología a menudo hizo un mejor trabajo (excepto tal vez por el tercero). A través del tiempo, las cualidades tradicionalmente femeninas como el cuidado y la intuición han reemplazado a la fuerza y la lógica en la vanguardia innovadora. No sabemos si en el 2058 tendremos la siguiente «versión» de la humanidad y quién guiará dichos cambios. En el pasado, constantemente nos preguntábamos acerca de los genes que tenemos, pero no quién es dueño de nuestros genes.

Hemos penetrado la naturaleza para llegar a concluir dónde la materia se une con la información, dónde las tecnologías informáticas se unen con la tecnología molecular y se convierten una en la otra. Ahora podemos construir criaturas, vivientes y no vivientes, a partir de cero; todo esto se complementa con la habilidad de reunir los detalles de una vida, genotipo, detalles fenotípicos, experiencias y emociones que van con el gran rango de propósitos, de terapia a arte. Un avatar personal mantiene todas las fotografías que usted ha tomado y la música que ha escuchado, guarda historiales médicos y los mapas de movimiento en tercera dimensión de músculos y extremidades, mantiene una dieta diaria, presión sanguínea, y lo que se dijo en la primera cita. En efecto, las máquinas inteligentes han aprendido mucho, pero aún carecen de la imaginación e intuición humana, de la falta de fuerza y curiosidad, pues nunca se aburren del status quo. Las máquinas hacen muchas cosas mejor que nosotros, incluyendo bailar, aunque tienden a repetir mucho la manera en que expresan los gestos emocionales. La habilidad de la mente humana para ir más allá del status quo y creer en los sueños, ha sido la base de la humanidad.

Durante la primer mitad del siglo veintiuno, vimos una clase de retos emergentes que ya no eran de naturaleza jerárquica, sino compleja. Esto es, ninguno de ellos era mucho más importante que los otros, pero todo se manejó como un sistema. Eran rápidamente desarrollados, evolucionados, interactivados y muchas veces no lineares, donde los pequeños hechos llevaron a resultados sustanciales. Esos nuevos tipos de problemas no se hubieran podido hacer con sólo soluciones aisladas, pues rara vez se corregirían, pero requerían administración continua.

Eso no significa que todos los problemas hayan desaparecido. La urbanización total aparentó ser inevitable en algún punto, y países como Turquía pasaron la marca del noventa por ciento, esta situación no mejoró con casi ciento cincuenta millones de automóviles en el mundo, la mayoría en las ciudades. Pero países más pequeños, más independientes y flexibles como California toman decisiones difíciles y regresaron del límite. La sobrepoblación urbana, demasiados carros (casi dos terceras partes en lo que se llamaba el mundo desarrollado), y el apetito insaciable mundial de energía continúa preocupándonos, hay cierto sentimiento de que hay soluciones posibles, que las corporaciones no terminarán adueñándose del mundo entero, y que la imaginación humana es aún la fuerza más poderosa del universo. Si China puede regresar de su crisis ambiental casi catastrófica, entonces los humanos pueden hacer cualquier cosa.

31

Marian Wright Edelman

*Marian Wright Edelman es fundadora y presidenta de Children's
Defense Fund (CDF), la voz independiente más poderosa de Estados
Unidos en favor de la infancia y las familias. Ella fue la primera mujer
de color admitida en el Colegio de Abogados de Mississippi, donde fue
directora del Fondo Educacional y de Defensa Legal de la Asociación
para el Progreso de la Gente de Color. Ha sido laureada con la Medalla
Presidencial de la Libertad, el Premio de la Fundación MacArthur y la
distinción Robert F. Kennedy al Conjunto de su Obra por sus escritos,
que incluyen ocho libros.*

NUESTROS HIJOS, NUESTRO FUTURO

¿Cómo seremos dentro de cincuenta años? Dependerá de las decisiones que
tomemos hoy. Eleanor Roosevelt dijo: «El mañana es ahora». He consagrado
la mayor parte de mi vida a asegurarles a todos los niños la formación sana y
saludable que necesitan para alcanzar una edad adulta exitosa, con la ayuda de
dedicadas familias y comunidades. Pero las familias y los niños son afectados por
las políticas de nuestra nación y los valores de nuestra cultura. Con demasiada
frecuencia, nuestras políticas y valores culturales no apoyan el sano desarrollo de
la infancia y de la familia.

Aunque vivimos en una era de asombrosas conquistas intelectuales, tecnológicas y científicas; hemos enviado seres humanos a la Luna; naves espaciales a
Marte; descifrado el código genético; amasado decenas de miles de millones de

dólares a partir de un diminuto microchip; aprendido a transmitir información más rápidamente de lo que podemos digerirla; y descubierto curas para muchas enfermedades, ofreciendo esperanza a millones de personas; otros miles de millones viven y mueren en la pobreza. Con decisiones más justas y liderazgo moral podríamos iniciar un grandioso período en la historia de la humanidad, uno que cerrara la brecha creciente entre ricos y pobres y abrazara el concepto de dar lo suficiente a todos los seres humanos en nuestra nación y en el mundo.

A pesar de la riqueza material sin precedentes de que disfrutamos en Estados Unidos, permitimos que cerca de trece millones de niños vivan en la pobreza, y que nueve millones carezcan de seguro médico. La mayoría pertenece a familias de trabajadores. Estados Unidos es el líder mundial en tecnología para la salud, en millonarios y multimillonarios, gastos militares, y Producto Interno Bruto, pero va a la zaga de la mayoría de los países del mundo industrializado en cuanto a sus índices de mortalidad infantil, bajo peso al nacer, niños muertos por armas de fuego, y la brecha entre ricos y pobres ¿Cómo podríamos movilizar la voluntad espiritual y política para utilizar nuestros extraordinarios recursos a fin de configurar una sociedad más justa en nuestra patria y un mañana más pacífico en nuestro mundo, en lugar del actual asolado por la guerra?

¿Cómo podríamos modificar la insoportable disonancia entre lo que se promete y lo que se cumple; entre una buena política y su aplicación; entre los valores humanos y familiares que se profesan y los que se practican; entre los credos raciales y religiosos y sus obras; entre los llamados a la participación comunitaria, y el individualismo y la codicia rampantes; entre nuestra capacidad para prevenir y aliviar las privaciones y las enfermedades de los seres humanos y nuestra voluntad política y espiritual para hacerlo?

Debemos reajustar nuestra brújula moral si queremos construir en los próximos cincuenta años un mundo idóneo para nuestros hijos, y si la humanidad aspira a progresar en vez de involucionar.

Mientras avanzamos por la primera década del nuevo siglo y el nuevo milenio, se nos ha otorgado una increíble oportunidad y responsabilidad para que asumamos una mentalidad diferente, incluso radical, acerca de la clase de nación y la clase de mundo que queremos construir para nuestros hijos y para los hijos de nuestros hijos. Creo que las mujeres, especialmente las madres y las abuelas, deben catalizar y encabezar este movimiento.

En nuestro país, debemos insistir en que nuestra nación se comprometa a garantizar que cada niño tenga acceso a la atención médica, y que en la próxima década los niños pobres pasen a ser historia en Estados Unidos. Como comunidad mundial, debemos convertir en nuestra prioridad el detener la pérdida moralmente intolerable, incesante, y evitable, de las vidas de millones de madres e hijos. Cada minuto, una madre muere en el parto de su hijo, y cada año millones más quedan incapacitadas para toda la vida. Más de 14,4 millones de madres e hijos menores de cinco años sucumben cada año a causas mayormente evitables. Y cien millones de niños en edad escolar no asisten a la escuela. El 55% son niñas que necesitan educación para abrirse paso en la vida.

Estos hechos no son actos de Dios. Son producto de nuestras decisiones humanas. Pueden y deben modificarse. Pero para ello será necesario que mujeres influyentes unan sus voces a través de las fronteras de raza, cultura, ingresos, fe, edad y profesión a fin de alzar un clamor poderoso y sostenido a favor de las mujeres y niños sin poder. Eleanor Roosevelt creía que sólo las mujeres poderosas podían proteger a las que carecían de poder; y también creía que no hay nada más fuerte que la voluntad de una mujer.

Esa voluntad puede y debe redefinir el progreso y el éxito en los próximos cincuenta años, y asegurar que la compasión derrote al consumo, que la justicia triunfe sobre la codicia, y que los valores comunitarios prevalezcan sobre el individualismo egoísta. Nuestros hijos son la metáfora transformadora y unificadora de una nueva era. Si los niños están seguros, todos estaremos seguros. Todos los profetas, presidentes, reyes, reinas, líderes y todos los seres humanos de cualquier procedencia, color de piel, género y fe, vinieron a este mundo como bebés. Los niños son el presente y el futuro, y son mensajeros universales de esperanza e inmortalidad de nuestro Creador. Es hora de que el mundo lo comprenda y empecemos a salvar millones de vidas infantiles desgarradas por las guerras, el abandono, el abuso y las divisiones raciales, étnicas, religiosas y de clase entre los adultos.

Proteger a los niños de hoy —los líderes y padres del mañana— es la prueba definitiva sobre la moral y el sentido común de la humanidad. La manera en que nos enfrentaremos a esa prueba definirá nuestra dimensión dentro de cincuenta años.

32

Valli Moosa

Valli Moosa es presidente de The World Conservation Union (IUCN), la mayor red mundial de preservación del medio ambiente. La organización concita a 83 estados, 110 organismos gubernamentales y más de 800 organizaciones no gubernamentales, así como 10.000 científicos y expertos de 181 países, en un esfuerzo por influir en las sociedades, estimularlas y ayudarlas a preservar la integridad y diversidad de la naturaleza, y a asegurar que cualquier uso de los recursos naturales sea equitativo y ecológicamente sostenible.

PAISAJES Y CONDICIONES DE VIDA

Después de más de cincuenta años de agitación social, esfuerzos personales y diplomáticos, y una revolución energética basada en tecnologías solares, finalmente nos las hemos arreglado para estabilizar los cambios climáticos. Sin embargo, los paisajes y las condiciones de vida se han alterado irrevocablemente, y los mapas antiguos del mundo confeccionados en 2007 están irreconocibles.

La comunidad mundial está concluyendo actualmente acuerdos sobre las nuevas fronteras nacionales, después que las capas de hielo y los glaciares se derritieron en masa, surgieron nuevos sistemas fluviales y los altos niveles del mar inundaron áreas costeras e islas de poco relieve, así como inmensas áreas de Asia y el Pacífico. Los costos de mantener defensas contra la invasión del mar en partes de Estados Unidos y Europa resultaron a la larga demasiado elevados, y partes de Londres y Nueva York se encuentran ahora permanentemente bajo el agua.

Viéndolo ahora en retrospectiva, parece claro que a principios del siglo XXI los gobiernos no estaban conscientes de los enormes trastornos que los cambios en el clima ocasionarían a nuestras vidas cotidianas. Las tormentas de polvo, incendios forestales y sequías en Australia y el Medio Oeste de Estados Unidos, así como las inundaciones en acueductos, alcantarillados y plantas eléctricas de Europa y Asia dislocaron las vidas de la gente, originando grandes migraciones y conflictos en la década del 2020. Pese a todos esos trastornos, nos hemos adaptado bastante bien y hemos aprendido a ajustarnos a condiciones de vida severas e impredecibles.

El mundo no pudo alcanzar su meta inicial de detener la pérdida de la biodiversidad para el 2010, y miles de especies animales y variedades vegetales se extinguieron en la tercera década del siglo debido a los cambios climáticos, poniendo en peligro nuestros sistemas básicos de sustentación de la vida. Pero gracias a radicales avances en la tecnología de los bancos genéticos, la ingeniería molecular y las migraciones asistidas, finalmente nos las arreglamos para revertir hacia el año 2030 la pérdida de la biodiversidad inducida por la actividad humana; ahora existe un sistema continuo de corredores de biodiversidad que conectan la fauna y la flora a través de los ecosistemas.

Actualmente hay menos preocupación por la manipulación de las formas de vida, debido a la dramática pérdida de la biodiversidad y los recursos alimentarios, pero todos los proyectos nuevos son revisados por comisiones de ética integradas por representantes de las ciencias, los negocios y la sociedad civil. A pesar de algunos sorprendentes descubrimientos y de la cocreación de la naturaleza, segunda versión, todavía no hemos aprendido a recrear «la vida» en sí misma.

La vieja economía basada en el petróleo casi se ha desvanecido, junto con sus estructuras y dinámicas de poder asociadas. Esta es una de las razones por las que la antigua civilización occidental empezó a declinar rápidamente después de la década del 2020. Las naciones y compañías que se las arreglaron para asumir rápidamente nuevos modelos energéticos y empresariales en las dos primeras décadas del nuevo milenio ahora prosperan, y las multinacionales de la última generación tienen sus sedes en China, India, Brasil, y el sur de África.

Se han producido avances significativos en los sistemas de gobierno. Las deficientes reformas de hace cincuenta años provocaron la disolución del antiguo sistema de Naciones Unidas poco después del 2012, pero surgió un nuevo sistema multilateral basado en tres cámaras de gobierno cooperativo que incluyen respectivamente a representantes gubernamentales, empresariales y de la sociedad civil. África es ahora un gran país bien establecido, Estados Unidos de África, con una economía y un sistema de gobierno continentales.

En 2058 la población no ha crecido tanto como se pronosticó a principios del milenio, debido a pandemias generalizadas, que ahora están bajo control. En comparación con el principio del siglo XXI, todos los países cuentan con un mejor estándar de vida, aunque aún se registran en zonas de Estados Unidos bolsones de privación. La decadencia de la economía basada en el petróleo transformó los antiguos sistemas industrial y agrícola, y una revolución en materia de energías renovables ha permitido la evolución de sistemas de recursos más locales, diversificados y descentralizados.

Mercados basados en los experimentos iniciales sobre el comercio de carbono existen en todos los servicios de la naturaleza, entre ellos los suelos, el agua, el aire (carbono y otros elementos), la radiación solar y la polinización. Lo recaudado a través de estos mecanismos comerciales se destina a planes de restauración ecológica en todo el planeta. La economía ecológica se ha convertido en una importante disciplina, y la contabilidad ecológica figura en los principales sistemas contables y globales. El desarrollo sostenible se fortaleció cuando los patrones de consumo quedaron sujetos al control de un nuevo tratado mundial, de cumplimiento obligatorio, que congeló a los niveles del 2020 la explotación y uso de materiales.

> *El desarrollo sostenible se fortaleció cuando los patrones de consumo quedaron sujetos al control de un nuevo tratado mundial, de cumplimiento obligatorio, que congeló a los niveles del 2020 la explotación y uso de materiales.*

El más importante cambio de paradigma en este milenio ha sido la Revolución Industrial basada en ideas generadas por la interfase entre biología e ingeniería. El descubrimiento clave ocurrió cuando los investigadores aprendieron a imitar la química energética de las plantas verdes, que en presencia de la luz solar convierten el dióxido de carbono y el agua en oxígeno y energía; y establecieron, basándose en la bioquímica y la estructura de las plantas, una nueva circulación energética e instalaciones de almacenamiento. Otro descubrimiento importante ha sido que con una mínima ayuda humana la naturaleza es capaz de restaurarse a sí misma y deshacer los entuertos que hemos creado.

Los sistemas tradicionales de producción y consumo de fines del siglo XX, basados en la cadena «tomar-fabricar-desechar» han sido reemplazados por sistemas fuente-fuente y modelos de flujo de servicios. Todo se vuelve a usar y se recicla, como en la propia naturaleza. Los desechos de una persona son los recursos de otra. Hemos dejado de comprar productos como bombillas eléctricas o alfombras, para adquirir «servicios» de iluminación y pisos. Todos los fabricantes son responsables de reciclar sus productos, lo cual está organizado por redes de empresarios recicladores.

La nanotecnología se desarrolló rápidamente al iniciarse el nuevo milenio, dando lugar a fábricas moleculares basadas en cualquier computadora de escritorio. En el 2058 podemos descargar planos tridimensionales para producir productos sólidos sencillos en casa por medio de nanoensambladores. Gracias a avances radicales en las tecnologías de iluminación, rara vez se ve alguna de las antiguas computadoras de escritorio con pantalla. Hace años que podemos acceder a la información global o comprar en línea por medio de nuestros teléfonos móviles o efectos electrodomésticos.

En la actualidad experimentamos un Renacimiento en China y África. Gracias a la Internet y al desarrollo de nuevas redes sociales, nuevos modelos de democracia han echado raíces en China, y una nueva ola de filosofías prácticas y sabiduría chinas está de moda en todo el mundo. El mandarín sustituyó al inglés como *lingua franca* cuando el viejo imperio empezó a declinar en la década del 2020. África es hoy un próspero continente y centro de la expresión cultural moderna. Nos ha mostrado el camino a seguir en cuanto a una nueva relación entre los seres humanos y la naturaleza y, como China, define las tendencias en materia de nuevas tecnologías que no dañan el medio ambiente.

Gracias a los avances en materia de educación y comunicaciones, la mayoría de las personas están mucho más conscientes que antes de su impacto colectivo sobre el entorno. El papel de la naturaleza como parte del sistema de sustentación de la vida humana se comprende hoy mucho mejor. Las personas son por fin conscientes de que son parte integral de los ecosistemas vivos, y de que el modo en que traten a la tierra, el aire o el agua, a la larga también les afectará a ellas.

El fundamentalismo religioso se ha ido desvaneciendo en todo el mundo, también gracias al desarrollo de las comunicaciones globales, y a un nuevo espíritu de cooperación surgido después de las pandemias. Los grupos extremistas son más bien curiosidades que un peligro para la sociedad. La transformación de la conciencia humana ha generado una creativa fusión de la espiritualidad y la ciencia que ha transformado a su vez las investigaciones y la atención médicas. En el 2058 tenemos una visión más holística de nuestros multidimensionales egos.

33

Leon E. Panetta y James D. Watkins

El Honorable Leon E. Panetta y el Almirante James D. Watkins son copresidentes de Joint Ocean Commission Initiative.

Leon E. Panetta fue jefe de gabinete del presidente Bill Clinton y presidente de la Comisión Pew para los Océanos. Es también director del Instituto de Política Pública Leon & Sylvia Panetta, en la Universidad Estatal de California, sede de Monterrey Bay.

La carrera naval de 40 años del Almirante James D. Watkins fue consumada cuando ocupó el más alto cargo militar en la Armada de Estados Unidos: Jefe de Operaciones Navales. El Almirante Watkins también ha sido secretario de energía.

PENSAR EN AZUL PARA UN UNIVERSO VERDE

Estados Unidos está experimentando un despertar ambientalista: se le ha llamado el «reverdecimiento» de Norteamérica. Los estadounidenses estamos cada vez más conscientes de que una vitalidad duradera en nuestra economía, nuestro bienestar personal, y nuestra calidad de vida, están estrechamente vinculados a la salud del planeta, que estriba a su vez en la salud de los océanos que cubren más de setenta por ciento de la superficie de la tierra. Los océanos regulan el estado del tiempo, nos proveen alimentos y gran parte del aire que respiramos, al tiempo que contribuyen unos 138 mil millones de dólares a la economía norteamericana cada año. Pero, para que Norteamérica sea verdaderamente un universo verde necesitamos pensar en azul. Esto significa ampliar nuestro enfoque ambiental para incluir en él la salud de nuestros océanos y tomar decisiones relacionadas con el manejo de estos que tengan en cuenta todos los elementos de un sistema tan extraordinariamente interrelacionado y complejo.

Pensar en azul es algo que a los autores de este artículo nos viene naturalmente. Leon se crió en el área costera de Monterrey, California, una ciudad en la que la mayoría de las familias tiene profundas conexiones con la industria pesquera, bien como pescadores, obreros de la industria de conservas o propietarios de pequeños negocios, en una urbe cuya economía dependía por entero de la industria de la pesca. Cuando las capturas excesivas hicieron que la población de sardinas mermara hasta el punto del colapso, las familias que perdieron así sus medios de vida quedaron devastadas. Leon conoció de primera mano los impactos trágicos de no pensar en azul, y fue esta elección la que le inculcó el compromiso de proteger los océanos.

El almirante, graduado de la Academia Naval, oficial de submarinos, y posteriormente jefe de Operaciones Navales, ha pasado gran parte de su vida cerca, sobre o debajo del océano. Recuerda un período de nuestra historia, particularmente durante la Guerra Fría, cuando en Estados Unidos pensar en azul era un procedimiento operativo estándar. El país se mantenía en guardia contra la amenaza de los misiles soviéticos, e invirtió en vitales investigaciones para entender mejor los procesos físicos oceánicos, lo cual condujo al nacimiento de la oceanografía moderna. Sin embargo, con el fin de la Guerra Fría, nuestro compromiso nacional con el estudio de los océanos se debilitó. Ahora enfrentamos nuevos retos relacionados con los cambios climáticos, la contaminación y la sobreexplotación de los recursos oceánicos, retos que también están amenazando nuestro estilo de vida. La única manera efectiva de responder a ellos es pensar en azul.

Sabemos que en la actualidad nuestras costas y océanos son afectados por una plaga de problemas reales. En el Golfo de México, la Bahía de Chesapeake y frente a las costas del estado de Oregón hay extensas zonas marinas muertas. La pesca excesiva agota rápidamente las poblaciones de peces. La contaminación diaria de las playas las vuelve inapropiadas para nadar y pescar, lo cual ejerce un dramático impacto sobre las economías costeras que dependen del turismo para su prosperidad. ¿Se imagina cuánto dinero deja de recaudar en un solo día una población turística costera cuando sus playas se cierran en el apogeo de la temporada turística de verano? Solamente en 2005 se registraron más de 20.000 de esos cierres y advertencias. Y lo que es aun más alarmante, la acidificación de las aguas oceánicas está perjudicando a los arrecifes coralinos, que sustentan más de 25% de la población de plantas y animales del océano, incluido el plancton microscópico que genera la mayor parte del oxígeno que necesitamos para vivir.

Si bien estos problemas son serios, también tiene solución. Los esfuerzos para reanimar poblaciones exhaustas de peces como la basa rayada y el sábalo, han tenido un éxito considerable. Incluso en Monterrey Bay, mediante un cuidadoso manejo del problema, hemos logrado recuperar la sardina. Ciudades y granjas en todo el país están tomando medidas para impedir que los desechos humanos y los contaminantes agrícolas vayan a parar a las playas, bahías y ríos, lo cual fortalece las economías costeras y también ayuda a que florezca la vida de las plantas y animales marinos.

Estas soluciones representan un buen comienzo. Si seguimos su ejemplo como nación comprometiéndonos a pensar en azul, en cincuenta años podemos ser testigos de un hermoso cambio de la marea en nuestros océanos, que será más o menos así:

Este cambio de la marea no sólo redundará en más peces, sino que también las especies más emblemáticas y amenazadas del océano, entre ellas las grandes ballenas, focas, nutrias y leones marinos, y manatíes se multiplicarán significativamente.

En primer lugar, habrá literalmente más peces en el mar. Las existencias severamente menguadas de grandes especies como el atún y los tiburones; los cangrejos de la Bahía de Chesapeake; el abulón, caracol típico de las aguas cercanas a California; y el pargo del Golfo de México, se habrán recuperado hasta alcanzar niveles saludables. El resultado será que las futuras generaciones podrán disfrutar la abundancia de alimentos que provee el océano. Y las familias de pescadores —durante largo tiempo en la lista de especies en extinción en la Nueva Inglaterra y en la costa del Golfo de México— sobrevivirán y florecerán como parte importante de nuestra herencia estadounidense y también como valioso sostén económico que ayudará a prosperar a las comunidades costeras.

Este cambio de la marea no sólo redundará en más peces, sino que también las especies más emblemáticas y amenazadas del océano, entre ellas las grandes ballenas, focas, nutrias y leones marinos, y manatíes se multiplicarán significativamente. La vista de una ballena exhalando su chorro cerca de la costa de Maine o en el Océano Pacífico siempre inspira asombro. Y es algo que queremos que nuestros bisnietos tengan oportunidad de ver por sí mismos, y no en un video o un libro.

La nueva pleamar también traerá importantes avances para nuestras costas y las comunidades que residen cerca del litoral. Pensando en azul podremos detener la polución procedente de los vertederos agrícolas y urbanos, de modo que áreas como el Golfo de México, Maine y Alaska, junto con las Bahías de Chesapeake, Delaware, Tampa y San Francisco puedan recuperarse y servir de nuevo como un vital criadero, y zona de desove y alimentación, de crucial importancia para el crecimiento de las poblaciones jóvenes de peces y mariscos de concha. Esto también significa, para aquellos que viven en áreas costeras o las visitan, menos cierres de playas, más castillos de arena y lugares más seguros para nadar. Y representa asimismo economías costeras más saludables y cada vez más dependientes del turismo como medio de vida.

Aunque esta transformación no podrá detener el desarrollo de huracanes y otras tormentas severas originadas en el océano, sí implicará un menor impacto de las mismas en las comunidades del litoral. Mediante la adopción de códigos de construcción seguros y políticas efectivas de prevención de desastres, se crearán zonas mayores de contención entre los océanos y los hogares, y más espacio verde para desviar las crecidas de las aguas y que no lleguen a las propiedades. Como resultado, cuando el próximo huracán Charley o Katrina toque tierra, nuestras ciudades y pueblos costeros serán más seguros y resistentes.

Esta nueva pleamar significará que estamos mejor equipados para combatir las amenazas a la vida humana, desde las enfermedades debilitantes hasta los cambios climáticos. Habrán concluido los días en que se usaban sanguijuelas para curar enfermedades. Hoy los océanos albergan la promesa de tratamientos avanzados o incluso curas para las enfermedades más debilitantes que enfrentamos en la actualidad, incluyendo el cáncer y el mal de Alzheimer. Microbios hallados en sedimentos oceánicos tienen el potencial para crear nuevos antibióticos, algo especialmente importante en la medida en que muchas infecciones se vuelven cada vez más resistentes a los fármacos en uso. Se han descubierto en caracoles y esponjas compuestos que se están utilizando en nuevos analgésicos y drogas contra el cáncer. Pero 95% de nuestros océanos permanece inexplorado, y nuevas especies animales y vegetales con propiedades medicinales esperan ser descubiertas. Al pensar en azul estaremos protegiendo la salud de nuestros océanos y preservando la vasta biodiversidad que encierran, lo cual resultará en salvación de vidas y en una mejor calidad para las de nuestros bisnietos.

Los cambios climáticos son una enfermedad global que representa una amenaza todavía mayor para la vida humana. Los océanos moderan los cambios en el clima, pues absorben y transportan enormes cantidades de calor y dióxido de carbono. Desafortunadamente, si bien este papel de tampón reduce el impacto de los cambios climáticos, está perjudicando los océanos al alterar los niveles de acidez y temperatura del agua. Para combatir las modificaciones en el clima necesitamos el más alto nivel científico posible. El cambio de la marea asegurará que los océanos queden «alambrados» con una red de sensores y boyas, en comunicación con satélites, para monitorear los cambios físicos, biológicos y químicos, y obtener importante información sobre cómo funcionan los océanos y cómo están cambiando. Como resultado, quienes diseñan las políticas gubernamentales podrán tomar decisiones mejor informadas en cuanto a cómo responder a los cambios climáticos.

Que este cambio en la marea ocurra depende de todos nosotros. No tendremos un universo verde sin el azul de los océanos, ni podremos mantener saludables nuestros océanos sin políticas que tomen en cuenta todos los factores interrelacionados que ejercen un impacto sobre ellos. Al pensar en azul, podremos asegurar que ninguna población vuelva a ser devastada por el colapso de su industria pesquera como lo presenció Leon mientras crecía en Monterrey Bay. Y podremos renovar nuestro compromiso nacional con la obtención de la información científica que necesitamos para tomar decisiones sensatas en lo que respecta a la protección de nuestros recursos oceánicos, el enfrentamiento a los cambios climáticos, el fortalecimiento de las economías costeras y el de nuestra seguridad nacional.

Los estadounidenses tenemos que reconocer que nuestras conductas individuales y colectivas deben cambiar si queremos proteger y mejorar uno de los más valiosos legados que podemos dejar a las generaciones futuras: un planeta saludable. Un paso clave hacia su realización es poner en vigor una abarcadora política nacional sobre los océanos. Necesitamos tomar lo que conocemos por las ciencias y utilizarlo para mejorar y sostener la salud de las aguas, las plantas, los peces, las áreas costeras, los seres humanos que dependen del mar, y todas las relaciones entre estas piezas del rompecabezas oceánico. Sin una política balanceada y que contemple la relación entre el todo y las partes, el cambio en la marea que avizoramos se nos escapará de las manos. Pero sí podemos hacerlo realidad y asegurar océanos sanos para las generaciones futuras. Sólo necesitamos pensar en azul.

34

Aaron Ciechanover

El doctor Aaron Ciechanover, profesor e investigador distinguido del Instituto Tecnológico Technion-Israel, recibió el premio Nobel de Química en 2004 por su trabajo con otros dos científicos en el descubrimiento de la degradación de proteínas por medio del ubiquitin. Este hallazgo crea una oportunidad para desarrollar fármacos más efectivos contra el cáncer del útero, la fibrosis quística y otras enfermedades.

LA PARADOJA

Cuando pienso cómo será el mundo dentro de cincuenta años, anticipo una mezcla de cosas positivas y negativas. La vida será mejor en muchas formas para quienes viven en el mundo desarrollado, mientras que probablemente permanecerá igual o continuará empeorando para quienes viven en las naciones en vías de desarrollo. Y la propia supervivencia de la humanidad se verá ante importantes desafíos que deben ser enfrentados por el mundo desarrollado.

Rápidos avances en las ciencias biomédicas producirán beneficios para la salud y el bienestar del ser humano en el mundo desarrollado. La comprensión por parte de los científicos de los mecanismos de enfermedades tan graves como el mal de Alzheimer y muchas formas de cáncer nos permitirá desarrollar medicamentos que traten con éxito estas dolencias. A diferencia de los tratamientos generales que se emplean en la actualidad, estos fármacos serán hechos a la medida del repertorio genético específico de cada paciente, para asegurar así altos índices de éxito terapéutico.

Como en el pasado, cuando la riqueza mundial no era compartida con el mundo en vías de desarrollo, la vida en estos países seguirá siendo difícil. África continuará siendo diezmada por las guerras, la pobreza, la malnutrición y las enfermedades. Esta extrema desigualdad es el caldo de cultivo en el cual florecen el terrorismo, las dictaduras y el extremismo religioso, y debe ser por tanto atendida, por el bien de los propios países desarrollados.

> *África continuará siendo diezmada por las guerras, la pobreza, la malnutrición y las enfermedades.*

Gran parte del sufrimiento que veremos en los próximos cincuenta años en África, y a lo largo y ancho del mundo en vías de desarrollo, no es inevitable. Muchos de los problemas podrían ser resueltos o en buena medida aliviados, si al mundo desarrollado le importaran lo suficiente como para enfocarse en el desarrollo y financiar las soluciones a los problemas. Después de todo, entendemos bien los principios de la agricultura, la nutrición y los fundamentos de la salud pública. El conocimiento existe; lo que no existe es la voluntad. En consecuencia, tampoco existen los fondos. No me siento optimista en cuanto a que el mundo desarrollado vaya a dedicar recursos significativos a fomentar un África saludable.

Ambos mundos, el desarrollado y el que lucha por desarrollarse, se enfrentan juntos a problemas que deben ser resueltos si la humanidad desea un futuro sostenible. El calentamiento global es quizás el más grave de estos problemas, un fenómeno debido a la actividad humana, y que también la raza humana debe resolver.

Hemos desarrollado formas alternativas de energía. Paradójicamente, el rápido progreso de la ciencia y la tecnología, que ha producido tantos beneficios a la humanidad, es también en gran parte responsable por el daño que estamos presenciando en nuestro planeta; en cuestión de un par de décadas habremos consumido la mayor parte de los combustibles fósiles que la naturaleza tardó cientos de millones de años en formar.

Otros desafíos que enfrentamos han sido igualmente creados por los propios adelantos que nos han proporcionado nuevas y magníficas posibilidades. Por ejemplo, dentro de poco se sabrá tanto sobre una persona, incluso antes de su nacimiento, que seremos capaces de predecir su predisposición a las enfermedades cardiovasculares, mentales, y otras. Podríamos incluso, antes de que un ser humano venga al mundo, saber mucho acerca de sus talentos y su personalidad. ¡Qué gran reto el utilizar con sentido ético estos conocimientos! En ciertas manos —algunos gobiernos, compañías de seguros y corporaciones— tal información podría ser fácilmente mal utilizada ¿Y cómo deberán guiarse por la ética los padres que quieren asegurar que sus futuros hijos tengan ciertas características, pero no otras?

Aunque no soy optimista en cuanto a que nosotros, en el mundo desarrollado, poseamos la voluntad o la sabiduría para enfrentar con éxito los desafíos éticos y otros igualmente importantes que estamos dejando como herencia a la próxima generación, tampoco quiero perder de vista la riqueza de la vida.

¡Son tantas las maravillas que tenemos que agradecer y disfrutar! El cerebro humano ha creado muchas cosas bellas: fabulosas pinturas, arquitectura, música y literatura. Están además los milagros de la naturaleza que despiertan nuestro sentido del asombro. Aquellos que han tenido la suerte de vivir en una sociedad abierta, probablemente podrán continuar disfrutando de estas riquezas en los próximos cincuenta años. Para tales personas, la vida no constituye sólo desafíos: también es placentera.

Entonces, ¿cómo podemos promover un mundo en el que las riquezas de la vida sean compartidas por toda la humanidad, donde no estén limitadas a los más afortunados, a aquéllos relativamente pocos que viven en el mundo desarrollado? La educación es la respuesta. Todas las cosas buenas emanan de ella. Si los jóvenes son bien educados, serán ciudadanos del mundo, estarán capacitados para interpretar sus retos, y sabrán lo que se necesita para enfrentarlos. Tales personas volverán la espalda al terrorismo y el extremismo y encauzarán sus talentos y conocimientos para transformar sus propios países y beneficiar a toda la humanidad.

35

Elias A. Zerhouni

El doctor en medicina Elias A. Zerhouni, es el director de los Institutos Nacionales de la Salud de Estados Unidos., el organismo de la nación que se dedica a las investigaciones médicas.

LA TRANSFORMACIÓN

Si tenemos suerte, hacia la mitad del siglo XXI, el poder de las ciencias de la vida estará camino a realizarse, en forma muy similar a como ocurrió en el siglo anterior con las ciencias físicas. El dominio del mundo biológico tendrá un impacto no sólo sobre la salud, sino también sobre la capacidad de los seres humanos para desarrollar soluciones sensibles a los retos ambientales y energéticos. El futuro —así lo espero— verá cómo las biociencias cumplen lo que han prometido en los próximos cincuenta años.

En los comienzos de esta era, hemos estado preparando el lienzo para una imagen diferente de la medicina, una medicina que será *predictiva, personalizada, preventiva y participativa.* Durante décadas hemos ido aprendiendo más y más sobre los procesos patológicos, pero hemos estado interviniendo en ellos demasiado tarde. En los últimos años, y gracias a intensas investigaciones, hemos convertido enfermedades generalmente mortales en condiciones crónicas, pero a las que es posible sobrevivir. Uno de los grandes retos que enfrenta actualmente nuestra sociedad, y que influirá en el nivel de competitividad de la nación, es el crecimiento insostenible de los gastos relacionados con la atención a la salud. Avanzamos hacia el futuro lastrados por una carga financiera sin paralelo. A pesar del progreso médico, los costos de la salud pública en Estados Unidos se han elevado a más de dos billones de dólares, o alrededor de 16% del Producto Interno Bruto (PIB), y continúan creciendo a un ritmo más acelerado que el del PIB. El gasto promedio anual per cápita en estos servicios es hoy en nuestro país de unos $7.100.

Para ponerlo en perspectiva, debemos contrastar esos costos ascendentes con nuestras inversiones en el campo de las investigaciones biomédicas. En los últimos treinta años hemos aprendido a reducir el impacto de muchas enfermedades e incapacidades, para beneficio de todos los estadounidenses. La esperanza de vida de los estadounidenses es hoy seis años mayor; estamos controlando enfermedades crónicas como la diabetes, y reduciendo temidas complicaciones como la ceguera y enfermedades terminales de los riñones. Envejecemos ahora con mejor salud que nunca antes. La aparición de nuevas industrias ha conducido a la creación de miles de compañías dedicadas a la esfera de las ciencias de la vida, cuya influencia trasciende la salud humana.

En febrero pasado, el Instituto Nacional del Corazón, los Pulmones y la Sangre, rama de los Institutos Nacionales de la Salud, anunció que la cantidad de mujeres que muere de enfermedades cardiovasculares ha variado, de una de cada tres, a una de cada cuatro. Los índices de mortalidad del cáncer, segunda causa de muerte en Estados Unidos, han estado declinando de manera sostenida.

Los tratamientos contra el deterioro cognitivo y los trastornos mentales mejoran rápidamente. Se han logrado además otros avances, tales como el desarrollo de promisorios nuevos medicamentos contra la tuberculosis, el cáncer, el VIH/SIDA, las enfermedades inflamatorias y la degeneración macular. Entre estos adelantos figura el lanzamiento de una nueva y prometedora vacuna contra las infecciones cada vez más peligrosas con estafilococos, y contra el virus H5N1 de la gripe aviaria.

¿Cuánto han costado al público estadounidense en los últimos treinta años estos notables progresos en las investigaciones médicas? Un estimado per cápita de la inversión total acumulada en los Institutos Nacionales de la Salud arroja unos cuarenta y cuatro dólares por cada ciudadano en todo el período. El futuro, según espero, incluirá un financiamiento sostenido y sustancial de las investigaciones biomédicas, tanto para mejorar la salud de la nación como para poner freno a los costos de la atención a la salud.

Como médico, estoy convencido de que la única manera de que podamos realmente enfrentar los desafíos que depara el futuro para la salud es dejar atrás el paradigma curativo según el cual esperamos a que la enfermedad golpee para intervenir, y asumir una actitud más proactiva, en la que nuestras ciencias nos permitirán identificar y contrarrestar una enfermedad mucho antes de que se manifieste. Esta nueva era de la medicina será predictiva, personalizada, preventiva y participativa. Permítame describir algunos avances recientes, a fin de que pueda imaginar adónde nos llevarán en las próximas cuatro o cinco décadas.

1. *Preventiva.* Científicos de los Institutos Nacionales de la Salud desarrollaron y probaron recientemente la primera vacuna capaz de proteger a niños de dos a cinco años de la fiebre tifoidea. La efectividad de esta vacuna —91,5%— es la más alta que se ha reportado en cualquiera de su tipo. Y es la primera inmunización apta para proteger a niños pequeños. No tiene prácticamente efectos colaterales como los que se han asociado con otras vacunas contra el tifus. La fiebre tifoidea, cuando no se trata, tiene un efecto debilitante y amenaza la vida. Es común en países en vías de desarrollo que carecen de instalaciones adecuadas de alcantarillado y sanidad. Unos dieciséis millones de personas la desarrollan cada año en todo el mundo, y más de medio millón perece a consecuencia de ella. Además, esta enfermedad ha regresado a nuestras costas: cada año, en Estados Unidos ocurren unos cuatrocientos casos, y en cerca de tres cuartas partes de ellos la infección ha sido contraída por estadounidenses que viajaron al extranjero.

En el entorno global, lo que hacemos para mejorar el estado de salud del planeta mejora también nuestra salud. Un ejemplo todavía más revelador es la reciente introducción de una vacuna contra el cáncer del útero que, según se espera, eliminará esta espantosa enfermedad que sufren cada año en todo el mundo unas 400.000 mujeres.

Luego de descubrir que un virus, el HPV, es el principal factor desencadenante de este tipo de cáncer, los científicos pudieron desarrollar la revolucionaria vacuna.

Muchos otros equipos de científicos están trabajando ahora en otras estrategias preventivas, entre ellas, por ejemplo, una posible vacuna contra el mal de Alzheimer.

2. *Predictiva.* Por nuestras investigaciones, respaldadas por los Institutos Nacionales de la Salud, sabemos que muchas de las enfermedades con mayor ocurrencia en nuestra época comienzan silenciosamente, muchos años antes de infligir daños evidentes a sus víctimas. A menos que actuemos ahora, esto afectará a nuestros nietos cuando lleguen a la medianía de edad. Nuestra capacidad para identificar los llamados «biomarcadores» aumenta constantemente. Los biomarcadores nos permiten predecir las probabilidades de que se desarrolle una enfermedad o condición. Solamente en el último año hemos descubierto variaciones genéticas que ayudan a pronosticar el desarrollo de la degeneración macular relacionada con el envejecimiento, una importante causa de ceguera en la tercera edad. Hemos descubierto asimismo un nuevo gen asociado con el mal de Alzheimer; otro gen de gran importancia para el control de la diabetes; y un marcador de riesgo de cáncer prostático. Sólo hemos empezado a explotar el poder de los recursos genéticos que hemos desarrollado para predecir las enfermedades, e intervenir antes de que aparezcan los primeros síntomas.

3. *Personalizada.* Saber quién necesita determinado tratamiento, o quién no se beneficiará de él; conocer qué dosis funcionará con un paciente y no con otro; saber que, como hemos sabido recientemente, existe una prueba recién desarrollada que ayuda a determinar el riesgo de la recurrencia en mujeres que fueron tratadas en la fase temprana del cáncer mamario estrógeno-dependiente. Esta clase de información puede ayudar a una mujer y a su médico a decidir si ella debe o no recibir quimioterapia, además de la terapia hormonal estándar. La prueba es sólo una de muchas que están surgiendo en todo el espectro de las enfermedades, y que estarán disponibles en el próximo medio siglo. Este examen en particular, que se prepara para someterlo al juicio de la Administración de Drogas y Alimentos de Estados Unidos, y que se está evaluando en una prueba clínica a largo plazo conducida por el Instituto Nacional del Cáncer, tiene el potencial para cambiar la práctica médica al identificar cada año a cientos de miles de mujeres con pocas probabilidades de beneficiarse de la quimioterapia, y evitarles tratamientos innecesarios y costosos, así como sus efectos colaterales dañinos. En 2050 la aplicación individualizada del conocimiento médico mejorará los resultados individuales. No existirán más los tratamientos «unitalla», sino un enfoque diseñado a la medida de cada paciente y basado en pruebas precisas

de diagnóstico de las moléculas específicas y los subtipos genéticos que ahora sabemos que tenemos cada uno de nosotros y de los que previsiblemente se derivará la forma en que responderemos a cada terapia.

4. *Participativa.* En el 2050 veremos a un público involucrado en la promoción de su propia salud, participando en investigaciones y adquiriendo una cultura de salud como parte de la educación personal y comunitaria. Ahora mismo, según el Estudio Nacional sobre Conocimientos en los Adultos, a más de la mitad de la población estadounidense le cuesta entender la información básica en este campo. El conocimiento mínimo sobre la salud se evaluó por primera vez mediante las preguntas de esa encuesta. Se entiende por conocimiento mínimo sobre la salud «el grado en que los individuos son capaces de obtener, procesar y entender información básica sobre la salud y sus servicios a fin de tomar decisiones apropiadas». Me gusta particularmente esa última parte, ya que permite al público entender y participar en su propia atención y decisiones médicas. Cuando el Instituto de Medicina apoyó esta iniciativa, se dijo que el conocimiento mínimo sobre la salud «se da donde las expectativas, preferencias y habilidades de los individuos que buscan información sobre la salud se encuentra con las expectativas, preferencias y habilidades de los individuos que proveen la información». El nivel de participación educacional de cada individuo será clave en el futuro, porque la mayoría de los pacientes del porvenir no llegarán a enfermar, ya que serán tratados preventivamente. El Servicio de Exámenes Educacionales (ETS) anunció que el conocimiento de los norteamericanos sobre su lugar de trabajo se ha «erosionado», y continuará en ese curso al menos durante el próximo cuarto de siglo. Mi esperanza es que reconoceremos la amenaza que esto plantea para la salud de la nación tanto en términos humanos como fiscales. Tendemos a olvidar, como apuntaran Einstein e Infield en 1938, que «la mayoría de las ideas fundamentales de la ciencia son esencialmente simples, y como regla, pueden ser expresadas en un lenguaje comprensible para todos». Debemos elevar el nivel de conocimientos de nuestra población, y ayudarle a entender y a implementar esa comprensión para mejorar la salud humana.

Nuestro plan es un futuro con menos disparidades en la salud. El ETS señala que los índices actuales de graduación de los hispanos y afroamericanos, que habían alcanzado su nivel máximo en 1969, y la asistencia a las universidades de estos dos grupos que ha estado «estancada» durante los últimos diez años, constituyen «una tormenta perfecta [que] continúa ganando en intensidad y cuyo fin no está a la vista». Necesitamos que estos estudiantes se mantengan en la escuela, que aprendan, y que, aquellos que estén interesados, emprendan carreras científicas, o al menos se interesen en su salud y la de sus familias. Y nos hace falta entender la prevención, personalización, y prevención de las enfermedades que tienen una ocurrencia excesiva en las poblaciones minoritarias. Todos experimentaremos una era de medicina «online», en la que nuestra información vital en materia de salud será totalmente electrónica y continuamente vigilada mientras estamos en casa, a fin de evitar daños irreversibles.

De manera que, durante el próximo medio siglo, debemos seguir construyendo sobre el fuerte cimiento de los descubrimientos que hemos hecho recientemente en materia genómica y proteómica, nanotecnología y biomarcadores, sobre el cual se sustentarán nuevas ideas, nuevos investigadores, mentores experimentados y la inclusión de todos. Veremos esos avances en escenarios básicos, clínicos y en proceso de traslación. Transformaremos las investigaciones médicas y la medicina en una ciencia enfocada en novedosas estrategias preventivas, predictivas, personalizadas y participativas.

Es menester que liberemos el genio estadounidense para que tome la medida de este reto. No hay respuestas mágicas; sólo las encontraremos trabajando denodadamente. Sólo entonces podremos ver una nación saludable y no lastrada por las enfermedades y su costo, capaz de influir en la salud y el bienestar del planeta entero. Y esto demandará también una reforma penosa y profunda de nuestro sistema de salud pública. Pensar en otra cosa sería perder el tiempo.

36

Nancy G. Brinker

*Nancy G. Brinker es fundadora de Susan G. Komen for the Cure, la
mayor red mundial a nivel de base de activistas y sobrevivientes del cáncer. Ha prestado servicios en el Panel Presidencial contra el Cáncer,
y ha sido embajadora de Estados Unidos en la República de Hungría.
Actualmente se desempeña como jefa de protocolo del Departamento de
Estado.*

Un mundo sin cáncer mamario

¿Cómo lucirá el mundo en el 2058?

Espero que al fin hayamos realizado nuestro sueño de encontrar una cura —o
curas— para el cáncer, incluyendo el de las mamas, de manera que nadie más
tenga que morir derrotado por esta devastadora enfermedad.

¿Por qué digo «curas» en lugar de una cura única? Porque el cáncer, incluyendo el mamario, no es una enfermedad única sino muchas enfermedades diferentes con diferentes causas, que presenta riesgos diferentes a distintas personas
—tanto mujeres como hombres— y que, por lo tanto, requiere tratamientos dife-
renciados.

En un pronóstico ideal, el disponer de una «cura» en el 2058 significaría que
los investigadores habrán descubierto en primer lugar cómo prevenir el cáncer
de las mamas. Para entonces, si no antes, una comprensión más completa de
las causas, el desarrollo y la propagación del cáncer mamario —incluyendo la
secuencia de eventos biológicos que hacen que una célula empiece a tornarse

cancerosa— resultaría en que nadie se vea obligado de nuevo a escuchar estas palabras terribles: «Usted tiene cáncer de seno».

Por ejemplo, ya sabemos que las mujeres que poseen uno de los llamados «genes del cáncer mamario» —el BRCA1 o el BRCA2— tienen muchas más probabilidades de desarrollar esta enfermedad a lo largo de sus vidas. Aunque en la actualidad las mutaciones de dichos genes sólo representan un pequeño porcentaje de los casos de cáncer de las mamas, constantemente aprendemos más sobre el genoma humano —nuestro mapa genético— y sobre cómo los diferentes genes interactúan y mutan, provocando enfermedades.

Mirando en lontananza, es posible imaginar el día en que a las mujeres se les ofrezcan exámenes genéticos simples —tal vez de saliva o de sangre— para predecir mejor cuáles corren mayor riesgo, lo cual sería seguido por una diversidad de tratamientos específicos dirigidos a impedir que sus genes se vuelvan cancerosos. De hecho, es posible que lleguemos a contar con una vacuna contra el cáncer de las mamas, o diferentes vacunas para los diferentes tipos de este cáncer que desarrollan las mujeres.

A medida que aprendamos más sobre los factores no hereditarios que incrementan en una persona el riesgo de contraer esta clase de cáncer —tales como envejecer; sobrepeso o sedentarismo; pechos demasiado densos; no tener hijos o tenerlos muy tarde en la vida— las mujeres se beneficiarán con formas más efectivas de reducir ese peligro. Combinados con estilos de vida saludables, los tratamientos del mañana —como el tamoxifeno que se usa hoy, y que se ha demostrado contribuye a reducir el riesgo de recurrencia de cáncer mamario en algunas mujeres de elevado riesgo— podrían ayudar a las mujeres a reducir en gran medida sus probabilidades de desarrollar cáncer de seno.

La «cura» también podría significar que este tipo de cáncer se convirtiera en una condición manejable. Si bien algunos ya anticipan que esta clase de cáncer se podría convertir en una enfermedad crónica —similar a la diabetes, que se puede controlar pero no curar— albergamos esperanzas más ambiciosas. Podemos imaginar el día en que el cáncer mamario ya no sea una amenaza para la vida y en el que los tratamientos no sean más complicados de los que se utilizan para una infección en la garganta o un dedo fracturado: fáciles, sin terribles efectos colaterales, y seguidos por una plena recuperación del paciente.

En este escenario, el cáncer de las mamas sería identificado en sus etapas más tempranas, cuando los tratamientos son más efectivos y el paciente tiene las mejores probabilidades de sobrevivir. Hoy la tasa de supervivencia por cinco años —antes de que el mal se propague más allá de los pechos— es de 98%. En contraste, la tasa de supervivencia en pacientes de cáncer mamario metastático —cuando se ha propagado a otras partes del cuerpo— es de 26%.

En el presente 2008, tecnologías como la mamografía —y para algunas mujeres, la imagen de resonancia magnética— se están tornando más efectivas en la detección de tumores cada vez más y más pequeños. En las que padecen una forma especialmente agresiva de la enfermedad (cáncer mamario HER2-positivo), el medicamento Herceptin está reduciendo las probabilidades de recurrencia e incrementando las de sobrevivir. Una nueva generación de medicina personalizada ofrece la esperanza de ajustar los tratamientos a las circunstancias singulares de cada paciente individual. Las nanotecnologías de magnitud atómica podrían transformar el tratamiento contra el cáncer, infiltrando y destruyendo las células cancerosas sin provocar los horribles efectos colaterales —ni los daños colaterales a los tejidos y órganos sanos circundantes— que ocasionan actualmente la quimioterapia y las radiaciones.

> *Las nanotecnologías de magnitud atómica podrían transformar el tratamiento contra el cáncer, infiltrando y destruyendo las células cancerosas sin provocar los horribles efectos colaterales.*

Es posible imaginar que a una mujer le digan: «Usted tiene cáncer de seno. Pero gracias a que lo hemos detectado tan temprano, y a que los tratamientos son muy efectivos e indoloros, ni siquiera se enterará de que lo ha tenido».

Por supuesto, que una cosa es imaginar un mundo sin cáncer de las mamas, o sin cáncer en general, y otra muy diferente es llevarlo a vías de hecho. Entonces, ¿cómo transitaremos del mundo que tenemos hoy día al que queremos mañana?

En primer lugar, debemos reconocer al cáncer como la grave crisis que en realidad es. Cada año más estadounidenses mueren (unos 550.000) a consecuencia de esta enfermedad que los que murieron en todas las guerras del siglo XX combinadas. Si los terroristas lanzaran en territorio de Estados Unidos un ataque biológico que cobrara cada día las vidas de 1.500 ciudadanos —el saldo diario del cáncer— ¿no movilizaríamos todos los recursos públicos y privados de la nación, para encontrar una cura o un antídoto?

Pero esta es una crisis de acceso. Detrás de los titulares que anuncian el potencial de las nuevas drogas contra el cáncer se oculta la realidad de que a miles de pacientes se les dificulta pagar cuentas de hasta 50.000 dólares por una ronda de sesiones de tratamiento. Mientras tanto, una cruel combinación de pobreza, desigualdades raciales, y políticas de salud disfuncionales que resultan en que muchos estadounidenses —minorías raciales y étnicas, sectores pobres, o los que carecen de seguro médico, o tienen uno que les cubre muy poco— cuentan con menos probabilidades de recibir una atención de calidad contra el cáncer, y por lo tanto, con más de morir a consecuencia de la enfermedad. No podremos siquiera empezar a confrontar urgentemente la crisis del cáncer hasta que reconozcamos estas dolorosas realidades.

En segundo lugar, necesitamos renovar el compromiso nacional y ponerlo a la altura de esta crisis. El gobierno federal invierte alrededor de 5.000 millones de dólares anuales en investigaciones del cáncer, una plaga que cuesta a nuestra nación más de 200.000 millones de dólares todos los años por concepto de costos médicos y pérdidas en la productividad. Lo que es más: si se toma en cuenta la inflación, el financiamiento para los Institutos Nacionales de la Salud —aunque se encuentra en su nivel más elevado en comparación con los estándares históricos— ha permanecido esencialmente invariable durante varios años.

A fin de cuentas, sin embargo, esta no es una cuestión de dinero. Es una cuestión de voluntad. Estados Unidos es la nación más rica de la historia de la humanidad. Contamos con los recursos para librar una verdadera guerra contra el cáncer, si así lo quisiéramos. La comunidad de la lucha contra el cáncer —científicos, investigadores, médicos y defensores de los pacientes por igual— pueden continuar ayudando en la conformación de un consenso en torno a un puñado de áreas prioritarias de investigación.

En tercer lugar, una verdadera guerra contra el cáncer debe liberar a científicos e investigadores de emprendimientos en los que la escasez de fondos les obligue a dedicar una parte cada vez mayor de su valioso tiempo a la búsqueda de subvenciones, en lugar de consagrase a la de nuevas curas y tratamientos. Además, debemos echar abajo el laberinto de barreras culturales, clínicas y legales que desalientan la colaboración y el pensamiento revolucionario que se necesita para emprender proyectos de alto riesgo, pero también altamente compensatorios, y para hacer descubrimientos importantes capaces de salvar vidas.

Imagine por ejemplo las que podríamos salvar si pacientes e investigadores tuvieran mayor acceso a las vastas cantidades de tejidos humanos y especímenes de tumores que contienen la materia prima genética crucial para las investigaciones, pero que por ahora duermen en los estantes de los laboratorios, clínicas y hospitales sin poder ser utilizados. Un sistema más eficiente de recolección, preservación y vigilancia de estos tejidos y especímenes podría ayudar a más pacientes a cualificar para los últimos tratamientos, y desencadenar una nueva era de investigaciones genómicas y progresos médicos.

Por último, mientras enfrentamos los retos de la actualidad, debemos prepararnos para el mañana. A medida que envejecen quienes vinieron al mundo como parte del boom demográfico de la posguerra mundial, se espera un abrupto incremento de los diagnósticos de cáncer. Un estudio publicado el año pasado por Journal of Oncology Practice pronosticaba un incremento de 55% en la cantidad de pacientes de cáncer para el 2020, lo que resultará en una peligrosa escasez de especialistas, con la consecuente explosión de los costos en la atención médica.

En todo el planeta mueren de cáncer cada año por lo menos siete millones de personas, y se diagnostican cerca de once millones de nuevos casos, más que la tuberculosis, la malaria y el sida juntos, según afirma Peter Boyle, director del Organismo Internacional para las Investigaciones del Cáncer. En Cisjordania, conocí a un médico palestino que hablaba en representación de muchos cuando expresaba sus temores a ser arrasado por el inminente «tsunami del cáncer».

Ante esta crisis, no podemos permitirnos una retirada sin esperanzas. Por el contrario, nuestra mayor fuerza radica en nuestra esperanza y nuestra fe en un futuro que aún no podemos visualizar. En los últimos veinticinco años, millones de pacientes de cáncer mamario y sus defensores, trabajando y abogando desde el nivel de base hasta los más altos del gobierno, consiguieron con éxito cambiar la cultura: la forma en que nos referimos a esta enfermedad y la tratamos. Podemos volver a hacerlo.

Después de todo, considere el progreso que hemos conseguido en los *últimos* cincuenta años. Hace cinco décadas, las mujeres con cáncer de seno vivían en las sombras, temerosas hasta de pronunciar en voz alta el nombre de la enfermedad. Décadas antes de que aparecieran las primeras mamografías, las mujeres que se detectaban nódulos en los senos eran a menudo conducidas a un quirófano para realizarles una «biopsia de fase uno»; sólo para despertar con uno de sus pechos, o los dos, extirpados. Generaciones de mujeres —entre ellas mi tía Rose— tuvieron que soportar las dolorosas mastectomías radicales Halsted que las desfiguraban horriblemente, al retirar los senos y los tejidos subyacentes del pecho.

Ni en sus sueños más fantásticos mujeres como mi tía Rose y mi hermana, Susan G. Komen, a quien le diagnosticaron cáncer mamario a fines de los años 1970 y falleció en 1980, pudieron imaginar los tratamientos y las tasas de supervivencia que hoy vemos.

Con la voluntad para confrontar esta enfermedad como la crisis mundial que realmente es, podremos ver realizada dentro de cincuenta años, y quizás mucho antes, nuestra visión: un mundo sin cáncer de seno.

37

Stanley B. Prusiner

*El doctor Stanley B. Prusiner, neurólogo de la Universidad de Califor-
nia, filial de San Francisco, recibió el Premio Nobel de Medicina en
1997 gracias a su revolucionario descubrimiento de una nueva clase de
agentes patógenos llamados priones.*

HAY ESPERANZA PARA QUIENES PADECEN ENFERMEDADES DEL CEREBRO

Espero que dentro de cincuenta años los científicos biomédicos hayan podido
desarrollar curas para las enfermedades degenerativas del cerebro. Si no tenemos
éxito en esa búsqueda, los sufrimientos causados por males como el de Alzheimer, Parkinson y Creutzfeldt-Jakob (de las vacas locas), así como por el ALS
(enfermedad de Lou Gehrig), alcanzarán proporciones epidémica ¿Por qué?
Pues porque la incidencia de las enfermedades neurodegenerativas se eleva con
la edad, y estas afecciones se volverán cada vez más comunes en la misma medida
en que se incremente la esperanza de vida de nuestra población. Si no se encuentran curas, estas enfermedades del cerebro van a constituir un enorme problema
de salud en los países desarrollados, donde las personas de más de sesenta y cinco
años representan el segmento poblacional de más rápido crecimiento.

La creciente ocurrencia del mal de Alzheimer, un trastorno mucho más extendido que las otras tres enfermedades neurodegenerativas, es en la actualidad
preocupante. Un reciente estudio mostró que en la actualidad existen alrededor
de cinco millones de casos de Alzheimer en Estados Unidos. Solamente unos

200.000 ocurren en personas de 64 años o menos. La cantidad se eleva a 300.000 en el grupo de edades de 65 a 74, y a 2,4 millones en el de 75 a 84. Entre los estadounidenses de 85 años o más, 2,2 millones sufren de Alzheimer.

Para describirlo en términos un poco diferentes, 2% de los estadounidenses entre 65 y 74 años padecen hoy el mal de Alzheimer. Dicha incidencia se eleva a alrededor de un 20% en el grupo de edades de 75 a 84, y a un sobrecogedor 42% entre los que tienen 85 años o más.

Si no encontramos una cura, el problema de la degeneración cerebral sólo empeorará a medida que envejezca la población de nuestro planeta. Este no es un problema solamente americano. Si nos adelantáramos cincuenta años y echáramos un vistazo a la China del futuro veríamos cómo la población de más de ochenta años se habría incrementado de doce a cien millones de personas, según estadísticas de las Naciones Unidas. En ese grupo de edades el mal de Alzheimer saltará de cuatro millones en la actualidad a unos treinta y cinco millones. Cifras tan considerables nos pueden parecer inexpresivas, pero treinta y cinco millones no es mucho menos que los treinta y siete millones de personas que habitan actualmente el estado de California. Imagine que 95% de todos los californianos sufriera una enfermedad que produce demencia. ¡Es imposible ignorar que son demasiadas personas!

El costo de una enfermedad tan debilitante y extendida es descomunal. Y no se limita a las víctimas. En Estados Unidos la pérdida de productividad, tanto en lo que concierne a las víctimas del mal de Alzheimer como a quienes cuidan de ellas, totaliza, según los Institutos Nacionales de la Salud, la abrumadora cifra de 150.000 millones de dólares anuales. Solamente el Alzheimer —sin incluir a las otras tres enfermedades neurodegenerativas, menos frecuentes— llevaría a la bancarrota a la economía de Estados Unidos si no le encontramos una cura.

Y no parece que estemos cerca de encontrar la solución para las enfermedades degenerativas del sistema nervioso. De hecho el último gran paso de avance en esta área fue el desarrollo, en 1967, de la L-dopamina para el tratamiento del mal de Parkinson.

Pero si bien no nos hemos acercado al descubrimiento de las curas para estos cuatro males degenerativos del cerebro, sí hemos recorrido un largo tramo en la comprensión de su naturaleza. Ahora sabemos que tanto a estas cuatro como a otras enfermedades neurodegenerativas las une un hilo conductor común: una deficiencia en el procesamiento de las proteínas. Pero en cada una de ellas la proteína mal procesada es diferente.

Y aunque hemos aprendido bastante sobre la relación entre el mal procesamiento de proteínas y las enfermedades degenerativas del cerebro, aún no sabemos por qué el mal de Alzheimer es cinco veces más común que el de Parkinson; y por qué el de Parkinson es mucho más común que el ALS, o por qué es mucho mayor la incidencia del ALS que la de la enfermedad de Creutzfeldt-Jakob.

Entonces, ¿cómo podríamos hallar las curas para estas enfermedades neurodegenerativas que causan tanto sufrimiento a tantas personas? Algo que está claro es que no encontraremos un medicamento único que pueda combatir efectivamente las cuatro. Debido a que la raíz del mal es una proteína diferente en cada una, habrá que encontrar para cada una un fármaco diferente.

Los científicos se esfuerzan por desarrollar drogas de acción específica sobre las proteínas causantes de cada una de estas dolencias. Contemplan principalmente dos enfoques. Uno es bloquear el procesamiento defectuoso de la proteína específica, o impedir su comportamiento aberrado. El otro consiste en deshacerse de la proteína mal procesada, o eliminarla del cerebro.

Algunos hombres de ciencia esperan hallar la clave de la cura de estas enfermedades neurodegenerativas en las células madres. Pero el tratamiento con células madres parece mucho más factible en el caso de otros tipos de enfermedades como la diabetes, que en el de las enfermedades degenerativas del cerebro. Hasta ahora, no sabemos cómo estimular a las células madres para que establezcan las conexiones o sinapsis apropiadas después de ser inyectadas en el cerebro. Y no parece probable que aprendamos en un futuro cercano a dar instrucciones a estas células una vez que se convierten en neuronas. Será menester que aprendamos a inducir las conexiones exactas que restablecerían las funciones dañadas por la degeneración de las neuronas originales, en virtud de la acumulación de proteínas mal procesadas. ¿Aprenderemos en los próximos cincuenta años a regenerar el tejido cerebral humano dañado, poblándolo con células madres? ¡No es posible predecirlo! A veces los científicos hacen grandes descubrimientos, pero no son tan buenos pronosticándolos. Los más complejos no son ni predecibles ni obvios, ni aun para los eruditos.

Una de las claves para el tratamiento de las enfermedades neurodegenerativas será su detección temprana. Esto es importante debido a que una vez que los síntomas se hacen evidentes, el cerebro ha sufrido una extensa degeneración. Para qué sea más efectiva, es necesario que la droga sea administrada antes de que los síntomas se hagan visibles. Esto implica un amplio uso de procedimientos diagnósticos entre personas de la tercera edad aparentemente saludables.

Por fortuna, en las últimas tres décadas hemos dado largos pasos en el diagnóstico de las enfermedades neurológicas, y algunos de esos adelantos pueden ser aplicados a las enfermedades neurodegenerativas. Tecnologías de imagen entre las que se incluyen la de resonancia magnética (MRI) y la tomografía por emisión de positrones (PET) podrían resultar útiles en la detección temprana de la degeneración cerebral. Las imágenes PET, en particular, ofrecen muchas posibilidades para apuntar a las proteínas específicas involucradas en cada una de estas afecciones.

Como científico que he dedicado muchos años a trabajar en el desarrollo de curas para las enfermedades neurodegenerativas, tengo la ferviente esperanza de que el cuadro que veremos dentro de cincuenta años no presente a decenas de millones de personas aquejadas de Alzheimer y otros males similares. Como cada año envejezco un poco más, aumentan mis esperanzas de que estas dolencias que inhabilitan el cerebro sean pronto erradicadas, gracias a la creación de fármacos para las proteínas específicas que las provocan.

38

Victor Sidel

Victor Sidel, médico y profesor de Medicina Social en el Centro Médico Montefiore, fue cofundador y copresidente de Médicos Internacionales por la Prevención de la Guerra Nuclear (IPPNW por sus siglas en inglés), organización que recibió el Premio Nobel de la Paz en 1985. Ex presidente de la Asociación Americana de Salud Pública, es coeditor, con el doctor Barry Levy, de War and Public Health, Terrorism and Public Health, *y* Social Injustice and Public Health, *todos publicados por Oxford University Press.*

CÓMO UN MÉDICO VE EL FUTURO

Mirar cincuenta años hacia el futuro cuando se han experimentado más de cincuenta en la otra dirección, exige un reconocimiento de que son posibles rumbos muy divergentes, y dependientes de las decisiones que tomemos no ya dentro de cinco años, sino ahora mismo.

Como gran parte de mi vida profesional se ha enfocado en dos temas principales, son ésos los que me gustaría considerar: (1) proveer por igual a todos atención médica de excelente calidad (2) evitar la guerra, especialmente la nuclear, y promover una cultura de paz.

Atención médica en todas partes y para todos

Aunque yo sería el último en criticar los espectaculares avances logrados, y que creo se continuarán logrando, en las investigaciones que sustentan la práctica médica, así como en la tecnología que utilizamos para proveer atención médica, dentro de cincuenta años los habitantes de nuestro planeta solamente serán más sanos si conseguimos definir la manera en que atendemos a nuestros pacientes y, lo que es más importante, asegurar condiciones sociales y ambientales en las cuales la salud pueda ser protegida y promovida. Muy pocos de nuestros practicantes entiende actualmente que, al margen de sus habilidades técnicas, de su nivel de relacionamiento personal con los pacientes y de su capacidad para diagnosticar y prescribir, sólo serán buenos médicos si son culturalmente competentes y ayudan a mejorar las condiciones de vida de los enfermos.

Se puede suponer sin temor a equivocarse que en los próximos cincuenta años, muchos practicantes de la medicina en Estados Unidos tendrán que tratar a pacientes cuyo idioma y herencia cultural no comparten. Una atención médica efectiva demanda sensibilidad hacia la brecha cultural. El personal de la salud que no posea esta sensibilidad cultural no podrá ofrecer la atención que necesitan sus pacientes. Una manera de atender este problema es entrenar a muchos más médicos que compartan con sus pacientes el idioma y la identidad étnica. Otra, es entrenar a todos en materia de competencia y sensibilidad cultural.

También debemos recordar que la diversidad cultural, bien manejada, constituye una fuerza para mejorar las investigaciones. Mi esposa y yo fuimos miembros de la primera delegación médica de Estados Unidos en visitar China después de la apertura iniciada con topes de «ping-pong» en 1971. (Estuvimos allí al mismo tiempo que Henry Kissinger, encargado de preparar con funcionarios chinos en Pekín la visita que haría el entonces Presidente Nixon en 1972.) Había entonces grandes esperanzas de concretar un intercambio de conocimientos, lo cual resultaría en que nosotros pudiéramos aprender y aplicar las prácticas, y particularmente las metas de proveer una atención médica equitativa, que los chinos promovían; y que ellos a su vez tuvieran acceso a nuestra avanzada tecnología médica y pudieran aprender a usarla.

Para Estados Unidos, una mayor aceptación de enfoques no tradicionales —o para decirlo con más propiedad, multitradicionales— encierra un enorme potencial. Si las mentes, los laboratorios, las fronteras y los organismos que diseñan las políticas se mantienen abiertos al cambio y enfocados en las oportunidades, los próximos cincuenta años podrían dar pie a una dimensión totalmente nueva de la atención a la salud. Y lo que es más importante: Estados Unidos tendrá que hallar las formas de proveer atención médica equitativa a todos sus ciudadanos, realizando cambios radicales en la organización y el financiamiento de la atención médica.

En suma, en el siglo XXI es muy probable que volvamos a ver cómo los grandes cambios en la salud de los pueblos del mundo se derivan de transformaciones sociales, al margen de cómo cambie la tecnología. Se podría alegar que esto sería muy similar a lo que presenciamos en los siglos XIX y XX, cuando una mejor sanidad, el beber agua segura, la vacunación universal y otros cambios en las condiciones de vida de las personas tuvieron efectos mucho más significativos sobre la salud que los cambios en la atención médica en sí.

> *Es muy probable que volvamos a ver cómo los grandes cambios en la salud de los pueblos del mundo se derivan de transformaciones sociales, al margen de cómo cambie la tecnología.*

En Estados Unidos sufrimos particularmente de una tendencia persistente a enfocarnos en lo dramático, sin reparar en que problemas cotidianos menos espectaculares ameritan nuestra atención. Hace cinco años empezamos a dedicar enorme atención y recursos financieros a defendernos contra el bioterrorismo, una amenaza potencial quizás, pero no una realidad actual. Al mismo tiempo, dedicábamos una atención insuficiente a las enfermedades crónicas, la incapacidad y otros problemas más amplios de la salud pública. De nuevo, las decisiones son responsabilidad nuestra.

Una guerra o un mundo

Hace casi cincuenta años, en 1961 para ser exacto, algunos colegas y yo nos integramos a un grupo de médicos de Boston dedicado a explorar y explicar las consecuencias médicas del uso de armas nucleares. Fue la génesis de una organización, Médicos por la Responsabilidad Social, que en 1980 se convirtió en el miembro estadounidense de la recién formada Médicos Internacionales por la

Prevención de la Guerra Nuclear (IPPNW, por sus siglas en inglés). Cinco años más tarde, IPPNW recibió el Premio Nobel de la Paz por su labor encaminada a reducir el peligro de guerra nuclear entre Estados Unidos y la Unión Soviética.

Nuestro propósito fue muy claro desde el principio. Conocíamos como médicos, después de haber sido testigos de lo que ocurrió en Japón y multiplicar por mil su impacto, anticipándonos al uso de las bombas de hidrógeno, que no había manera de lidiar con los efectos para la salud de una guerra nuclear. La única alternativa era prevenir el uso de las armas nucleares y conseguir su abolición.

En las décadas siguientes, nuestra labor ha continuado y se ha ampliado, y nuestra preocupación se ha incrementado. Las decisiones tomadas por los dirigentes políticos de Estados Unidos amenazan hoy con ocasionar pérdidas de increíble magnitud a nuestro país, y quizás, dentro de cincuenta años, la pérdida del país mismo tal como lo conocemos. El insensato e ilegal ataque contra Irak y la desastrosa conducción de esa guerra, con muy poca preocupación por las bajas civiles y militares y la opinión mundial, podrían clavar una estaca en el mismo corazón de nuestra capacidad de coexistir con los demás pueblos del mundo, por no hablar de cooperar con ellos en pro del bien común.

Y su efecto sobre quienes residen en Estados Unidos se hará muy pronto más evidente. Los avances de la medicina militar, basada principalmente en mejoras en el transporte que permiten proporcionar a los heridos una más rápida atención, han salvado incontables vidas. Pero estas lesiones —tanto físicas como mentales— tienen entre los sobrevivientes consecuencias mayores de las que nuestra sociedad ha podido atestiguar en el pasado. No estamos preparados para asistirles de una manera que permita una atención continuada y una exitosa reasimilación de estos hombres y mujeres por nuestras comunidades.

Aun en el caso de aquellos que no fuimos a combatir, nuestro futuro inmediato continuará siendo afectado de manera negativa durante años por las masivas reducciones de fondos públicos que han ocasionado los gastos de la guerra y los simultáneos recortes de impuestos instituidos por la actual administración. Aquí se aplica mejor que nunca la memorable frase de John Kenneth Galbraith: la nuestra es una nación caracterizada por «la riqueza privada y la miseria pública».

Mientras tanto, para lidiar con las causas del calentamiento global que estos mismos líderes no quieren admitir que estamos enfrentando, Estados Unidos está promoviendo el desarrollo de la energía nuclear antes de que hayamos desarrollado, o bien la capacidad para disponer efectivamente de los desechos nucleares, o la de prevenir la utilización de estas plantas de energía para producir materiales fisionables como los que se requieren para desarrollar armas nucleares.

Aunque me entristezca decirlo, es posible que en los próximos cincuenta años tampoco contemos con las decisiones y los avances que podrían producir un orden mundial decente. Al mismo tiempo que hemos desarrollado la tecnología, las comunicaciones y el transporte necesarios para convertirnos en una comunidad global, estamos adoptando decisiones que ocasionarán un incremento de las disparidades en los ingresos y la riqueza. A menos que hagamos cambios fundamentales, es muy probable que continuemos siendo parte de un mundo dividido, si acaso nuestro mundo siguiera siendo habitable. Compartir nuestra enorme riqueza, fortalecer las instituciones internacionales que hemos debilitado, y entender nuestra dependencia de los demás habitantes de la tierra pueden todavía salvarnos a nosotros y a nuestro planeta. Pero solamente si actuamos ahora.

39

Claude Mandil

Claude Mandil es el director ejecutivo de la Agencia Internacional de Energía. Es además ex presidente del directorio y ejecutivo principal del Institut Français du Pétrole (Instituto Francés del Petróleo) y ha desempeñado numerosos cargos de alto nivel en el gobierno de Francia y en los sectores de la energía y las investigaciones.

ENERGÍA LIMPIA PARA EL PROGRESO

Soy un optimista. Dentro de cincuenta años el mundo será un lugar mucho mejor. Cinco décadas de progreso científico, técnico y económico, y la continua expansión del comercio internacional habrán creado un mundo mucho más próspero del que tenemos hoy. La economía mundial se habrá cuadruplicado, y la de los países en vías de desarrollo se habrá sextuplicado. La energía desempeñará en ello un papel protagónico.

Esto redundará en una mayor esperanza de vida y en la apertura de oportunidades para muchos. Más personas poseerán las cosas que casi todos valoramos: viviendas agradables y cómodas, agua y sanidad pública decentes, libertad para viajar, educación y salud pública de alta calidad, modernos electrodomésticos y acceso a una amplia gama de actividades de esparcimiento. Los niveles de vida se incrementarán para casi todos. Pero los cambios más drásticos habrán ocurrido en lugares como la India y China, Latinoamérica y África, donde el crecimiento habrá ocurrido más rápidamente, y donde, por primera vez en la historia reciente, una mayoría de la gente común compartirá verdaderamente el progreso económico.

Vamos a necesitar mucha energía para impulsar estos cambios. Energía para edificios e infraestructura; para la industria y el transporte; para calefacción y aire acondicionado, y también para los efectos electrodomésticos. Tendremos que hacer frente a una demanda global de servicios energéticos al menos tres veces mayor que la actual.

Sin embargo, las emisiones de dióxido de carbono producidas por el suministro energético actual ya representan una grave amenaza para nuestro medio ambiente, y nos enfrentamos a crecientes tensiones en los mercados petroleros, y hasta cierto punto también en los de gas natural. ¿Cómo se podrá satisfacer este enorme incremento de las necesidades energéticas sin empeorar los problemas? Nuestro trabajo, en la Agencia Internacional de Energía, es aconsejar a los gobiernos al respecto.

> *El antiguo bombillo de luz incandescente —que producía principalmente calor y no tanta luz— será una reliquia del pasado. Y lo mismo ocurrirá con los ineficientes electrodomésticos actuales.*

Y la respuesta es que, para el año 2050, tendrá que haberse operado una transformación fundamental.[1] Necesitaremos una economía basada en energía más limpia y eficiente de la que tenemos hoy.

En mi futuro optimista, habrá ocurrido un cambio profundo en las actitudes hacia el suministro y el uso de la energía. No quiero decir con esto que la gente estará constantemente preocupada por su consumo, o tratando de reducirlo o de economizar. Tal vez la mayoría no estará particularmente consciente del cambio en su día a día, pues este se convertirá en parte de la cultura. Pero cuando la gente del 2050 examine en retrospectiva a nuestra generación, el cambio será evidente. Les asombrará nuestra tolerancia hacia una polución y un vertimiento de desechos innecesarios. El antiguo bombillo de luz incandescente —que producía principalmente calor y no tanta luz— será una reliquia del pasado. Y lo mismo ocurrirá con los ineficientes electrodomésticos actuales; especialmente aquellos que utilizan tanta energía en la modalidad de espera como cuando operan a plena capacidad. El hecho de que las viviendas, oficinas y tiendas fueran diseñadas y construidas con tan poca atención a la eficiencia, y que por tanto requirieran diez veces más energía para calentar y enfriar, les parecerá extraordinario. Y creo que se verá como escandaloso, y quizás hasta revulsivo, que la atmósfera fuera tratada como un vertedero gratuito de los millones de toneladas de dióxido de carbono que emitían a diario plantas eléctricas, fábricas, edificios y vehículos.

Las viviendas y otras edificaciones tendrán una aislante mucho mejor en el 2050, con la ventilación cuidadosamente planeada para reducir las necesidades energéticas. Las diferencias no serán tan obvias para sus ocupantes ¡salvo en sus cuentas de electricidad y gas! «Bombas de calor», derivadas de la temperatura naturalmente estable de la Tierra, mantendrán una temperatura agradable utilizando mínimas cantidades de energía eléctrica. Se construirán recolectores de energía solar en las estructuras de los nuevos edificios, y serán comunes pequeños generadores hidroeléctricos y eólicos.

«Bombas de calor», derivadas de la temperatura naturalmente estable de la Tierra, mantendrán una temperatura agradable utilizando mínimas cantidades de energía eléctrica.

Viviremos en una era eléctrica, movida por una electricidad limpia, silenciosa y flexible en su utilización. No sé qué nuevos electrodomésticos capaces de despertar nuestro entusiasmo se habrán inventado para el 2050 ¿Tendremos todos robots en nuestros hogares? Aun así, espero que funcionen con electricidad.

En el 2050 contaremos con muchas más formas limpias de generación eléctrica. Serán comunes en muchos países reactores nucleares más pequeños y avanzados, diseñados a prueba de fallos, y capaces de generar el mínimo absoluto de desechos nucleares. Mientras, proliferarán generadores renovables construidos para captar la energía del sol, los océanos y las profundidades del planeta. El carbón abunda en algunos países como India y China, donde acontecerá el más rápido crecimiento económico. Grandes cantidades de carbón se emplearán en las plantas termoeléctricas. Pero su eficiencia se habrá incrementado gracias a nuevos materiales y temperaturas mucho más altas en sus calderas de vapor. Y las emisiones de dióxido de carbono serán capturadas y almacenadas en forma segura en reservorios subterráneos naturales de agua salada, en lugar de ser liberadas en la atmósfera. Otros contaminantes, como el azufre y el nitrógeno, serán al mismo tiempo removidos. Y quizás se encuentren en proceso de diseño algunas tecnologías que hoy ni siquiera nos pasan por la mente.

Redes eléctricas más avanzadas y flexibles equilibrarán el uso de fuentes de energía locales y renovables con el de las mayores plantas eléctricas centralizadas, que continuarán suministrando el grueso de la electricidad y sirviendo como respaldo de emergencia.

La industria pesada en todo el mundo ha avanzado a grandes pasos para reducir los costos de la energía. Y esto tiene sentido desde el punto de vista empresarial. Para el 2050, no sólo serán mucho más eficientes los procesos industriales, sino que los desperdicios, el calor y los materiales, así como los productos industriales, serán reciclados. Y los principales consumidores industriales de combustibles fósiles (petróleo, gas natural, y carbón), almacenarán sus emisiones de dióxido de carbono bajo tierra, del mismo modo que las plantas eléctricas.

¿Cómo será el transporte? Las ciudades serán diseñadas pensando en la conveniencia, ubicando las oficinas, tiendas y centros de esparcimiento cerca de las áreas residenciales y con un transporte público bien desarrollado. Menos personas se verán obligadas a iniciar su día detrás del volante de un automotor.

Es difícil predecir cuándo llegará a su fin el prolongado reino de la gasolina y el motor de combustión interna. Todavía le quedan muchas décadas, aunque existe gran potencial para introducir nuevas mejoras en materia de eficiencia. Sin embargo, existen dos tecnologías que producen pocas emisiones de dióxido de carbono y que eventualmente podrían ofrecer alternativas: Los biocombustibles fabricados a partir de celulosa —extraída de paja y otros desechos vegetales— y los vehículos eléctricos movidos por baterías o celdas de hidrógeno. Cierto es que todavía necesitan mucho más desarrollo, y en algunos casos solucionar problemas técnicos, antes de que puedan ofrecernos el necesario rendimiento, confiabilidad y costo. Lo más probable es que veamos combinaciones de estas tecnologías. Los vehículos eléctricos redundarán en ciudades con un aire más limpio y menos ruido. Y conducirlos será divertido, ya que el rango de potencias de un motor eléctrico es mucho más amplio que el de uno de combustión interna. ¡No harán falta tantas velocidades para obtener un rendimiento vigoroso!

Sustentando todo esto, habrá avances en las ciencias básicas para adelantar las nuevas tecnologías y reducir los costos de las que ya tenemos. Por ejemplo, la nanotecnología nos podrá suministrar materiales más ligeros y resistentes; contaremos con productos químicos más baratos para convertir la luz solar en energía eléctrica; la superconductividad nos proporcionará redes eléctricas más eficientes; y la biotecnología podría reducir los costos y el impacto ambiental de los biocombustibles.

Con los cambios que he descrito, podremos acomodar el incremento en la demanda global de servicios energéticos, al tiempo que reduciremos las emisiones de dióxido de carbono en todo el planeta. En el 2050 el carbón, el petróleo y el gas natural todavía cubrirán la mayor parte de las necesidades energéticas del mundo. Pero los usaremos de manera más inteligente. En particular, podremos moderar el incremento de la demanda mundial de petróleo. Como resultado, contaremos con mercados petroleros globales fluidos y estables, para beneficio tanto de los productores como de los consumidores.

Es un cuadro muy atractivo. No será fácil llegar a este nuevo y valiente mundo de la energía que he descrito. La transición demandará grandes esfuerzos. Pero una vez que hayamos logrado una economía energética global más limpia y eficiente, todos podremos constatar sus beneficios.

En este futuro optimista, los cambios ocurrirán debido a que los gobiernos de todas partes del mundo, las corporaciones y los consumidores habrán comprendido, en la primera década del siglo XXI, que eran esenciales y urgentes. Y habrán decidido emprender un esfuerzo global sin precedentes en presencia de una amenaza común.

Como resultado, se habrán alcanzado acuerdos en un conjunto de tratados internacionales que comprometerán a todas las naciones a hacer una contribución justa a la reducción de las emisiones de dióxido de carbono. Este marco incluirá fuertes incentivos económicos para las opciones energéticas menos contaminantes, contemplando probablemente un mercado global de «créditos» concedidos sobre la base de los recortes de dióxido de carbono. Habrá sido un triunfo de la diplomacia, y será uno de los pilares fundamentales de la paz y la seguridad en el mundo.

Los gobiernos también habrán dado grandes pasos para acelerar las tecnologías eficientes y de menor emisión de dióxido de carbono. Estos habrán incluido la promoción de las investigaciones y el desarrollo, la demostración y el despliegue, así como las regulaciones inherentes y la información pública. Los gobiernos del mundo desarrollado habrán asumido el liderazgo para ayudar a poner las mejores tecnologías al alcance de todos los países en vías de desarrollo. Los costos de tales programas no son inalcanzables. Pero se requerirá una reorientación sustancial de los recursos hacia el sector energético.

Los líderes empresariales con visión de futuro serán pioneros de las nuevas tecnologías, a menudo en asociación con los gobiernos. Aprovechando los nuevos incentivos, habrán hecho las inversiones necesarias para desarrollar una nueva infraestructura energética y llevar a los mercados populares nuevos productos. Consumidores conscientes de las necesidades energéticas habrán decidido comprar electrodomésticos y viviendas eficientes puestos al alcance de sus bolsillos; reciclar sus desperdicios; y utilizar el transporte público cuando convenga. Y algunos generarán su propia energía limpia.

Este es mi cuadro optimista de cómo será el mundo en el año 2050. Claro está que no es el único futuro posible. Otro es el que sobrevendrá si continuamos como estamos. En ese otro, a pesar de cierta cantidad de retórica y buenas intenciones, no emprenderíamos acciones decisivas para cambiar el panorama energético. En ese caso, me temo que el futuro sería sombrío y ciertamente caluroso. Según las más recientes evaluaciones de los expertos (IPCC) las emisiones globales de dióxido de carbono podrían más que duplicar la lectura actual, elevando en cinco o seis grados centígrados la temperatura media mundial. La demanda de petróleo superaría en más de 90% a la actual, incrementando el riesgo de tensiones en los mercados petroleros y provocando una creciente presión en la competencia internacional por el acceso a recursos energéticos escasos. Es en ese rumbo que nos encontramos ahora. Y probablemente colapsará en una crisis, mucho antes de cincuenta años.

Es una decisión que tenemos que tomar. Y es urgente, porque la infraestructura energética se levantó a lo largo de muchos años, y tomará muchos otros cambiarla. Viéndolo bajo esta luz, ni siquiera el 2050 está demasiado lejos ¡Tomemos ahora las decisiones correctas para que, en la generación de nuestros hijos, se demuestre que los optimistas teníamos la razón!

40

Nancy Ho

Nancy Ho es una de los científicos de vanguardia en el desarrollo del etanol como fuente de energía. Recibió el Premio Investigaciones y Desarrollo 100 por haber modificado genéticamente la levadura a fin de convertir el azúcar en combustible. Nancy es bióloga de Investigaciones Moleculares y jefa del Grupo de Genética Molecular en el Laboratorio de Ingeniería de los Recursos Renovables de la Universidad Purdue.

Un dióxido de carbono beneficioso

Cuando era niña, en una zona rural de China, soñaba con poder ver a cualquier persona en quien pensara y hablar con ella. Eso sucedía hace más de sesenta años, y nunca había visto un teléfono. De niña no me consideraban un prodigio de la ciencia, ni siquiera una niña inteligente. En realidad era lo contrario; la mayoría de quienes me rodeaban pensaba que era tonta e insignificante, debido a que pasé enferma gran parte de mi infancia. Afortunadamente, lo que me faltaba en fuerza física podía compensarlo con creces mi imaginación. A pesar de todo, mi sueño se ha cumplido. En nuestros días podemos hablar con cualquier persona y verla, marcando simplemente un número y encendiendo una pantalla.

Los deseos del ser humano son muy poderosos. Un deseo constructivo nos conduce al progreso. En los últimos cincuenta años ha habido unas cuantas personas ingeniosas respaldando a aquella insignificante niñita de una zona rural de China. Todas compartían el mismo anhelo e hicieron que los sueños se cumplieran.

Hace más de veinticinco años, se me dio la oportunidad de desarrollar la levadura recombinante que se utiliza en las panaderías para conferirle el poder de convertir una inusual azúcar, conocida como xilosa, en etanol. La xilosa está presente en grandes cantidades en polímeros de materia vegetal colectivamente conocidos como biomasa celulósica. Por entonces había cerca de diez grupos de investigadores en todo el mundo tratando de lograrlo. Al cabo de cinco años de arduas investigaciones a cargo de científicos de todo el mundo, no se había encontrado una técnica exitosa. La comunidad de las ciencias consideró que no era posible lograr este objetivo.

Yo me sentía fuertemente inclinada a intentarlo con la levadura de panadero. La humanidad ha dependido de este pequeño, seguro y cooperativo microbio para hacer el pan y producir vino durante miles de años en todas partes del mundo. Esta levadura también se utiliza en la industria para producir millones de galones de etanol a partir de cultivos tales como el del maíz. Pero yo deseaba utilizar el mismo microbio para producir etanol a partir de la biomasa celulósica, un alimento para el ganado mucho más abundante, y ayudar así a cubrir las necesidades mundiales de combustible para el transporte.

Yo creo que en los próximos cincuenta años veremos el día en que podamos convertir fácilmente el dióxido de carbono en energía, sin tener que depender únicamente de la tierra o el agua para cultivar las plantas.

Hace veinte años, motivada por mi fe en la ciencia y mi deseo de contribuir a la sociedad, descubrí junto con mis colegas una forma de superar los cruciales obstáculos que impedían fermentar la xilosa con levadura para convertirla en etanol. Nuestro trabajo hizo posible que científicos de todo el mundo continuaran trabajando en el proyecto y perfeccionaran el desarrollo de la levadura recombinante para cofermentar glucosa y xilosa y producir etanol. Como resultado, la levadura alterada mediante ingeniería genética se ha estado utilizando ahora en las primeras etapas de la producción industrial de etanol a partir de residuos de cosechas como la paja del trigo, los tallos del maíz y la hierba, oriunda de Estados Unidos, conocida como *switchgrass* (*Panicum virgatum*).

Mi deseo para el futuro es que podamos explotar para producir energía otro recurso virgen y superabundante. Cuando quemamos carbón para producir electricidad, o producimos etanol a partir de cultivos alimentarios, o biomasa celulósica, o conducimos nuestros autos, gastamos una cantidad considerable de energía mientras liberamos en el aire dióxido de carbono. Este mismo dióxido de carbono, en la forma de gases de efecto invernadero, ha excedido la capacidad del reino vegetal en la naturaleza para absorberlo, lo cual ha resultado en los cambios climáticos. Yo creo que en los próximos cincuenta años veremos el día en que podamos convertir fácilmente el dióxido de carbono en energía, sin tener que depender únicamente de la tierra o el agua para cultivar las plantas. Estoy segura de que otros científicos e ingenieros en todo el mundo tienen un deseo similar. Algún día serán desarrollados métodos biológicos y físicos sencillos para convertir directamente el dióxido de carbono en combustibles útiles. Cuando ese día llegue, la energía almacenada en las plantas, el carbón y el petróleo se podrán utilizar y reciclar plenamente, y nunca más habrá escasez energética en el mundo. Así que les aconsejo a aquellos que controlan las reservas de carbón y petróleo del planeta que no desperdicien innecesariamente su tesoro, y lo preserven para el día en que la tecnología nos permita explotar estos recursos, fácilmente y con seguridad.

41

Michael Shermer

El doctor Michael Shermer es director ejecutivo de la Sociedad de Escépticos y autor de Why Darwin Matters: Evolution and the Case Against Intelligent Design, *y de* How We Believe: Science, Skepticism, and the Search for God. *Es editor fundador de la revista* Skeptic *y columnista mensual de* Scientific American.

PARA ABRIR EL MUNDO A TODO EL MUNDO

Durante muchos años he estado involucrado en una entidad con sede en Seattle llamada Fundación para el Futuro, que fue creada por el empresario aeronáutico y filántropo Walter Kistler; en esta organización, un grupo de científicos y académicos de diversos campos se reúnen una vez al año para debatir cómo será la vida en el año 3000, entre otros temas grandiosos. Es una manera deliciosa y estimulante de pasar el fin de semana, pero ni por un momento he creído que alguno de nosotros tenga una idea aproximada de lo que estamos diciendo cuando hablamos sobre la vida dentro de mil años. Si la mayoría de los sovietólogos no podían predecir a mediados de los años 1980 que aquel imperio se derrumbaría al final de la década; y si la mayoría de las científicos especializados en computadoras no contaban con pista alguna a principios de ese mismo decenio sobre el surgimiento de la World Wide Web en cuestión de diez años, ¿cómo podría alguien predecir los cambios que se habrán operado dentro de cien décadas?

El problema con los pronósticos a largo plazo de los cambios políticos y económicos es que hemos permanecido atrincherados en estados políticos y con economías dirigidas verticalmente durante tantos milenios que en la práctica es imposible imaginar cómo podrían prosperar las relaciones humanas en cualquier sistema social diferente de ese al que estamos habituados. Según la lógica de la *parcialidad a favor del status quo*, la naturaleza nos ha dotado para que valoremos lo que es nuestro, y nos lleva a defender cualquier cosa que estemos acostumbrados a tener. No obstante, el gran reloj de la historia y el largo tiempo de la evolución nos proveen la oportunidad de distanciarnos y poder contemplar el cuadro general de la dirección en que nos encaminamos durante el próximo medio siglo.

Como especie, la de los seres humanos modernos apenas ha cumplido 100.000 años de edad. Durante los primeros 90.000 años, todos convivieron, en todos los rincones del planeta, en pequeñas hordas de cazadores-recolectores, organizadas con economías igualitarias y sistemas políticos elementales. Luego, al final de la última Edad del Hierro, hará unos 13.000 años, se produjo una explosión demográfica en numerosos lugares del globo. La caza y la recolección no producían suficientes calorías para respaldar a esas poblaciones más grandes, lo cual condujo inexorablemente a la agricultura, en la Revolución Neolítica. La domesticación de grandes mamíferos y el cultivo de granos comestibles generaron las calorías que necesitaban estas crecientes poblaciones, lo cual a su vez resultó en nuevas tecnologías físicas y sociales que facilitaron el surgimiento de otras aun mayores, y así sucesivamente, en un ciclo de retroalimentación positiva.

Cómo y cuándo los diferentes pueblos realizaron la transición de pequeñas hordas y tribus a grandes principados y estados lo determinarían, en parte, la capacidad de transporte de cargas ofrecida por el entorno, y la magnitud de la población de cada grupo, lo cual determinó también a su vez la estructura social de sus sociedades y sus formas de intercambio, comercio y coexistencia con otros grupos. Después de haber existido durante 90.000 años apegada a un solo estilo de vida, la raza humana dejó de ser cazadora-recolectora y pasó a ser agricultora en el curso de apenas unos miles de años, y en varios lugares del mundo. Las evidencias indican que la transición fue mayormente impulsada por una economía ambiental: en la medida en que las poblaciones crecían, el estilo de vida cazador-recolector perdió su capacidad para suministrar calorías suficientes, lo cual condujo al desarrollo de medios más efectivos de producción de alimentos.

El salto concomitante de la producción alimentaria y de la población fue acompañado por la evolución de bandas y tribus como principados y estados, y el desarrollo de las organizaciones sociales y las tecnologías correspondientes. La gente comenzó a vivir en asentamientos semipermanentes y más tarde permanentes, lo que dio lugar a la propiedad sobre la tierra y la propiedad privada, así como a los excedentes de alimentos, herramientas y otros productos que crearon las bases de las nacientes economías de mercado. Ello condujo de manera natural al desarrollo de una división del trabajo en esferas tanto económicas como sociales. Los artesanos, los obreros con oficios y los escribas trabajaban a tiempo completo en el marco de una estructura social organizada y dirigida por políticos, estadistas y burócratas también dedicados a estas actividades toda la jornada. La religión organizada maduró lo suficiente para cubrir numerosas funciones, de las cuales no fue la menor justificar el poder de la élite dominante. La simbiosis entre política y religión se ha encontrado en casi todos los principados y sociedades-estado del mundo, incluyendo al Cercano, Medio y Lejano Oriente, América del Norte y del Sur, y las islas polinesias del Pacífico, donde el jefe, faraón, rey, reina, monarca, emperador, soberano o gobernante de cualquier título afirmaba tener una relación con Dios o con los dioses, los cuales le habrían investido intencionalmente de poder para actuar a nombre de la deidad o deidades. Los estados se transformaron en verdaderas civilizaciones, los cultos evolucionaron hasta convertirse en las grandes religiones del mundo y los mercados de trueque devinieron grandes economías.

Con el auge de los principados, estados e imperios, ya no era posible separar la política de la economía. Aunque la condición natural de las hordas y tribus cazadoras-recolectoras es el igualitarismo, la redistribución igualitaria de la riqueza económica nunca se ha concretado en sociedades más grandes. De igual modo, sin las instituciones sociales apropiadas para facilitar y hacer cumplir un intercambio justo y libre entre grupos, suelen estallar la violencia y la guerra. La economía evolucionista ofrece una explicación. Uno de los principales detonadores de la violencia entre grupos es la competencia por recursos escasos. Rara vez existen los medios suficientes para sostener a todos los individuos en todos los grupos. Una vez que esa capacidad es superada, la demanda de dichos recursos sobrepasa a la oferta. Fueron estas las condiciones enfrentadas durante gran parte de la historia por la mayoría de los pueblos, y en casi todas partes. La fórmula es muy sencilla: abundancia de población más escasez de recursos es igual a conflicto. Así una forma de atenuar la violencia intergrupal es incrementar la oferta de recursos para cubrir las demandas de aquéllos que los necesitan.

La psicología que apoya esta detente de la agresión entre grupos contempla el proceso de convertir a completos extraños potencialmente peligrosos en amigos honorarios potencialmente útiles. Lo cual se facilita mediante la creación de instituciones sociales que estimulen, habiliten y supervisen interacciones sociales positivas, que fomenten la confianza. Una de las más poderosas entre estas formas de interacción es el comercio, cuyos efectos elevaré a la categoría de principio basándome en una observación del economista francés del siglo XIX Frédéric Bastiat: «Donde los bienes no cruzan las fronteras, las cruzarán los ejércitos».

El Principio de Bastiat no solamente nos ayuda a entender cómo los cazadores-recolectores realizaron la transición a consumidores-mercaderes, sino que también ilumina una de las causas principales de los conflictos; su corolario enuncia uno de los pasos más importantes hacia la reducción de estos. Si el Principio de Bastiat postula que *donde los bienes no cruzan las fronteras, las cruzarán los ejércitos*, entonces su corolario sería que *donde los bienes cruzan las fronteras, los ejércitos no las cruzarán*. Este es un principio, no una ley, ya que se han visto excepciones, tanto históricamente como en los tiempos actuales. El comercio no impide las guerras, pero minimiza sus probabilidades. Pensando en estos términos y no en términos absolutos, el comercio entre grupos incrementa las probabilidades de que se mantengan relaciones pacíficas y estables y reduce las de que surjan inestabilidades y conflictos.

Aunque el libre comercio no es un profiláctico infalible contra los conflictos entre grupos, sí es un componente integral para establecer confianza entre extraños, que reduce la potencial volatilidad natural que se origina siempre que hay grupos en contacto mutuo, especialmente atizada por la desigual distribución de escasos recursos. De igual modo, como creo que la democracia liberal y el capitalismo de mercado están estrechamente vinculados, debo apuntar que existe una correlación bien documentada entre la democracia liberal y la paz: mientras más se compromete con la democracia liberal una nación, menos probable es que vaya a la guerra, especialmente contra otra democracia liberal. Por ejemplo, un estudio arrojó que de las 371 guerras internacionales que ocurrieron entre 1816 y 2005, en las que al menos 1000 personas murieron, 205 fueron conflictos entre naciones no democráticas; 166, entre naciones democráticas y no democráticas; y ninguno entre naciones democráticas.

Conclusión: *El poder mata, la democracia salva.* Solución: *propagar la democracia.* Y lo mismo es aplicable al Principio de Bastiat. Conclusión: *El comercio conlleva a la paz y la prosperidad.* Solución: *propagar el comercio.* ¿Se extenderán la democracia liberal y el capitalismo de mercado por todo el mundo en los próximos cincuenta años? Si trazáramos una línea de tendencias desde, digamos, 250 años atrás hasta el presente, su proyección en los próximos cincuenta años parecería apuntar a una respuesta afirmativa. Así que soy optimista, a pesar de los descorazonadores retrocesos en el Medio Oriente, África, Corea del Norte y otras partes del mundo regidas por el totalitarismo y el fundamentalismo religioso, pues como dijera Thomas Jefferson: «El precio de la libertad es una eterna vigilancia».

Considerando nuestra doble disposición a ser al mismo tiempo bien y mal, y el poder del ambiente para provocar el uno o el otro, debemos *escoger* la libertad, crear las circunstancias en la que esta se pueda realizar, y una vez que sea alcanzada, defenderla. De modo que la libertad comienza con una idea y una decisión consciente de lograrla ¿Puede funcionar la mera elevación de la conciencia de la gente para precipitar cambios sociales que conduzcan a una expansión de la libertad? Por supuesto que sí. Si no pudiera, no habría existido un movimiento de derechos civiles, todavía practicaríamos la esclavitud y las mujeres no podrían votar ¿Cómo llegar allí desde aquí? La propagación lenta pero firme de la democracia liberal y el capitalismo de mercado; el establecimiento de entornos que promuevan la confianza interpersonal e internacional; la transparencia del poder político y la hegemonía económica; la disponibilidad y accesibilidad de todo el conocimiento, para todo el mundo, en todas partes; y la apertura de fronteras políticas y económicas, harán que, según anuncia una placa visible en el Canal de Suez:

Aperire Terram Gentibus
El mundo se abra para todo el mundo

42

Joseph L. Bryant

Joseph L. Bryant, DVM, es director de la División de Modelos Animales del Instituto de Virología Humana en la Escuela de Medicina de la Universidad de Maryland. Como investigador, su principal responsabilidad es desarrollar modelos animales para el estudio de la patogénesis del sida y los distintos tipos de cáncer.

La vista mientras me deslizo

Mientras me deslizo calle abajo en mis nuevos zapatos de refuerzo hidroeléctrico, varios escolares pasan volando a mi lado en sus nuevos zapatos a retropropulsión, calibrados y eficientes en consumo de helio. Estos nuevos zapatos de extrarretropropulsión les permiten pasar zumbando a velocidades de más de diez millas por hora, a una altura de medio metro sobre el pavimento. Estoy seguro de que les encanta la idea de levitar sobre la ciudad propulsados como si volaran por estos zapatos; lo sé, porque si yo fuera más joven tal vez también me gustarían. Pero para alguien tan viejo como yo quizás sean un poco complicados de manejar. Aunque ya soy bastante mayor, nunca pensé que llegara a tener más de cien años y estuviera todavía trabajando. Los zapatos de refuerzo hidroeléctrico son para mí suficientes, y me llevan por la calle con su suave fuerza conductora que no me maltrata ni me hace tropezar.

También los automóviles andan elevados, mientras se escurren entre el tráfico gracias a los sensores antichoques dispuestos en su contorno. Vuelan a unos setenta o noventa centímetros sobre la calle. Son más pequeños hoy, pero pueden transportar a cuatro personas cómodamente sentadas. La característica más importante de estos vehículos es el hecho de que el gobierno ha aprobado por fin un combustible automotor que no daña la capa de ozono. Y estos carros flotan sobre la tierra gracias a paneles de alta precisión, cómo los de un transbordador espacial, que están programados para identificar su destino antes de que usted salga de casa. Sin embargo, ahora hay menos autos en la calle, porque la mayoría prefiere hacer sus ejercicios diarios caminando con sus zapatos de refuerzo hidroeléctrico o extrarretropropulsión a chorro, en lugar de hacerse llevar en automóviles.

Saco del bolsillo de mi chaqueta mi asistente personal, que luce como un radiorreceptor o una Palm pilot de hace cincuenta años. Comienzo el día dictando una carta dirigida a la sede de la compañía, acerca del equipo del departamento de personal. Mi asistente me da tiempo para pensar y me permite trabajar mientras me dirijo a la oficina. Mi nota dice más o menos así: Como investigador y veterinario especializado en animales, tengo que reconocer que la ciencia y la tecnología han avanzado notablemente en la erradicación de las enfermedades en el mundo. Con la tecnología que hoy tenemos, la mayor parte de los malestares del pasado han desaparecido, pero una nueva amenaza bulle en las mentes de toda la humanidad. Es el peligro de que puedan salirse con la suya gente obsesionada con el poder y que desea controlar no sólo sus territorios, sino a todo el mundo, incluidos todos sus habitantes.

También los automóviles andan elevados, mientras se escurren entre el tráfico gracias a los sensores antichoques dispuestos en su contorno.

Años atrás utilizaba animales en mis investigaciones, y me apoyaba en ellos para obtener información sobre nuevas tecnologías y diferentes medicamentos, ideados para erradicar enfermedades como los distintos tipos de cáncer, el sida, y los microorganismos resistentes a los medicamentos. Actualmente, las nuevas amenazas a la humanidad son enfermedades biológicamente creadas por el hombre, en un mundo que ya había superado los peligros nucleares. La proliferación de armas nucleares se detuvo. Pero todos los días la humanidad enfrenta una nueva y más mortal amenaza, desarrollada en laboratorios de ingeniería genética. Mi trabajo es desarrollar ratones y ratas con una estructura en su ADN que permita a los científicos maniobrar rápidamente nuestro «Rayo Evolutivo para el Cuerpo Completo», que puede ser programado para administrar una cantidad esencial de medicación al cuerpo de cualquiera que se encuentre enfermo.

El «Rayo Evolutivo para el Cuerpo Completo», fue desarrollado hace unos treinta años en un laboratorio de Carolina del Norte. Su idea básica consistía en acumular tanto electromagnetismo atmosférico y luz ultravioleta como fuera posible, y aplicar una descarga al cuerpo de la persona enferma, para sanarla de cualquier enfermedad conocida por la humanidad. Sin embargo, el hombre puede ser cruel hasta con su hermano. Es posible encontrar curas para todo, menos para la insensible falta de respeto y el odio que siempre han plagado al hombre desde el origen de los tiempos.

En todas partes se libran guerras biológicas y ambientales. En lo que respecta a controlar a las personas y tener poder sobre ellas, el hombre se ha convertido en un monstruo maniático. Y así, a medida que nuestros días se agotan, nos vemos obligados a cargar con la búsqueda de remedios contra nuevas y más poderosas enfermedades sintéticas, que aparecen periódicamente en una sociedad rica en posesiones personales, pero a la cual le falta lo más importante: un corazón de oro.

En todas partes se libran guerras biológicas y ambientales.

43

Barry Marshall

Barry Marshall, asociado principal de Investigaciones en la Escuela de Ciencias Biomédicas y Químicas de la Universidad de Australia Occidental, compartió en 2005 el Premio Nobel de Medicina con Robin Warren, por su descubrimiento de la bacteria Helicobacter pylori *y su papel en la gastritis y las úlceras pépticas.*

Un martes en Australia

Dentro de cincuenta años.

En los próximos cincuenta años, muchas de las tecnologías inventadas a lo largo del siglo XX empezarán a rendir frutos y podremos aplicarlas en nuestras vidas cotidianas, probablemente sin siquiera tener conciencia de ellas. El objetivo de estos avances será proporcionarnos vidas más largas e interesantes, con menos incertidumbre por el futuro. Además, en la medida en que estos adelantos se miniaturicen y se vuelvan genéricos y mucho menos costosos, estarán al alcance de todos, incluso de la gente de los países más pobres.

Imaginemos entonces un día corriente de trabajo en Australia; digamos, una mañana de un martes en abril. He escogido el martes porque el tiempo de trabajo semanal será menor y todos los fines de semana serán largos, con el lunes como tercer día de descanso. De cualquier modo, los lunes siempre fueron un día difícil, y la gente tiende más a enfermarse los lunes, como lo evidencian las estadísticas sobre todas las variantes de «enfermitos», como también se conoce a los días libres repentinos.

El martes, entonces, despierto a las 7 a.m., lo cual no me cuesta mucho, pues en la última hora la temperatura de la cama se ha incrementado gradualmente de la modalidad *fresca nocturna* a la *tibia diurna*, y la luz se ha intensificado en ese lapso hasta la claridad de la del día. En realidad, en abril los días son todavía largos, así que las cortinas se corren, permitiendo que entren en la habitación los naturales rayos del sol naciente. Me pongo en pie y me encamino tambaleándome al sanitario, donde el chorro de mi orina pasa sobre el monitor de diagnóstico médico acoplado a un lado de la taza. El cuadro de las noticias de la mañana, en el monitor de pantalla plana colgado sobre el inodoro, se reduce mientras en la mitad inferior de la pantalla aparece un gráfico. Hmm, el colesterol está un poco más alto hoy; el nivel de azúcar en la sangre, bien; los niveles vitamínicos, en el rango normal; los anticuerpos, un poco bajos; debo recordar tomar esta semana mi vacuna de probióticos. Digo en voz alta: «Okey», y los productos de salud recomendados quedan añadidos a la lista de compras.

«Gracias a Dios que hemos resuelto los problemas del calentamiento global y han terminado esas desquiciantes restricciones de agua».

Tomo una ducha rápida, me cepillo los dientes y me afeito, y luego me quedo allí unos segundos mientras los secadores de cabello me secan. Completo la tarea con una pequeña toalla de papel cuadrada, del tamaño de un pañuelo y me digo: «Gracias a Dios que hemos resuelto los problemas del calentamiento global y han terminado esas desquiciantes restricciones de agua». Me acuerdo entonces del folleto del reprocesador para el agua del baño, que mostraba como la de la ducha pasaba a través del intercambiador de calor, era purificada por ósmosis, y luego esterilizada antes de volver a ingresar en el tanque de almacenamiento, a 50° C. Reflexiono sobre la cantidad de acero inoxidable que se utiliza para todo en estos tiempos, asociándolo con el precio de mis acciones en la industria del níquel. Deambulo por la casa, con la taza de café en la mano, viendo las noticias matutinas. Al pasar frente a una ventana, esta automáticamente me alerta con un chorro de vapor, por si no me he vestido aún; y me doy cuenta de que no lo he hecho.

Después de vestirme, decido trabajar hoy desde mi casa, como hace actualmente el 75% de los trabajadores. Me coloco el casco de realidad virtual para visitar, virtualmente, mi oficina, discutir las actividades del día con mi secretaria, darme una vuelta por la oficina del laboratorio y acompañar luego al personal de investigaciones en una rápida ronda por los pabellones. Después de charlar un poco con los pacientes hago algunas recomendaciones de tratamiento, y la nueva medicación es entregada en cuestión de minutos por un robot correo interno, directamente a la cama de cada paciente.

En realidad, muy pocos problemas médicos parecen salir de la nada como sucedía antes. Todos conocemos a la perfección nuestros genomas y tenemos la opción de tomar medidas para protegernos de, o prevenir, la mayoría de las enfermedades que antes se conocían como hereditarias. Y como hay más personas trabajando desde su hogar, los ciclos anuales de resfriados e influenza hace mucho que desaparecieron en los países desarrollados. En cualquier caso, las vacunas son en la actualidad constantemente mejoradas y agregadas a la oferta de alimentos, de manera que los virus no la tienen muy fácil.

Llegado el mediodía, ya he terminado de trabajar, así que mi esposa, Adrienne, y yo decidimos irnos caminando hasta las tiendas y dedicarnos luego un rato a la jardinería. El propósito principal de esto es hacer un poco de ejercicio, y una caminata de pillastres kilómetros al aire libre parece mucho más saludable que una aburrida estera mecánica. La temperatura en el vecindario es de unos 75° F, y el día es soleado y con brisa. Una hora después estamos de regreso en casa, desempacamos los víveres y dormimos la siesta durante cuarenta minutos. Después, Adrienne se pone a trabajar en el jardín; instalará dos nuevas variedades de plantas que acaban de ser desarrolladas: tulipanes de colores fortuitos que aparentemente florecen durante todo el invierno. El propósito, como ya le dije, es hacer un poco de ejercicio sano, que es lo más difícil en estos días. Mientras abre los hoyos en el terreno, ella aprovecha para charlar con uno de nuestros hijos que vive en Estados Unidos y que tiene experiencia con esta variedad de plantas. Yo, mientras tanto, me divierto, insertando un diminuto videorobot en el hoyo de uno de los hormigueros del jardín. Siento un gran respeto por la no muy humilde hormiga de los jardines australianos. Una vez que levantaron las restricciones sobre el uso comercial de estas formas de vida, las hormigas diseñadoras apenas tardaron unos años en aniquilar el negocio de los pesticidas, al menos en mi jardín ¡Aquí los saltamontes maldecirían el día en que aterrizaran cerca de uno de estos hormigueros!

Los adelantos en la biología ciertamente han resuelto la mayoría de los problemas que afectaban la vida al aire libre en Perth, Australia Occidental. En los países en vías de desarrollo se utilizan menos estas costosas plantas de lujo o las hormigas encargadas de custodiar el jardín, de las que en cambio dependemos quienes vivimos en las grandes ciudades, pero de esto se han derivado tecnologías aun más importantes. Incluso en África, las cosechas malogradas, las enfermedades y las plagas de los cultivos son eventos raros, ahora que son realidades prácticas los cereales nutricionalmente reforzados y los insectos específicamente desarrollados para el control de plagas. La globalización, que dejó de ser un tema controversial, ha resultado en la estabilidad política del continente y en muchos nuevos mercados para los productos africanos. Quizás deberíamos irnos de vacaciones allá el próximo año. Sería bonito visitar el Parque de los Gorilas en Rwanda, pero he oído decir que hay que reservar con tiempo. También podríamos visitar el Museo Gates de la Malaria, y luego tratar de que nos descuenten el viaje de los impuestos.

La alarma de mi reloj de pulsera suena y me recuerda que es hora de tomar el transbordador Virgin para asistir al juego de béisbol en el estadio Barry Bonds. Saboreo por adelantado la perspectiva de devorar un par de perros calientes con salsa de tomate, como hago siempre que voy al estadio. Al menos algunas cosas nunca cambian. Quizás debería tomar esta noche la acera móvil; mis 106 años están empezando a hacerse sentir.

> *Saboreo por adelantado la perspectiva de devorar un par de perros calientes con salsa de tomate, como hago siempre que voy al estadio. Al menos algunas cosas nunca cambian.*

44

Carl Pope, Daniel Becker y Allison Forbes

Carl Pope es director ejecutivo del Sierra Club, la más antigua, mayor y más influyente organización ambiental con filiales a nivel de base de Estados Unidos. Daniel Becker y Allison Forbes son el director y la organizadora de preservación, respectivamente, del Programa contra el Calentamiento Global del Sierra Club.

Un llamado de alerta en torno al calentamiento global

Es un día despejado y usted despierta. Desde la ventana, se ve la luz del sol bañar los paneles solares y reflejarse sobre las turbinas eólicas que generan electricidad, erguidas en la cuesta de una distante colina. El sistema de monitoreo de temperatura y luz de su hogar también empieza a despertar, activando en las ventanas un filamento transparente de cristal líquido para bloquear el calor cuando empieza a ser intensa la luz solar, y cancelando así la necesidad de más aire acondicionado. Su organizador personal evalúa su estado de ánimo antes de seleccionar una «corriente» musical y presentar las noticias del día. Los mensajes del video incluyen una petición de su jefa de que utilice su oficina virtual para hacer un recorrido con ella esa tarde por la nueva planta de concentración de energía solar, de modo que no se pierda ningún detalle.

Desde el calentamiento sin precedente de la atmósfera terrestre en el último siglo, la vida sobre la tierra se ha vuelto necesariamente deliberada, eficiente y, bueno: también limpia. En el siglo XXI hemos aprendido a vivir con el carbono estrictamente necesario.

Hace cinco décadas, el mayor reto ambiental, ecológico y económico que hubiera enfrentado la humanidad constituía una amenaza: los métodos tradicionales de producción de energía basados en la extracción y combustión de petróleo y carbón condujeron a cataclísmicos cambios en el equilibrio climático. El índice de calentamiento originado por una atmósfera cargada de dióxido de carbono y otros gases de efecto invernadero, y retención del calor, amenazaba a las comunidades humanas en todo el planeta. Afortunadamente, supimos enfrentar el desafío de los cambios climáticos.

La inventiva de los ingenieros americanos produjo una revolución, de vehículos sin emisiones dañinas y energía renovable captada del sol, el viento y las olas.

La inventiva de los ingenieros americanos produjo una revolución, de vehículos sin emisiones dañinas y energía renovable captada del sol, el viento y las olas.

Estados Unidos engrosó sus arcas y creó nuevos empleos al exportar a China y la India energía limpia y las tecnologías para su almacenamiento, lo cual permitió a estos gigantes desarrollarse como economías modernas y sostenibles. Del mismo modo que los teléfonos celulares posibilitaron que estas naciones pasaran por alto la instalación de líneas telefónicas terrestres, las tecnologías renovables les capacitaron para evitar años de dependencia de recursos energéticos contaminantes como el carbón y el petróleo.

Los ingenieros también han transformado las formas de viajar. Las tecnologías de suspensión se basan en el uso de la levitación magnética (maglev) que incrementó la eficiencia de los trenes japoneses y europeos a fines del siglo XX. En el XXI, revolucionaron el sistema de transporte estadounidense. Los ahorros en el campo de la energía hicieron costeable el establecimiento del tránsito masivo basado en esta tecnología, y abarataron su operación.

Una omnipresente red de «rieles» maglev ha vuelto redundante la propiedad privada de automóviles y ha permitido a los gobiernos reemplazar las superautopistas pavimentadas con colectores solares y árboles y prados encargados de absorber el carbono, que a su vez pueden ser convertidos en biocombustibles. Actualmente, para ir al trabajo o regresar a casa sólo tiene que indicar a su organizador de bolsillo que desea incorporarse al tránsito. La solicitud se correlaciona con las de otros cientos de personas en la región, y cada cinco minutos son activadas nuevas rutas.

Ajustes constantes del sistema inteligente de planificación hacen en extremo eficiente viajar utilizando los rieles. Para maximizar la circulación del tráfico continuo, los de la línea este-oeste fueron por lo general elevados entre siete y diez metros sobre el nivel del suelo, mientras que otros situados entre tres y siete metros sobre la tierra cubren la circulación norte-sur. Abajo se encuentran las líneas locales y las rampas de acceso. Hasta los autobuses escolares «limpios» emplean el sistema de rieles. Como ya no tienen que esperar con el motor encendido junto al patio de las escuelas, escupiendo gases tóxicos cerca de las canchas, la ocurrencia de asma y enfermedades respiratorias ha descendido abruptamente entre los escolares.

Planes de desarrollo comunitario que integran los espacios residenciales, empresariales y comerciales han reducido aun más el tránsito de las horas pico. La mayoría de los empleados de oficinas se teletransportan desde sus hogares o caminan unas cuadras hasta un edificio vecinal de oficinas de teletransportación vía satélite, desde el cual pueden estar en contacto con sus colegas en tiempo real. En este lugar disfrutan de todos los beneficios de una oficina central y de las interacciones de un centro de trabajo, sin los inconvenientes de un largo viaje ni el desperdicio de energía.

En Estados Unidos, la producción energética se ha diversificado con relación al típico portafolio del siglo XX, que consistía en petróleo, energía nuclear y carbón. En el estado de Dakota del Norte, el ganado pasta y los agricultores cosechan a la sombra de altas turbinas eólicas. La recolección de energía solar tiene su centro en Florida, Nevada, Arizona, y Nuevo México. Pero la mayor parte de los tejados, así como muchas aceras y sendas para ciclistas de la nación cuentan con baldosas y pavimentación termoeléctricas, que surten de energía al vecindario y canalizan los excedentes a la red regional. Avanzados sistemas de baterías almacenan electricidad para los días lluviosos. Los estados costeros toman su suministro energético de las olas y las mareas. Cables superconductores y modernos microondas transfieren a las ciudades la energía sobrante. Por supuesto que se precisó una gran inversión inicial, pero los ahorros ulteriores han sido enormes.

Según las medidas de eficiencia han ido incrementando el ahorro de energía de los consumidores, la gente ha contado con más dinero para adquirir los nuevos productos tecnológicos «limpios» fabricados en Estados Unidos. En el 2020, el Sindicato de Trabajadores Siderúrgicos Unidos fue pionero de la nueva industria del desensamblaje, que suministra a los fabricantes piezas recicladas y a veces vuelve a ensamblar singulares vehículos, viviendas y sistemas de entretenimiento. El sindicato enseñó a los estadounidenses que era mucho más eficiente —y por tanto más barato— utilizar piezas descartadas para producir las nuevas. Por ejemplo, a partir del reciclaje de los antiguos automóviles tragagasolina, el gobierno federal pudo construir viviendas modernas para personas de pocos ingresos.

Pero al tiempo que continuamos reduciendo las emisiones seguimos padeciendo los efectos de una atmósfera que una vez estuvo sobrecargada de carbono. Una inversión internacional hecha a tiempo en sistemas eficientes y energía eólica y solar nos ayudó a evitar las peores amenazas potenciales del calentamiento global. No logramos, sin embargo, evitar el ascenso del nivel del mar. Los monzones que en el 2004 provocaron en Bangladesh inundaciones que alcanzaron a cubrir con agua contaminada 24% de toda la nación, no prepararon al país para las trágicas pérdidas sufridas en los últimos veinte años. La construcción de diques ha costado miles de millones de dólares a los estados norteamericanos con costas en el Golfo de México, pero también ha creado miles de nuevos empleos. Sin embargo, Florida todavía está batallando contra los esfuerzos del Océano Atlántico por convertir a ese estado en un archipiélago.

Inviernos más tibios ayudaron a que variedades tropicales de mosquitos se diseminaran por toda la nación, y propagaran el dengue y otras enfermedades. Se han incrementado las tormentas y los patrones meteorológicos severos; los hábitats de la vida silvestre han sido alterados, y los glaciares se han derretido y desaparecido. Pero en la medida en que empiezan a estabilizarte las emisiones de dióxido de carbono, la humanidad ha aprendido a exhalar su primer gran suspiro de alivio.

En las noches, los padres sacan a sus hijos al patio para que identifiquen, en medio del vasto manto de luces titilantes del firmamento, las «estrellas energéticas». Por encima de la interferencia atmosférica, estos satélites colectan los rayos solares y envían su energía a la Tierra.

Claro que, en el 2050, pudimos haber despertado a otra realidad.

El humo oscurece la distante colina. Las luces, la computadora y la música se encienden automáticamente con energía producida por plantas a base de carbón y energía nuclear.

Un vehículo le espera en la entrada de autos, pero la autopista que conduce al trabajo está congestionada y ahogada en humo. La pantalla meteorológica vaticina para esta tarde una típica ola de calor y una alerta de humo, y una nota digital le recuerda que debe pasar a comprar inhaladores antiasmáticos para los niños.

• • •

«Creo que contamos con una ventana muy breve de oportunidad para enfrentar los cambios climáticos... como máximo, si acaso un decenio».

—James Hansen,
director del Instituto Goddard
para Estudios Espaciales de la NASA, 2006.

45

Keith B. Richburg

Keith B. Richburg es un veterano reportero y corresponsal extranjero del Washington Post, *que ha dirigido las corresponsalías del diario en Manila, Nairobi, Hong Kong, y París. Durante sus diecinueve años laborando, reportó para el* Post *la guerra en Afganistán y la invasión de Irak; el comienzo de la intifada palestina en 2001; el traspaso de Hong Kong a China en 1997; la intervención de Estados Unidos en Somalia en 1992; y el genocidio de 1994 en Rwanda. Es autor de* Out of America: A Black Man Confronts Africa, *y es miembro de la organización privada Consejo de Relaciones Exteriores.*

Fechado: Dentro de cincuenta años

Me considero una persona optimista.

La segunda mitad del siglo XXI será un período de mayor prosperidad para el planeta. Los adelantos en la ciencia médica habrán prolongado la vida humana. El cáncer y el mal de Alzheimer serán condiciones tratables, y una nueva vacuna de acceso universal contra el sida (cuyos inventores, un americano y un francés, habrán compartido el Premio Nobel) habrá conducido a una explosión global de nacimientos. Esa creciente tasa mundial habrá desvanecido todas las preocupaciones anteriores en torno a una población que envejecía y pasaba a retiro sin que existiera fuerza de trabajo suficiente para sostenerla. Con gente más longeva y saludable, la vida laboral también se habrá extendido en más de diez años.

El mundo estará mayormente urbanizado, con cerca de tres cuartas partes de la humanidad concentrada en unas cien «megaciudades», encabezadas por las metrópolis chinas de Shanghai, Tianjin y Chongqing central, que habrá superado mucho antes a Detroit como capital mundial del automóvil.

Pero una nueva conciencia ambientalista, surgida a principios del siglo, habrá resultado en un desarrollo mayormente libre de las emisiones dañinas que amenazaban destruir la atmósfera. La Tierra será un lugar más limpio.

Mayor prosperidad también significará menos guerras. La mayoría de los cerca de diez mil millones de habitantes del planeta vivirá en democracias, con libertades garantizadas y más respeto universal por los derechos humanos. En muchos lugares, las fronteras parecerán anacrónicas reliquias de una generación anterior; para el 2050, Estados Unidos de África habrán seguido los ejemplos de la Unión Europea y de la Unión de Países del Lejano Oriente, facilitando en vastas áreas la libre circulación de personas, bienes e ideas. Las comunicaciones instantáneas a través del ciberespacio, y los viajes aéreos a alta velocidad, harán verdaderamente del mundo un pañuelo. Con los desplazamientos de las personas sobrevendrá el mestizaje; las «categorías» raciales y étnicas serán cada vez más irrelevantes. El mundo será un lugar mucho más multirracial, como lo es hoy, en buena medida, Brasil. La economía global estará interconectada, en la medida en que las antiguas rivalidades cedan lugar a una prosperidad planetaria compartida. Las economías de China, India, Brasil, Indonesia y Nigeria serán las mayores del mundo; Brasil, Indonesia, Nigeria, y México se habrán sumado a Alemania y Japón como nuevos miembros permanentes del Consejo de Seguridad de Naciones Unidas.

> *El mundo será un lugar mucho más multirracial, como lo es hoy, en buena medida, Brasil.*

Nuevas tecnologías para la producción de arroz permitirán que el mundo cuente con una alimentación autosuficiente. Nuevas variedades de semillas de arroz, creadas en los laboratorios filipinos del Instituto Internacional de Investigaciones del Arroz, podrán crecer en condiciones de sequía, inundaciones, o en la tierra dura y cuarteada de sitios que hoy consideramos desolados e inhóspitos.

El chino, el inglés y el español serán los tres idiomas más hablados en el mundo.

Claro que también habrá problemas. Unos cuantos nativistas en rincones aislados continuarán oponiéndose al libre movimiento de personas y a la expansión de una «raza» mundial, tildándolo de «erosión de las etnias y las distintas culturas tradicionales». Algunos idiomas que sólo hablará una menguante minoría —pienso en los del norte de Europa— correrán grave peligro de desaparecer a menos que se hagan esfuerzos concertados para salvarlos. El danés, el sueco y el holandés podrían correr la misma suerte que el galés y el celta.

En la marca del medio siglo, el entretenimiento habrá alcanzado un nivel de verdadera interactividad; desde una consola multidimensional uno se podrá insertar en las escenas de sus filmes favoritos, asumiendo los papeles de los diferentes personajes y observando cómo cambian los guiones, e interactúan en su presencia los demás actores. Yo tengo planeado asumir el papel de Rick en *Casablanca,* y compartir un romance en París con Ilsa Lund en vísperas de la invasión alemana. Eso, antes de mudarnos a Marruecos para abrir allí el Café Americain de Keith Richburg.

Y dentro de cincuenta años, 115 después de su estreno en los cines, *Casablanca* será aún considerada la mejor película de todos los tiempos.

46

Gregory A. Poland

Gregory A. Poland es profesor de Medicina, Enfermedades Infecciosas y Farmacología Molecular y Terapias Experimentales del Colegio de Medicina de la Clínica Mayo, así como director del Grupo Mayo de Desarrollo de Vacunas y del Programa de Inmunovirología y Biodefensa Translacional.

SALTOS ADELANTE Y EUREKAS

Algunos de los avances más satisfactorios y previsibles del futuro ocurrirán en el mundo de la medicina. El mejor y más inteligente pronóstico no pasa de ser eso: un pronóstico. Pero tanto la historia reciente, como una clara conciencia de la dirección actual de las ciencias y la medicina, pueden ayudarnos a esbozar una visión razonable del porvenir de la ciencia médica. Sin embargo, es necesario tener en cuenta dos premisas: 1) El rasgo distintivo de la ciencia y la medicina ha consistido en sus grandes «saltos» adelante: en sus momentos «eureka», y 2) tales avances sólo ocurren en la medida en que el público esté dispuesto a aportar los fondos indispensables para las investigaciones que nos guíen a esos descubrimientos.

Entre los grandes saltos adelante que me atrevo a prever estarán importantes avances en la prevención de enfermedades; terapias de los trastornos mentales basadas en la biología; métodos cada vez menos invasivos de obtención de imágenes, diagnóstico y tratamiento; así como la institucionalización de la medicina individualizada.

La atención médica estará concentrada en la prevención de las enfermedades, y no como ahora, en la enfermedad misma y su tratamiento. Se desarrollarán vacunas contra las afecciones que descubramos que resultan de infecciones crónicas, y también serán comunes las vacunas contra el cáncer. Enfermedades que actualmente no creemos evitables mediante vacunas, lo serán: algunas como la aterosclerosis cardíaca, la diabetes, las caries dentales, trastornos inmunológicos como el lupus y la artrosis reumatoidea, la obesidad y la esclerosis múltiple. Estos milagros llegarán en la cresta de la ola de conocimientos más profundos sobre el sistema inmunológico, y nuestra capacidad para suprimirlo, activarlo y manipularlo a discreción. Además, es muy probable que logremos prevenir el embarazo mediante la inmunización. Muchas de estas vacunas convertirán enfermedades y condiciones actualmente mortales como el cáncer en asuntos de poca monta, del mismo modo que las vacunas contra el sarampión y la viruela han eliminado virtualmente estas infecciones del léxico de los temores conocidos del hombre moderno.

Nuevos fármacos o suplementos «profilácticos» serán desarrollados para impedir una mayor progresión de los procesos fisiológicos hacia la enfermedad. Tales drogas serán seguras, efectivas, económicas y sólo se tomarán periódicamente. Se desarrollarán asimismo diferentes métodos de administración de medicamentos, como los aerosoles nasales, parches transdérmicos, gotas para los ojos e inyecciones de acción lenta, capaces de durar meses. Es posible que estas drogas ayuden a evitar la obesidad, la diabetes, la artritis, la depresión y otras condiciones, antes de que ocurran.

También serán comunes las vacunas contra el cáncer.

Importantes avances en el tratamiento de los trastornos mentales podrán ocurrir a medida que comprendamos cada vez mejor la base biológica de las enfermedades psiquiátricas y empecemos a abandonar conceptos seculares que achacan sus causas a la experiencia y la herencia familiar. Empezaremos a considerar ciertas características humanas congénitas entre los factores de riesgo para producir enfermedades en ciertas condiciones. Ya ha sido establecida la base biológica de la depresión, y cada vez más drogas serán descubiertas y prescritas para tratar con mayor precisión estos trastornos. La psiquiatría preventiva, mediante la cual las enfermedades mentales pueden evitarse antes de que se manifiesten, tendrá ascendencia y resultados en una sociedad más sana y feliz. Con el tiempo, los tratamientos de algunas de estas enfermedades serán tan fáciles y rutinarios como los de otras afecciones antes consideradas mortales y que hoy se atienden rutinariamente, como los trastornos de la tiroides y la diabetes.

Métodos nuevos y no invasivos de obtención de imágenes serán comunes, y su uso, acelerado en las áreas de diagnóstico, análisis y tratamiento. Enfermedades que hoy requieren largos procedimientos quirúrgicos invasivos se manejarán en los consultorios como procedimientos de rutina, muchos de ellos ejecutados por instrumentos robóticos sin margen de error y capaces de realizar movimientos sumamente precisos y sólo detectables mediante una gran amplificación. Por ejemplo, el tratamiento con láser de las placas de las arterias coronarias, que producen la angina, se iniciará introduciendo un pequeño catéter por una arteria de una pierna hasta los conductos coronarios, donde estas placas serían eliminadas. Con el tiempo, el tratamiento podrá realizarse inyectando en la sangre esferas microscópicas recubiertas con una sustancia de contraste, y activándolas para que disparen una ráfaga de láseres u otro tipo de campo energético una vez en el área de estrechamiento. El tratamiento tardará unos minutos, y el paciente se levantará y podrá reanudar inmediatamente sus actividades normales.

Entre los mayores retos que confrontaremos figurarán estilos de vida y conductas que se asocian con la solvencia económica: obesidad, estrés y falta de ejercicios, en una sociedad amante del ocio.

Los sistemas de obtención de imágenes para localizar tumores, áreas infectadas y otras anormalidades funcionarán con un nivel de resolución microscópico, y permitirán a los médicos ver y diagnosticar enfermedades en fases tempranas, antes vedadas para ellos. El advenimiento en este campo de modalidades como el escán PET fomentará el desarrollo de otras que nos permitirán visualizar los procesos fisiológicos en tiempo real, mientras están ocurriendo. Por ejemplo, empezaremos a reconocer funcionamientos anormales indicadores de las fases iniciales de una enfermedad o trastorno, cuando con tratamientos profilácticos se puede evitar su progresión. La esperanza de vida se alargará. En los últimos cien años casi se ha duplicado en Estados Unidos. Son posibles mayores incrementos en la medida en que aprendamos a prevenir las enfermedades en sus etapas más tempranas. Sin embargo, entre los mayores retos que confrontaremos figurarán estilos de vida y conductas que se asocian con la solvencia económica: obesidad, estrés y falta de ejercicios, en una sociedad amante del ocio. Desde la mitad hasta el final del siglo XXI el examen físico se caracterizará por un escán a profundidad de todo el cuerpo que tardará unos minutos, y requerirá una sola gota de sangre para completar los exámenes genéticos y de funciones anormales.

Por último, uno de los grandes adelantos será el establecimiento de la medicina individualizada en la práctica médica regular. El concepto de una medicina individualizada se fundamenta en permitir a los médicos que traten a sus pacientes sobre una base verdaderamente individual, precisa y específica, a partir de la admisión de que existe un espectro genético, inmunológico y fisiológico que se extiende desde «normal» hasta «anormal». Esto resulta en diferencias en la manera en que metabolizamos los medicamentos; en la probabilidad de que experimentemos efectos colaterales mínimos o severos por causa de dichas drogas; y en la de que respondamos a ellas con una terapia que consiga tratar la enfermedad identificada. De hecho ya se trabaja para permitir a los médicos evaluar simultáneamente el estado de decenas de miles de genes o actividades enzimáticas, a partir de una sola gota de sangre examinada mediante un «chip genético». Se ha puesto en práctica en el caso de genes o trastornos individuales, pero mayores avances permitirán una evaluación del genoma completo de un individuo. Los resultados de estos ensayos permitirán a los médicos aplicar con precisión la terapia exacta, al paciente indicado, en el momento adecuado, y lograr un resultado correcto, por una fracción de los costos generados en la actualidad por los tratamientos empíricos de «ensayo y error» que caracterizan la práctica médica.

47

Earl G. Brown

Earl G. Brown, quien se ha especializado en la evolución del virus de la influenza, trabaja como virólogo en el Departamento de Bioquímica, Microbiología e Inmunología de la Facultad de Medicina de la Universidad de Ottawa.

INSTANTÁNEAS DEL FUTURO EN RELACIÓN CON LAS ENFERMEDADES INFECCIOSAS: CÓMO VIVIR EN UN NUEVO MUNDO CON ANTIGUOS AZOTES

Vista a través de un cristal oscuro

Todos sabemos lo precario que resulta predecir el futuro; y la precariedad se acentúa cuando consideramos el futuro de las enfermedades infecciosas, porque los principales personajes que causan estas enfermedades, los microbios, pueden mutar. En este campo es necesario saber dónde hemos estado, y cómo llegamos allí, para poder conocer adónde vamos. Aunque nuestra comprensión científica está mejorando, apreciamos sólo parcialmente las complejidades de las enfermedades infecciosas y sus promotores. Mirar a través de este cristal nos revela que los microbios cambian rápidamente como respuesta a un entorno cambiante, y que la tendencia a un mayor hacinamiento de los seres humanos con los animales refuerza la génesis de agentes patógenos dañinos.

El futuro: ¿cómo llegamos a él desde aquí?

Por los círculos de especialistas en enfermedades infecciosas hace sus rondas una broma macabra que dice que el siglo XIX fue seguido por el XX, y que a este le seguirá una edad de oscurantismo. Y el problema es que estamos perdiendo la batalla contra las enfermedades infecciosas, ¿Cómo es posible que esto ocurra en una época de tamaño progreso científico? En general, las enfermedades infecciosas están evolucionando a velocidades de vértigo, y socavando así nuestras medidas de control. Como las vacunas y los fármacos actúan mediante el acoplamiento de compuestos a las superficies microbianas, la selección natural obra en los microbios para que muten y se hagan más resbaladizos. Una alternativa es que pueden debilitar nuestras trampas atacando nuestra capacidad para entramparlos. Los microbios son prestidigitadores de las mutaciones, y reinan a voluntad en un mundo cambiante. En un ambiente de vacunas y medicamentos antimicrobianos, tendrán que hacerse más resistentes a estas terapias. De modo que el futuro sólo traerá más de la antigua carrera armamentista, pero fabricaremos municiones mejores y más inteligentes, mientras que los gérmenes continuarán bloqueando e interfiriendo la expansión de nuestro arsenal. Este es un juego peligroso, que seguramente no cambiaremos hasta que se haga obvio que no tenemos otro remedio, y ese momento podría estar acercándose.

En el futuro intentaremos moldear y cambiar el ambiente de modo que queden fuera los microorganismos resistentes y peligrosos. Como la mayoría de las más novedosas infecciones humanas proviene de los animales, debemos concentrarnos en los factores ambientales que afectan las interacciones entre los seres humanos y las poblaciones animales. Un promotor constante de la evolución de los microbios hacia una elevada virulencia es la densidad demográfica. Los dos factores que impulsan su rápida evolución son un ambiente alterado (por ejemplo, un nuevo fármaco o vacuna) y la mayor cercanía entre las personas. Esto es exacerbado por la tendencia global a la urbanización, especialmente en Asia, donde cada megalópolis está rodeada por granjas-fábricas que suministran los alimentos a los ciudadanos. Las instalaciones de producción intensiva de animales producen la carne más barata, pero desafortunadamente estas fábricas de carne son también «fábricas de enfermedades», un concepto patentado por Paul Ewald, pionero en el campo de la evolución de las enfermedades infecciosas. Por ejemplo, el altamente patógeno virus H5N1 de la gripe aviar fue generado en granjas-fábricas del sudeste de Asia.

Y puede que el hecho de crear una fábrica de enfermedades no sea tan evidente. Es el caso de los hospitales modernos, los que se supone que sean «fábricas de tratamiento de enfermedades»; sin embargo, el índice de infecciones adquiridas en nosocomios crece alarmantemente. En la actualidad cada persona que es internada en un hospital tiene un 15% de probabilidades de adquirir allí una infección. Aunque los hospitales son los lugares mejor preparados para administrar tratamiento médico, están generando infecciones sumamente virulentas, ya que los afectados por las peores infecciones llevan consigo al hospital los peores gérmenes, y estos se hacen fuertes allí. Se establece así un ciclo que es necesario romper. Microorganismos altamente virulentos y resistentes a los antibióticos se establecen continuamente en nuestros hospitales, lo cual ha resultado en la popularización de nombres de microorganismos como VRE, MRSA y *C. difficile*. Y lo peor es que la propagación en la comunidad de estos endurecidos agentes nos amenaza actualmente a todos.

¿Dónde hemos estado y cómo llegamos aquí?

En la historia, los temores a las pestes están bien fundamentados, puesto que una y otra vez poblaciones humanas han sido asoladas y diezmadas por las epidemias. En algunas de las eras más oscuras, como la de la Europa abatida por las plagas en el siglo XVII, la esperanza de vida se redujo a una media de veinticuatro años. Por fortuna, importantes adelantos tecnológicos en los últimos doscientos años han prolongado radicalmente las expectativas medias de vida; entre las más notables, la teoría del origen microbiano de las enfermedades, que condujo a una mejor higiene; y avances más recientes en materia de vacunas y desarrollo de antibióticos.

Esto motivó al Inspector General de Sanidad de Estados Unidos a declarar en 1967 la victoria en la guerra contra las enfermedades infecciosas. Fue una declaración harto optimista, ya que el estado actual de esa batalla comprende el surgimiento constante de nuevas enfermedades, y la resurgencia de las más antiguas. Pero en 1967 veían a través de un prisma color de rosa, gracias a los entonces recientes avances tecnológicos, especialmente los del nuevo campo de la virología, que habían acelerado la investigación y desarrollo de fármacos y vacunas. El azote de la viruela, que mataba cada año a millones de personas, estaba a punto de ser erradicado mediante la inmunización. La epidemia de poliomielitis debida en los años 1950 al virus de la polio, y que cobró las vidas de muchos y a otros les dejó paralíticos, se convirtió en un recuerdo gracias al rápido desarrollo, a falta de una, de dos vacunas desarrolladas respectivamente por Salk y Sabin. Se fabricaban vacunas contra la mayoría de las enfermedades típicas de la infancia; la de las paperas se estrenó en 1967, y ayudó a prevenir la segunda causa infecciosa más común de la sordera. Los padres suspiraron aliviados, y la gente se subía con ansiedad las mangas de la camisa para artillar a sus sistemas inmunológicos contra las infecciones. Además, la ciencia médica había generado numerosas clases y fórmulas de antibióticos para tratar con efectividad la mayoría de las infecciones bacterianas.

Contábamos con «todas» las soluciones y parecía que las enfermedades infecciosas dejarían de ser un problema, entonces, ¿qué salió mal? ¿Por qué regresan ahora fortalecidas las viejas enfermedades infecciosas, y por qué vemos surgir otras nuevas?

Una generación más tarde, nuestros antibióticos y vacunas están fallando. El VIH irrumpió desde lo intrincado de la naturaleza para infectar a sesenta millones de personas, y nuevos agentes patógenos (como el SARS-CoV y la tóxica bacteria *E. coli*) se presentan a razón de uno cada año.

La respuesta radica en la tasa de reproducción. Los seres humanos sólo se reproducen en ciclos de treinta años, mientras que los microbios pueden hacerlo cada treinta minutos. El tamaño importa, y de la noche a la mañana surgen poblaciones de miles de millones de gérmenes. Es difícil identificar, en medio de un océano de mutaciones fortuitas, aquellas que a razón de una cada mil millones confieren resistencia a los gérmenes; y sin embargo, cuando existen 10.000 millones de microorganismos, se han producido diez mutaciones, cada una de las cuales eleva la resistencia o la virulencia.

El futuro: Combatir el fuego con fuego

En una nota más optimista, dentro de cincuenta años estaremos cosechando las recompensas de hazañas científicas avanzadas, cuando dominemos el poder de los microorganismos para combatir las enfermedades. Curaremos los distintos tipos de cáncer con bacterias y virus terapéuticos diseñados para atacar específicamente a los tumores. Al utilizar terapias microbianas, enfrentaremos a nuestros aliados contra los que causan las enfermedades, a fin de protegernos contra la infección. De modo que combatiremos el sida con un virus antiVIH actualmente hipotético y que no crece en las células sanas, solamente en las infectadas con VIH, para destruirlas o, en su lugar, impedir la infección de las saludables. Además recibiremos transplantes o reforzamientos del sistema inmunológico, administrados mediante inyecciones para combatir o prevenir las enfermedades; de manera que en lugar de articular una respuesta inmunológica para curar una infección, nos saltaremos ese paso y obtendremos la inmunidad directamente a través de la jeringuilla. La vacunología habrá progresado lo suficiente para cerrar el paso a enemigos actualmente intratables como el VIH y el virus de la hepatitis C.

Una vez que se haya reconocido que la mayoría de las enfermedades crónicas son causadas por infecciones, nos podremos vacunar contra las del corazón y el cáncer. Serán descubiertos nuevos agentes infecciosos, así como las propiedades de los microbios que causan las enfermedades, bien por separado o en combinación, y que antes no asociábamos con enfermedades que se manifestaban mucho después. Otras inmunizaciones controlarán los virus y bacterias que causan la obesidad, el mal de Alzheimer, el autismo y muchas otras enfermedades autoinmunes.

> *Curaremos los distintos tipos de cáncer con bacterias y virus terapéuticos diseñados para atacar específicamente a los tumores.*

Se obtendrán importantes avances en la predicción del potencial patógeno de los microorganismos, y la susceptibilidad de los seres humanos a las enfermedades. Esto se derivará de nuestra nueva capacidad para leer, como si fueran libros, los genomas (información genética) de los seres humanos y de los microbios. La historia clínica reflejará susceptibilidades, capacidades e historias biológicas. Seremos capaces de predecir quién tendrá más probabilidades de contagiarse y quién sufrirá complicaciones más graves.

El diagnóstico rápido será cosa de rutina.

Se desarrollarán los antibióticos y los agentes antiinfecciosos, entre ellos, tipos totalmente nuevos, y también incluirán terapias basadas en los genes en las cuales porciones de ADN o ARN (un primo más frágil del primero, pero con capacidad de ataque) se utilizarán para combatir los agentes infecciosos.

Otras inmunizaciones controlarán los virus y bacterias que causan la obesidad, el mal de Alzheimer, el autismo y muchas otras enfermedades autoinmunes.

Usted podría preguntarse por qué continuamos utilizando soluciones inclinadas al fracaso y comparables con curitas de alta tecnología. La respuesta es que estas tecnologías salvan vidas. Y si bien sería mejor prevenir mediante el control del entorno, aún necesitamos seguir tratando peligrosas infecciones. El truco consiste en no inutilizarlas mediante el abuso y el uso excesivo.

Jugar con fuego y salir quemado

Aunque contaremos con muchas nuevas capacidades para combatir las enfermedades, también tendremos que enfrentar más amenazas de los microbios. En consecuencia, la humanidad seguirá enfrentándose a un mundo microscópico agresivamente cambiante, en el que encontraremos enfermedades infecciosas nuevas y más virulentas, debido al auge de la urbanización y la alta densidad en la cría de animales. Aprenderemos a pronunciar nombres como dengue, chikungunya, y los de otros virus ahora exóticos, una vez que se hayan convertido en agentes patógenos internacionales. Los virus de la hepatitis se designan por ahora con las letras desde la «A» a la «E»; para los nuevos, tendremos que echar mano a otras cinco letras del abecedario.

Todas las vacunas de primera generación habrán fracasado y solamente utilizaremos las de «tercera generación» y terapias a base de combinaciones de medicamentos, para retardar el desarrollo de mayor resistencia por parte de los agentes patógenos. La tuberculosis (TB) regresará al mundo desarrollado más agresiva, en variantes de alta virulencia y resistencia a las drogas, como la extremadamente resistente (XDR) que ahora asoma su fea cabeza entre los pacientes de sida en muchos países.

Las gripes estacionales humanas se volverán más agresivas, y por lo menos una nueva pandemia de influenza ocurrirá antes del 2058, pero el índice de mortalidad será moderado y no afectará significativamente el crecimiento de la población global.

Habrán surgido muchos nuevos agentes patógenos del sistema respiratorio, que causan neumonías atípicas similares a la SARS, y producirán breves pandemias; las numeraremos en orden consecutivo; por ejemplo, SARS-II–III, etc. Los bioterroristas adquirirán la capacidad para producir gérmenes patógenos que sólo atacarán a personas con tipos particulares de genes, abriendo las puertas para la elaboración de agentes biológicos diseñados contra sus enemigos. Pero esta será aún una actividad riesgosa, menos efectiva en la medida en que la población mundial se confunda como una sola mestiza.

Las relaciones entre los sexos continuarán siendo riesgosas, con el surgimiento de más enfermedades de transmisión sexual, y otros tipos de contactos humanos serán restringidos; los estrechones de manos y otros contactos de piel a piel se reservarán para los familiares. Las poblaciones humanas se volverán más susceptibles a infecciones severas a medida que continúen incrementándose las cifras de los que viven con enfermedades crónicas o sistemas inmunológicos suprimidos, a consecuencia de enfermedades como el sida, y siga en aumento la terapia de trasplantes. Hospitales específicos atenderán las enfermedades infecciosas, y no habrá tolerancia alguna respecto a las infecciones adquiridas en instalaciones hospitalarias. Y si se lo estaba preguntando, sí, va a costar más; aunque menos que las alternativas impuestas por la espiral de infecciones adquiridas en hospitales. Si no se dan grandes pasos en el campo de las enfermedades de los animales, habrá que sopesar el seguir comiendo carne frente a los riesgos que implica para la sociedad de la generación y transmisión de enfermedades. La enfermedad de las vacas locas y otras provocadas por priones (proteínas infecciosas) habrán diezmado los rebaños de animales salvajes y domésticos, conduciendo a una declinación en el consumo de carne. Las fuentes no animales de esta última serán más populares, incluyendo las carnes libres de gérmenes producidas mediante biotecnología e ingeniería genética.

La tendencia predominante será la de una agricultura local sostenible en pequeña escala.

El futuro como presente

Simultáneamente, continuaremos viviendo en el mejor de los tiempos y en algunos de los peores. El debate se centrará en cómo detener la carrera armamentista cada vez más mortal entre los microbios y los seres humanos. Habremos llegado a entender que en lo que respecta a las enfermedades infecciosas (para parafrasear a nuestro 41º presidente) «¡Es el medio ambiente, estúpido!». Y para citar al Pogo de Walt Kelly: «Hemos conocido al enemigo: Somos nosotros mismos», de donde identificamos el problema y trabajamos con él desde su fuente. Desde los tiempos primigenios, toda la vida en este planeta ha estado coexistiendo con los microbios y ha sido conformada por las interacciones con ellos. No podemos aislarnos, pero sí podemos conformar una simbiosis que beneficie mutuamente la continuación de nuestra mutua supervivencia.

48

Carol Bellamy

Carol Bellamy prestó servicio cómo directora ejecutiva de la UNICEF y fue la primera ex voluntaria en dirigir los Cuerpos de Paz. Actualmente es presidenta y ejecutiva principal de World Learning, una organización internacional sin fines de lucro con operaciones en 77 países, y que promueve la ciudadanía mundial por medio de una educación basada en la experiencia y su trabajo a favor del desarrollo con base comunitaria.

LA ERA DEL CIUDADANO DEL MUNDO

Durante mis diez años al frente de la UNICEF fui testigo en múltiples ocasiones de las trágicas consecuencias de no proteger a los más inocentes y vulnerables. A nivel personal, siempre recuerdo más intensamente las historias individuales de privaciones y los rostros de las jóvenes víctimas, lo que me provoca a la vez sentimientos de indignación y de esperanza.

Al contemplar la brecha entre las naciones ricas y las naciones pobres, la explotación de los niños como esclavos sexuales o soldados, o la diseminación de la guerra y el genocidio, no veo en estos problemas la inevitabilidad de sufrir, sino una crisis de liderazgo y las consecuencias de no haber tomado las decisiones necesarias. Durante mis años de servicio en las Naciones Unidas, pude verificar una y otra vez que la persistencia de la pobreza no es algo gratuito; la guerra no surge de la nada; el VIH y el sida no se propagan en formas incomprensibles para nosotros. Estas son nuestras decisiones, y en la mayoría de los casos no hemos tomado las mejores. Necesitamos hornear una generación de líderes nuevos y compasivos que emprendan las acciones necesarias y tomen las decisiones difíciles que los líderes de hoy con tanta frecuencia prefieren aplazar.

¿Cómo hacerlo? La respuesta podría comenzar por una noción muy simple: enviar a los jóvenes al extranjero para que aprendan sobre sí mismos, así como sobre su mundo y su lugar en él.

En World Learning, la organización que ahora dirijo, enviamos cada año al extranjero a 3000 jóvenes embajadores para caminar entre la diferencia y ver el mundo a través de los ojos de otros. Siempre que conozco a los jóvenes líderes que han sido transformados por estos y otros programas similares, con nuevas habilidades y una nueva capacidad para entender a los menos afortunados y ayudarles de corazón, me siento optimista y llena de esperanza en relación con el futuro.

Entre estos jóvenes líderes figuran estudiantes universitarios como Sara Franklin, que regresó recientemente de Sudáfrica, donde completó nuestro programa de estudios en el extranjero. Sara escribió acerca de su experiencia allí: «Puedo decir con certeza que he sido transformada permanentemente por lo que he visto, por las personas que he conocido y las reflexiones resultantes del tiempo que he pasado aquí. Mi criterio de que las personas deben unirse para luchar unas por otras, esa bondad y ese compromiso de priorizar a los que más necesidad tienen, han llegado a colorear cada conversación que sostengo, y cada fugaz pensamiento sobre lo que podría hacer con el resto de mi vida».

Mi visión en torno a una nueva era de liderazgo —una era que podría llegar a llamarse la «Era del ciudadano del mundo»— empieza, modestamente, por enviar a más jóvenes como Sara al extranjero cada año para hacer contacto a través de las culturas y las religiones, compartir el techo y las comidas, y realizar nuestra común humanidad. Según esta visión, para el año 2058 todos los jóvenes habrían completado este viaje, bien a través de las fronteras nacionales, o de las divisiones étnicas, o de un continente a otro. El éxito se mediría no por los kilómetros recorridos, sino por los grados de ilustración alcanzados. Se convertiría en una especie de rito de iniciación global.

Los ciudadanos del mundo tocados por esas experiencias compartirán un conjunto de cualidades clave de liderazgo, que actualmente escasean bastante:

- Serán más propensos a ver la diversidad como algo enriquecedor, no amenazante;

- Entenderán la íntima relación entre los actos locales y sus impactos globales;

- Sentirán compasión y responsabilidad por quienes son ajenos a sus tribus, religiones, partidos políticos y fronteras;

- Serán tan tolerantes de las opiniones de los demás como intolerantes ante el sufrimiento humano, dondequiera que este ocurra; y

- Serán excelentes escuchadores y maestros de la comprensión.

«En la era del ciudadano del mundo», reflexionarán los historiadores del futuro, «los líderes eran menos propensos a hacer la vista gorda ante la injusticia. Tenían una mayor inclinación a poner rostro a los que no tenían rostro, y a dar voz a quienes no podían expresarse. Cuando estaban en riesgo vidas inocentes, no dudaban en actuar con audacia y compasión».

Así me gustaría que fuera este planeta dentro de cincuenta años. Entonces sería un mundo al que podría llamar, con orgullo, mi hogar.

49

James Canton

James Canton es ejecutivo principal y presidente del Directorio del Instituto de Futuros Globales, y autor de The Extreme Future: The Top Trends That Will Reshape the World for the Next 5, 10 and 20 Years *y de* Technofutures: How Leading-Edge Innovations Will Transform Business in the 21st Century. *Apodado «el Gurú Digital» por CNN y «Doctor Futuro» por Yahoo, es una autoridad en materia de tendencias futuras en la innovación.*

Unas palabras del «Doctor Futuro»

Como futurólogo que asesoro a instituciones en todo el mundo, mi trabajo consiste en preparar mejor a líderes y organizaciones para lo que nos aguarda, incluidos los riesgos y las oportunidades. A menudo se trata solamente de hacer que las personas piensen en el porvenir como una larga narración de posibilidades que se presentan y en cuyo desenlace ellas pueden influir. Mi investigación sobre los horizontes del futuro está dividida en fases según el número de años: a corto plazo, o de uno a tres años; a mediano plazo o de cinco a diez; y a largo plazo, cuando se trata de un período de más de diez años. Los conocimientos que he acumulado también me recuerdan que el futuro no nace de un solo campo, sino de una convergencia de tendencias relacionadas con los estilos de vida, la salud, la economía o la seguridad, por sólo mencionar algunas. Este enfoque holístico, de relación entre las partes y el todo, me ha sido muy útil en mis pronósticos.

La población es uno de los puntos inevitables. En la década del 2050 al 2060 estaremos sustancialmente preocupados por la cantidad de habitantes del planeta y dónde vivirán.

Consideremos primero la cantidad de habitantes: se espera que para entonces más de 9.000 millones de seres humanos convivan sobre la tierra. Necesitaremos una cuidadosa planificación y un uso justo de la tecnología para reforzar la capacidad de transporte de cargas en nuestro planeta y alimentar, vestir y alojar a todas estas personas. En la actualidad, una sexta parte de la población del mundo no ha visto nunca un vaso de agua limpia. No podemos darnos el lujo de que en el futuro 3.000 millones de personas se encuentren en esa categoría. La gran pregunta sobre las tendencias del porvenir es si la capacidad de transporte de cargas de nuestro mundo alcanzará a cubrir las necesidades de una población en explosivo crecimiento. Debemos prepararnos para el futuro ahora.

Y ¿dónde vivirá tanta gente? Es probable que existan para entonces entre doscientas y trescientas megaciudades, tres de cada cuatro en áreas costeras donde los riesgos de tormentas, inundaciones, etc., serán extremos en el futuro año 2040. Al mismo tiempo, es razonable esperar una división, que podría incluso describirse como un cisma en ciernes, entre las envejecidas economías desarrolladas —Estados Unidos, Europa, Japón y, quizás para entonces, China— donde la tasa de crecimiento demográfico es contenida por valores compartidos y políticas gubernamentales, y el mundo en vías de desarrollo —África, Latinoamérica y los demás países de Asia— caracterizado por un estallido de personas jóvenes y una clase media en desarrollo. Agregue a esa ecuación el hecho de que de los 1.300 millones de habitantes que posee China hoy, casi la mitad tiene menos de veinticinco años.

El auge del poder político y económico de China, que muchos han estado siguiendo atentamente, es sólo un elemento en el significativo realineamiento de las naciones-estados. Está surgiendo una nueva superpotencia llamada a poner en juego una nueva dinámica en las relaciones internacionales. Creo que una íntima colaboración entre el Occidente y Asia deberá ser una fuerza en favor de la seguridad, la estabilidad y el progreso futuro de todo el planeta. Pero queda mucho trabajo por hacer para facilitarla. Necesitamos cruzar la frontera cultural de sospechas y temores que amenaza esta vital visión del porvenir.

Otro tema clave es el de la pobreza y la guerra: van de la mano. Vivimos hoy en un mundo en el que se libran en cualquier momento de quince a veinte «microguerras». Dentro de cincuenta años, sencillamente no podremos tolerar ese nivel de conflicto. Para entonces, la demanda de agua y otros recursos naturales habrá crecido drásticamente. Nuestra comprensión actual de los cambios climáticos debe ofrecernos suficiente aviso de que para problemas como estos no existen remedios instantáneos. Cuando uno considera el peligro de futuras guerras a partir de los pronósticos de clima extremo, pobreza y conflictos por recursos naturales, empieza a aceptar que no hay curas mágicas que puedan garantizar la paz y la seguridad sin que antes se operen considerables cambios y se establezca una mayor cooperación entre las naciones. Los desafíos a los que la humanidad se enfrenta son cuando menos temibles.

Necesitamos entre veinte y cincuenta años de planificación y desarrollo, y un público que exija líderes capaces de pensar en términos estratégicos y holísticos. Yo diría que este es el mayor reto que enfrentaremos: el de elegir a líderes idóneos y valientes, con visiones audaces del futuro.

El PIB global crece hoy a razón de entre 3% y 4% anual. Dentro de cincuenta años *tendrá* que crecer entre 7% y 10% para marcar el paso con los cambios en la población mundial. La innovación es el promotor clave del crecimiento tanto para el mundo desarrollado como para el mundo en vías de desarrollo, y cuenta con cuatro bloques de construcción específicos: tecnología informática, ciencias biológicas, nanotecnología (el rediseño de la materia a nivel atómico), y neurotecnología. La tecnología avanzada creará empleos, seguridad y progreso para un mundo hambriento de innovaciones. Son estas últimas las principales impulsoras de la economía mundial, y podría añadir que también la paz y la seguridad. La innovación va de la mano de la democracia. Mientras más naciones abracen este sistema —libertad de pensamiento, de mercado, de empresa— menos serán las guerras, la pobreza y los conflictos. La pugna entre las democracias movidas por la innovación y las dictaduras fundamentalistas religiosas o seculares, definirá el porvenir del planeta en el siglo XXI.

Si bien puede advertirse —lo cual espero— que gracias a las innovaciones derivadas de su industria Estados Unidos deberá recuperar una posición de liderazgo global no sólo en materia de seguridad, sino también de educación, ciencia y salud, también es cierto que las decisiones que en adelante tomemos deberán estar motivadas por el bienestar de todo el planeta. La controversia en torno al Protocolo de Kyoto, atascada en la discusión sobre quiénes contaminan y cuánto, es un magnífico ejemplo de cómo no se debe razonar. Un razonamiento correcto indica que debemos unirnos para buscar solución al problema. Las naciones desarrolladas deben ayudar a las subdesarrolladas para que puedan también marcar el paso. Reprenderlas por sus niveles de contaminación no es la respuesta. Lo verdaderamente productivo es desarrollar incentivos que les indiquen que el cese de la polución resultará en su acceso a las innovaciones. En esencia, el futuro del mundo está demandando un nuevo Plan Marshall.

También somos presas de un razonamiento incompleto en el frente de la salud, y sus efectos dentro de cincuenta años podrían ser desastrosos. Están aquellos que insisten en que el creciente costo de la atención a la salud podría llevar a la bancarrota los programas del gobierno. La cuestión no es si podemos costear o no la salud pública; la cuestión estriba en si podemos transformarla para que todos sean atendidos.

Por más de treinta años hemos sabido que con cambios en el estilo de vida se puede simultáneamente salvar vidas y aliviar la carga sobre la sociedad. Sin embargo, aún no contamos con buenos incentivos para que los individuos asuman la responsabilidad de su propio estado de salud. Los costos *van a seguir subiendo*, no importa si el sistema es la medicina socializada o la atención supervisada. Estoy seguro de que, no dentro de cincuenta años, sino de diez, el sistema tendrá que cambiar. Por lo tanto necesitamos:

- Acordar que el cuidado de sí mismo es el eslabón clave que falta, y diseñar programas educativos e incentivos para incrementar radicalmente la responsabilidad individual. Cada uno de nosotros debe conocer su genoma personal y ser capaz de predecir su salud futura.

- Optimizar nuestro potencial para el uso de nuevos descubrimientos médicos, comunicando los factores potenciales de riesgo y enfocados en tecnologías que no sirvan sólo para tratar, sino también para prevenir las enfermedades.

- Estar conscientes de que enfrentamos un elevado riesgo de futuras epidemias, basado en la confluencia de un aumento de los viajes; en una población en rápido crecimiento en áreas donde se confrontan problemas con las fuentes de agua y alimentos y las personas están en estrecho contacto con aves y otros animales; y en las probables mutaciones de diversas enfermedades (con la resultante resistencia al tratamiento).

- Reconocer que el terrorismo global podría golpear en algún momento a nivel biológico, y buscar las vías para crear un mundo donde la estabilidad social y el entendimiento internacional contrarresten el impulso de mutilar y matar al prójimo.

Las cifras de seres humanos que velan unos por otros deben mejorar, y tengo la esperanza de que así sea. Es demasiado fácil predecir el futuro y olvidar que también podemos —y debemos— conformarlo. Todos podemos llegar a un acuerdo para asumir los riesgos necesarios a fin de condicionar los desenlaces de manera que beneficien a la humanidad como un todo. Tenemos la oportunidad de crear un futuro próspero, productivo y pacífico. Necesitamos planear mejor y concebir un porvenir que nosotros mismos hayamos diseñado, y no uno que dejemos al azar. Nos hace falta coraje para crear soluciones que miren al futuro. Necesitamos acoger la innovación y la democracia para todos. Les exhorto a enfrentar los retos del futuro preparándonos mejor hoy.

50

Douglas Osheroff

Douglas Osheroff, profesor de Física y Física Aplicada en la Universidad de Stanford, compartió el Premio Nobel de Física en 1996 por el descubrimiento de la superfluidez en el Helio-3.

ALGUNAS ADVERTENCIAS, ALGUNAS PREOCUPACIONES Y UN LLAMADO AL LIDERAZGO

El futuro al que nos enfrentaremos dentro de cincuenta años, o diez, será significativamente afectado por nuestra capacidad para lidiar con las crisis. Ya existen varias crisis a nuestras puertas, y vemos otras venir. En lugar de discutir si ya están ocurriendo u ocurrirán, nuestra tarea es enfocarnos en lo que debemos hacer.

En términos de inmediatez, yo señalaría primero el calentamiento global. La situación es en potencia letal (o quizás ya lo es). Aunque la humanidad en su conjunto consume ahora más petróleo del que se descubre, se hacen muy pocos esfuerzos para desarrollar formas no convencionales de combustibles fósiles, por no hablar de las fuentes alternativas de energía. Continuar en este curso, desestabilizará al mundo en formas diversas, a saber:

- Tenemos ahora mismo suficiente carbón pero, si lo usamos sin límite alguno, acabaremos estropeando sin remedio nuestra atmósfera.

- La capa de hielo sobre Groenlandia, que ha estado allí durante millones de años, está cambiando en forma apreciable y aterradora, y existe la real posibilidad de que se derrita totalmente.

- No podemos predecir qué hará la humanidad si, como se teme, los cambios en el clima llegaran a desecar grandes áreas actualmente dedicadas a la agricultura o estas acabaran bajo el agua del mar. Podemos esperar, sin embargo, efectos colosales a corto plazo, que resultarían en masivas pérdidas de vidas.

Los niveles crecientes de dióxido de carbono en nuestra atmósfera no son la única razón por la que debemos frenar nuestro consumo de combustibles fósiles. El petróleo en particular es una materia prima valiosa con múltiples usos industriales. A medida que agotamos nuestros depósitos naturales de minerales, de los cuales derivamos metales como hierro y el aluminio, debemos depender cada vez más de los plásticos en la construcción, y estos se producen a partir del petróleo.

Un segundo asunto que dará forma al futuro, quizás con menos inmediatez, pero no menos importancia, es el del entendimiento global. Después de enorgullecerse durante la mayor parte de su historia de su condición de «caldero donde todo se mezcla», Estados Unidos continúa abriendo las puertas a una sociedad cosmopolita. Muchas clases de trabajos en nuestro país son cubiertos por trabajadores foráneos que se encuentran aquí tanto legal como ilegalmente. Mis colegas científicos y yo estamos al tanto de los numerosos asiáticos que trabajan en nuestros laboratorios de investigaciones, cubriendo plazas tecnológicas y de ingeniería. Pero el terrorismo potencial no es la única razón por la cual es importante entender a otras culturas. Y lo que es más, a medida que las fronteras nacionales sucumben a los mercados globales, necesitamos medios confiables para lograr que la supervivencia del planeta adquiera tanto relieve como la prosperidad económica y las comodidades de sus criaturas. Es fácil, por ejemplo, acusar a China de utilizar carbón como combustible. Pero es más difícil asimilar que gran parte de ese carbón se utiliza para producir bienes que el mundo entero está consumiendo.

Un tercer problema es el del crecimiento demográfico. La población del mundo, que ya se encamina a los 9.000 millones de habitantes, está agotando los recursos hidrológicos y alimentarios del planeta, por no hablar de las comodidades que tanto codiciamos. Y sin embargo la distribución de la riqueza está lejos de ser uniforme, mientras que es un hecho reconocido que las personas con menos educación y peor calidad de vida tienen los más altos índices de reproducción. Debemos asumir nuestras responsabilidades en lo que respecta a compartir la educación, la tecnología y el potencial de prosperidad.

Hay quienes afirman que dentro de cincuenta años estaremos en camino de ofrecer una solución (parcial al problema de la población mediante el desarrollo de los viajes espaciales. Son ideas peligrosas. El nuestro es el planeta más hospitalario del sistema solar. Si queremos invertir en el futuro de la humanidad, tenemos que hacerlo aquí).

¿Cuál será el futuro del transporte? Esta actividad es responsable del consumo de gran parte del petróleo mundial. Ciertamente, podemos incrementar una o dos veces la eficiencia de los automóviles, pero no sin cambios sustanciales en su tamaño y forma. El transporte aéreo parece estar llegando, sin embargo, a los límites de lo posible, si se consideran sus limitaciones económicas y físicas. Resulta interesante considerar por qué fracasó el Concorde. No fue porque no cumpliera lo que prometía hacer, sino porque al final no resultó económicamente competitivo. También parece improbable que la tecnología *scram jet* vaya a producir una revolución en los viajes aéreos, aunque sí podría conducir a medios más baratos de colocar objetos en órbita terrestre. Pero el uso excesivo de esta compleja y costosa tecnología depositaría óxido nítrico en las capas altas de la atmósfera, aumentando la amenaza a la capa de ozono. En pocas palabras, el esperanzador mantra que leemos a la entrada de Epcot Center en Disney World —«Si puedes soñarlo, puedes hacerlo»— se vuelve cada vez más difícil de interiorizar.

Las industrias de la electrónica y las comunicaciones todavía se sostienen con los avances del siglo XX. Puede que la Ley de Moore aún viva, pero no goza de buena salud. Necesitamos nuevas tecnologías capaces de hacer más, en menos tiempo, y generando menos calor por cada vuelta completa del reloj, que nunca antes. La promesa de las comunicaciones a través de la fibra óptica es real, pero continúa ofreciendo más de lo que el consumidor necesita o está dispuesto a apoyar. No obstante, parece claro que en los próximos cincuenta años podemos y debemos esperar nuevas revelaciones en los campos de la cibernética y las comunicaciones.

Por último, aunque no me describiría como una persona políticamente activa, mi preocupación por el futuro, basada en acontecimientos recientes en Estados Unidos, me ha llevado a manifestar más mis preocupaciones. Obviamente, el calentamiento global plantea por sí mismo una urgencia, pero hay otra legión de problemas: el hecho de que Estados Unidos no desempeñe un papel de líder en nuestros esfuerzos por reducir las emisiones de gases de efecto invernadero; la guerra en Irak y su espurio génesis; objeciones políticas y religiosas (aunque no científicas) a las investigaciones con células madres; el conflicto aparentemente más profundo entre la derecha religiosa y la ciencia; todo esto es motivo de preocupación para mí. Añádale el hecho de que nuestros medios de comunicación estén siendo controlados por un número cada vez más pequeño de personas muy ricas y poderosas, y comprenderá por qué también me preocupan los propios procesos políticos sobre los cuales descansa nuestra democracia.

Arribar dentro de cincuenta años a un futuro que todos podamos disfrutar requiere que escojamos líderes bien informados, visionarios y conscientes. Espero que lo logremos.

51

Lyman Page

Lyman Page es cosmólogo y profesor de física en la Universidad de Princeton, donde mide las variaciones de temperatura espaciales en el trasfondo de microondas cósmico, la luminiscencia residual térmica del «big bang».

Cómo se incrementará nuestro conocimiento

Permítanme tomarme unos minutos para decir dónde estamos antes de adivinar dónde podemos estar dentro de cincuenta años. Mi rama particular de la física y la astronomía, llamada cosmología. Estudiamos la estructura a gran escala del universo. Durante los últimos quince años, hemos detectado la edad del universo en 13,7 mil millones de años hasta dentro de una incertidumbre de doscientos millones de años, casi el tiempo en que los dinosaurios caminaban por la tierra. Ahora sabemos que el universo está compuesto por sólo 4% de las cosas de las que estamos hechos nosotros, 22% de algún tipo de materia nunca vista en la Tierra y 74% de algún tipo de fuerza o energía que debe encontrar aún una explicación en cualquier teoría fundamental de la naturaleza. Sabemos mucho acerca del universo, pero hay claramente preguntas importantes que pueden llevar cincuenta años contestar.

Nuestras nociones del cosmos han evolucionado enormemente a lo largo del último siglo. Si bien todos saben que la tierra gira sobre su eje y orbita al sol, demasiados pocos valoran que el sol orbite el centro de nuestra galaxia (la Vía Láctea) y que haya cien mil millones de galaxias como esta que son como pequeñas islas en un vasto océano del espacio. Dando un paso hacia atrás, hace cincuenta años, la cantidad de personas en la cosmología podía contarse con las dos manos. Ninguno de ellos podría haber predicho que el campo florecería como lo ha hecho. Ahora hay muchos miles involucrados y la ciencia hasta se presenta en los textos de la escuela secundaria.

Dentro de cincuenta años esperamos que los no científicos tengan una imagen tan clara de la estructura a gran escala y de las obras del universo como la tienen del sistema solar hoy día. Uno anticipa que dicho conocimiento se filtrará en nuestra sociedad en formas tal vez no diferentes a los discernimientos de Copérnico.

Dentro de cincuenta años, creo que la física «fundamental» se realizará en forma diferente. El último siglo ha visto un increíble avance en nuestro entendimiento de los bloques fundamentales de construcción de la naturaleza. En la mayoría de los casos, la certeza de nuestro conocimiento se basa en la capacidad de manipular algún aspecto de la naturaleza y luego en observar las consecuencias. En otras palabras, en la capacidad de hacer un experimento. Un claro ejemplo de esto es la ciencia de aceleradores de partículas o «aplastadores de átomos». Las partículas chocan innumerable cantidad de veces y nosotros observamos las consecuencias.

Una nueva tendencia en las ciencias ha comenzado a prender y supongo que estará en plena fuerza dentro de cincuenta años. Cada vez más miramos al cosmos como observadores pasivos para probar nociones fundamentales de cómo funciona la naturaleza. Nuestra certeza de que verdaderamente comprendemos algo nuevo y profundo en la naturaleza no provendrá de la capacidad de predecir el resultado de un experimento cuyos parámetros podemos regular, sino en cambio en la certeza de que provendrá de una vasta red de observaciones superpuestas y entretejidas que pueden explicarse con sólo una cantidad limitada de suposiciones (si tenemos suerte). Esta es una nueva forma de hacer ciencia fundamental.

Probablemente tendremos telescopios nuevos que rutinariamente observen crestas en el tiempo del espacio, ondas gravitacionales, de estrellas que chocan o agujeros negros.

No es difícil imaginar que dentro de cincuenta años conoceremos las velocidades y posiciones de todas las 100.000.000.000 de galaxias en el universo observable. Probablemente tendremos telescopios nuevos que rutinariamente observen crestas en el tiempo del espacio, ondas gravitacionales, de estrellas que chocan o agujeros negros. Otros pueden estar buscando ondas gravitacionales del «*big bang*». También puede haber múltiples variedades de detectores subterráneos que capten nuevas formas de la materia mientras la tierra barre a través de ellos en su órbita alrededor del centro galáctico.

Las tecnologías desarrolladas para estas búsquedas encontrarán sus caminos en la vida cotidiana. Ya anticipamos que estaremos observando todos los objetos celestes cercanos para ver si potencialmente pueden chocar contra la tierra. Como otro ejemplo, las tecnologías para mirar en el cosmos ya están preparadas para verificar si los reactores nucleares no están produciendo materiales de grado de armamentos.

Uno espera que los campos más ricos científicamente dentro de cincuenta años estén en zonas que no han sido descubiertas o que ahora apenas se reconocen. Sin embargo, podemos estar seguros de que estaremos iluminados a través de ese aspecto indomable del espíritu humano que nos impulsa a buscar nuevos fenómenos y comprender la naturaleza con mayor profundidad.

52

Carol M. Browner

Carol M. Browner fue administradora de la Environmental Protection Agency, donde abogó por soluciones sensatas y eficaces para los retos de salud pública y ambientales más apremiantes del mundo. Ahora funge como jefe de The Albright Group LLC, una firma global de estrategia.

APRENDEREMOS NUESTRA LECCIÓN

Tengo mucha de esperanza de lo que nuestro mundo podría ser en cincuenta años a partir de hoy. Ante todo, creo que habremos aprendido nuestra lección acerca del daño causado por la falta de atención y de acción al medioambiente. Ya no elegiremos líderes que creen que si hacemos la vista gorda a los problemas ambientales, simplemente se desvanecerán. En cincuenta años, habremos dado pasos significativos para abordar lo que creo es el asunto de salud pública y medioambiental más apremiante que nuestro país, y el mundo, alguna vez ha enfrentado: El cambio climático.

Soy optimista en cuanto a que Estados Unidos se dará cuenta de que su verdadera posición es como líder en la protección de la salud y la continuidad de nuestro planeta. Habremos logrado una legislación nacional para frenar el caldeamiento global, una medida que cubrirá casi todas las fuentes humanas de emisiones de gas productor del efecto invernadero. Una legislación a la vez fuerte y aplicable, y que incluirá un programa nacional de crédito comercial por emisiones. El resultado será una reducción significativa en las emisiones del gas productor del efecto invernadero en nuestro país.

Finalmente, nos uniremos en un convenio internacional en relación con el cambio climático. Ya no seremos el país que enfrenta los problemas mientras los demás miran. El mundo se habrá comprometido a eliminar las emisiones que provocan el calentamiento global por lo menos en un ochenta a noventa por ciento en países desarrollados y por lo menos a la mitad en todo el mundo.

En cincuenta años también habremos aprendido que hay una ventaja económica si hacemos lo correcto con el ambiente. Aunque habrá gastos asociados con la reducción de emisiones, esos costos serán menores de lo previsto. La ingeniosidad estadounidense nos ayudará y descubriremos nuevos métodos para reducir las emisiones de gas que provocan el efecto invernadero sin socavar nuestra economía. Seremos menos dependientes de los combustibles fósiles y más innovadores desarrollando y comercializando fuentes alternativas de energía.

Soy optimista en cuanto al mundo que tendremos dentro de cincuenta años. Los individuos, los negocios y los países a través del globo harán su parte para que tengamos un planeta limpio, seguro y sano. Les daremos esta tierra a nuestros nietos en la forma en que se nos dio, de este modo se nos recordará por nuestra responsabilidad, no seremos despreciados por nuestro egoísmo, por las generaciones venideras.

53

Richard Dawkins

Richard Dawkins, FRS, es un biólogo evolucionista de la Universidad de Oxford. Autor de nueve libros, entre los que se incluyen The Selfish Gene *[El gen egoísta] y* Destejiendo el arco iris.

EL FUTURO DEL ALMA

En cincuenta años, la ciencia habrá matado el alma. ¡Qué cosa tan terrible y desalmada! Pero sólo si lo entiende mal (algo que hacemos con facilidad). Hay dos significados, alma-1 y alma-2, superficialmente confundibles pero profundamente diferentes. Las siguientes definiciones del *Oxford English Dictionary* expresan lo que llamo alma-1:

> *La parte espiritual del hombre que se considera sobrevive después de la muerte, y que es sensible a la felicidad o el sufrimiento en un estado futuro.*

> *El espíritu separado del cuerpo de una persona difunta se considera como una entidad separada y como investido de cierta cantidad de forma y personalidad.*

El alma-1, el alma que la ciencia va a destruir, es sobrenatural, separada del cuerpo, sobrevive la muerte del cerebro y es capaz de ser feliz o sufrir aun cuando las neuronas sean polvo y las hormonas se desequen. La ciencia va a liquidar a esa piedra muerta. El alma-2, sin embargo, nunca será amenazada por la ciencia. Al contrario, la ciencia es su gemela y su sirvienta. Estas definiciones, también tomadas del *Oxford English Dictionary*, comunican varios aspectos del alma-2:

> *El poder intelectual o espiritual. El elevado desarrollo de las facultades mentales. También, en algo debilitado, sentido de manera profunda, sensibilidad.*

> *El asiento de las emociones o los sentimientos; la parte emocional de la naturaleza del hombre.*

Einstein fue un gran exponente del alma-2 en la ciencia, y Carl Sagan fue un virtuoso. *Destejiendo el arco iris* es mi propia modesta celebración. O escuche al gran astrofísico indio Subrahmanyan Chandrasekhar:

> *Este «estremecerse ante lo bello», este hecho increíble de que un descubrimiento motivado por una búsqueda después de lo bello en las matemáticas debería encontrar que su exacta réplica en la naturaleza, me persuade a decir que la belleza es eso a lo cual la mente humana responde en su más profundo y de lo profundo.*

Ese era el alma-2, el tipo de espiritualidad de la que la ciencia va en busca y anhela, y del cual nunca será separada. El resto de este artículo se refiere sólo al alma-1. El concepto de alma-1 está arraigado en la teoría dualística de que hay algo inmaterial en la vida, algún principio vital no físico. Esta es la teoría según la cual un cuerpo humano tiene que estar animado por un ánima, vitalizado por una fuerza vital, energizado por alguna energía misteriosa, espiritualizado por un espíritu, hecho consciente por una cosa o sustancia mística llamada conciencia. No es accidental que todas esas caracterizaciones del alma-1 sean razonamientos circulares. Julian Huxley memorablemente satirizó la «*élan vital*» de Henri Bergson proponiendo que una locomotora trabaja por *élan locomotif* (casualmente, es un hecho lamentable que Bergson es todavía el único científico en ganarse el Premio Nobel de literatura). La ciencia ya ha golpeado y debilitado al alma-1. Dentro de cincuenta años la extinguirá por completo.

Cincuenta años atrás, sólo comenzábamos a tratar términos en el ensayo del año 1953 de Watson y Crick en *Nature,* y pocos se dieron cuenta de su pasmoso significado. La de ellos se vio no más que como una ingeniosa hazaña de cristalografía molecular, mientras su última frase («No hemos dejado de darnos cuenta de que la dualidad específica que hemos postulado de inmediato hace pensar en un posible mecanismo duplicador para el material genético») fue simplemente subestimación lacónica expresada con gracia. Retrospectivamente podemos ver que llamarle así a esta declaración fue en sí la madre de las subestimaciones.

Antes de Watson-Crick (un científico contemporáneo le dijo a Crick: «Pensaba que su nombre era Watson-Crick») esto fue posible por un destacado historiador de ciencia, Charles Singer, al escribir:

... A pesar de las interpretaciones en su contra, la teoría del gen no es una teoría «mecanicista». El gen no es más comprensible como entidad química o física que lo que lo es la célula o, respecto a esto, el organismo en sí... Si busco un cromosoma vivo, es decir, la única clase eficiente de cromosoma, nadie me lo puede dar excepto en sus circundantes medios vivos de la misma forma que me puede dar un brazo o una pierna vivos. La doctrina de la relatividad de funciones es tan verdadera para el gen como lo es para cualquiera de los órganos del cuerpo. Existen y funcionan sólo en relación con otros órganos. De modo que la última de las teorías biológicas nos deja donde comenzamos, en presencia de un poder llamado vida o psique que no es sólo de su propia clase sino único en cada una y en todas sus manifestaciones.[1]

La biología se está volviendo una rama de la informática. El gen Watson-Crick es un hilo unidimensional de información lineal, que difiere de un archivo de computadora sólo por la condición insignificante de que su código universal es cuaternario, no binario. Los genes son cuerdas aislables de datos digitales, pueden leerse fuera de los cuerpos vivos o muertos, pueden escribirse en papel y guardarse en una biblioteca, listos para usarse de nuevo en cualquier momento. Ya es posible, aunque costoso, escribir su genoma entero en un libro, y el mío en un libro casi idéntico. De aquí a cincuenta años, los genomas serán tan baratos que la biblioteca los alojará completos de tantos miles de especies como queramos. Esto nos dará el árbol genealógico de toda la vida de manera final y definitiva. La comparación sensata, en la biblioteca, de los genomas de cualquier par de especies modernas nos permitirá un intento válido de reconstruir a su ancestro común extinto, en especial si también ponemos en la mezcla computacional los genomas de sus contrapartes ecológicas modernas. La ciencia embriológica estará tan adelantada que podremos clonar un representante de ese ancestro que viva y respire. ¿O quizá de Lucy la Australopitecina? Tal vez hasta de un dinosaurio. Y para el año 2058 será juego de niños bajar de su estante el libro que lleve su nombre, escribir su genoma en un sintetizador de ADN, introducirlo en un huevo del que se extrajo el núcleo y clonarse a sí mismo, su gemelo idéntico pero cincuenta años más joven. ¿Será una resurrección de su ser consciente, una reencarnación de su subjetividad? No. Ya sabemos que la respuesta no es porque los gemelos monocigóticos no comparten ninguna identidad subjetiva. Pueden tener intuiciones misteriosamente similares, pero no piensan que uno sea el otro.

Del mismo modo que Darwin a mediados del siglo XIX desbarató el argumento del «diseño», y lo mismo que Watson y Crick a mediados del siglo XX destruyeron todos los disparates místicos acerca de los genes, sus sucesores de mediados del siglo XXI desbaratarán el disparate místico de las almas separadas de los cuerpos. No será fácil. La conciencia subjetiva es innegablemente misteriosa. En *How the Mind Works* [Cómo funciona la mente], Steven Pinker elegantemente expone el problema de la conciencia, y se cuestiona de dónde viene y cómo se explica su existencia. Luego es lo bastante franco como para decir: «Yo no sé cómo». Eso es sincero y me hago eco de ello. No sabemos. No lo comprendemos. Aún. Pero creo que lo haremos, algún día antes del año 2058. Y si lo hacemos, ciertamente no serán los místicos o los teólogos quienes solucionarán este el más grande de todos los acertijos, sino los científicos; tal vez un genio solitario semejante a Darwin, pero más probable que sea una combinación de neurocientíficos, científicos de computadoras y sabios filósofos de la ciencia. El alma-1 morirá de una muerte tardía y sin lamentos a manos de la ciencia, lo cual ocurrirá durante el proceso en que lancemos el alma-2 a alturas inimaginables.

54

Peter Marra

Peter Marra es un científico investigador del Smithsonian Migratory Bird Center del Parque Zoológico Nacional y un destacado investigador en el tema de la ecología del ave migratoria.

UNA MIRADA A VUELO DE PÁJARO DE LOS PRÓXIMOS CINCUENTA AÑOS

Típicamente les dejo las predicciones del futuro a los astrólogos y los meteorólogos. Pero ya que tengo dos niños pequeños que tendrán cincuenta y seis años de edad y cincuenta y dos dentro de cincuenta años, parece un ejercicio razonable considerar las condiciones ecológicas bajo las cuales vivirán.

Desde la temprana edad de cinco años supe que quería estudiar a los animales. Gasté muchas horas en lanzarles piedras a las salamandras, ponerles trampas para conejos, cazar ranas y tortugas, y observar a las aves. Esa pasión finalmente se convirtió en mi carrera, aunque la mayor parte de mis energías hoy se dirigen al estudio de las vidas de las aves migratorias. Aunque me aproximo (me parece que más rápidamente cada año) a los cincuenta, me mantengo tan curioso y tan apasionado hoy como cuando era un niño. Para este pequeño ensayo, tomaré prestado de mis experiencias como ornitólogo, ecologista y biólogo ocupado en la conservación para examinar los pasados cincuenta años y usar este análisis para conjeturar sobre lo que podrían traer los próximos cincuenta años.

Durante los últimos cincuenta años hemos cambiado el ambiente de la tierra a una velocidad asombrosa. Hemos transformado nuestro hábitat natal en tierras suburbanas y urbanas a una velocidad de aproximadamente trescientos sesenta y cinco acres por hora, hemos seguido emitiendo productos químicos dañinos en nuestro medioambiente, dando como resultado mutaciones genéticas, alteraciones endocrinas y otros efectos imprevistos, hemos agotado especies nativas de peces como el bacalao del Atlántico y el pez espada, y hemos contribuido a la disminución de varias especies de pájaros cantores migratorios. También hemos trasladado agentes patógenos como el virus del oeste del Nilo, la gripe aviar y la malaria alrededor del globo, muchas veces inadvertidamente por medio del intercambio comercial.

Debido mayormente a la influencia humana, durante el último medio siglo la tierra ha experimentado un aumento general de las temperaturas del aire y de la superficie de aproximadamente 0,5° C con temperaturas más calientes en las latitudes templadas. Este cambio global de clima está derritiendo rápidamente los glaciares, aumenta el número de tormentas severas y las sequías, y afecta de manera adversa las comunidades de plantas y animales alrededor del mundo.

Debido a varios factores, las poblaciones de aves, en particular, han menguado y en algunos casos han llegado a extinguirse. Globalmente hay aproximadamente 9.775 especies de aves y las estimaciones recientes proyectan que 1.212 de ellas están amenazadas con la extinción. Esa es una quinta parte de todas las especies existentes de aves. Nuestra habilidad para identificar factores *específicos* que afectan las poblaciones de aves está limitada, pero es claro que el desarrollo de actividades antes citadas es primordialmente responsable. La eliminación del hábitat natural como bosques y praderas se piensa que es primariamente responsable de la disminución de muchas poblaciones de aves cantoras.

La captura excesiva del fundamental pez de presa y la directa mortalidad causada por las grandes industrias pesqueras han provocado un significativo número de víctimas entre las aves marinas. El intercambio comercial y su papel en la introducción accidental de agentes patógenos como la malaria aviar y el virus del oeste del Nilo alrededor del mundo, incluso en Estados Unidos, han dado como resultado la extinción completa de algunas especies de aves en varias islas y las reducciones severas en la población de varias especies de aves en áreas del continente. Por último, las aves en particular han mostrado una variedad de respuestas a nuestro cambiante clima, que incluyen reproducción más temprana, distribuciones extendidas y acontecimientos de la vida fuera de tiempo.

Lo que no está claro es cómo estos agentes de cambio global continuarán afectando a las poblaciones de aves en el futuro. Claramente el curso de los acontecimientos no es bueno. Algunos científicos calculan que podemos perder 10% o más de nuestras especies de aves en los próximos cincuenta años. Aunque tales predicciones no son exactas, se deberían ver como conservadoras para asegurarnos de la protección de la biodiversidad al máximo. Nuestra habilidad para predecir qué ocurrirá en los próximos cincuenta años con especies como las aves depende, en parte, de nuestra habilidad para identificar cómo y en qué grado cada uno de estos factores y otros causan que las poblaciones de aves disminuyan o aumenten. En la actualidad tenemos sólo una comprensión elemental de los factores que limitan y en última instancia regulan las poblaciones de aves. Tal comprensión es vital para nuestra habilidad en proteger a las poblaciones de estos animales maravillosos de disminuciones precipitadas o aun de extinciones.

> *Algunos científicos calculan que podemos perder 10% o más de nuestras especies de aves en los próximos cincuenta años.*

Muchas otras preguntas ecológicas quedan sin respuesta completa por las limitaciones tecnológicas. En los próximos cincuenta años, predigo que los avances tecnológicos nos permitirán dar enormes pasos en nuestra comprensión del mundo natural. Esto incluye, por ejemplo, identificar las áreas geográficas específicas hacia y desde las cuales las aves individuales emigran. De la mayoría de los animales no sabemos en la actualidad dónde los migratorios individuales invierten su entero ciclo anual. Al no saber dónde invierte una especie particular su ciclo anual entero nos impide muchísimo nuestra capacidad para proteger por completo la especie, entender la mayoría de los aspectos de su ecología y evolución y comprenden su habilidad para contribuir, por ejemplo, al movimiento de enfermedades contagiosas. El problema se encuentra en el hecho de que los animales mismos son muy pequeños y las distancias que recorren tan grandes para la tecnología actual. Creo que en los siguientes cincuenta años esta tecnología se desarrollará, proporcionando las respuestas a muchas preguntas críticas acerca de la migración y los animales que muestran este comportamiento espectacular.

Claro que las limitaciones en la tecnología serán sólo uno de los mayores retos para asegurarnos que las condiciones ecológicas bajo las cuales nuestros hijos y los hijos de nuestros hijos vivirán no sean lúgubres. La voluntad política para ocuparse de estos retos es, quizá, nuestro impedimento más grande a superar en los próximos cincuenta años. Tal vez los avances tecnológicos durante los últimos cincuenta años, como la computadora personal, la Internet, la navegación espacial y otros, los cuales incrementan nuestra capacidad para comunicarnos y percibir el mundo como relacionado entre sí, aumentará nuestra voluntad de actuar para proteger el medioambiente. Sinceramente espero esto. Por supuesto, también es crítico reconocer el otro lado de esta moneda: La mayoría de estos avances tecnológicos también aumentarán nuestra habilidad para continuar explotando y dañando los recursos de la tierra.

Quiero que mis nietos experimenten la naturaleza como yo. Si la voluntad política existe para proteger nuestro ambiente en los siguientes cincuenta años, soy optimista en pensar que así será. Los ecosistemas y sus especies son manejables. Los ecólogos restauracionistas y los biólogos de especies en peligro nos han mostrado que las especies y sus hábitats pueden ser restaurados desde condiciones extremas. La perca rayada, los pájaros canoros de Kirtland y los *ferrets* de patas negras son ejemplos excelentes de especies que han estado a punto de desaparecer y han resurgido con fuerza.

> *Quiero que mis nietos experimenten la naturaleza como yo.*

La sociedad humana está aprendiendo a responder a la crisis medioambiental que hemos creado un tanto sin darnos cuenta. Algunos cambios están ocurriendo pero no lo bastante rápido que debían. Necesitamos un incremento en el compromiso de la ciencia educativa e iniciar a los niños en su ambiente natural como parte del currículo de cada día. Los humanos son animales inteligentes, pero ¿seremos lo bastante inteligentes para evitar la ironía extrema de contribuir a nuestra propia extinción? ¿Dónde estaremos dentro de cincuenta años? Estaremos donde decidimos. Por mi parte, decido trabajar con todas mis fuerzas para proteger nuestro ambiente natural a fin de que mis hijos y los hijos de ellos puedan disfrutar al aire libre como lo hice yo.

55

Nsedu Obot-Witherspoon

Nsedu Obot-Witherspoon es director ejecutivo de The Children's Envi-romental Health Network, una institución no lucrativa nacional cuya misión es proteger al niño y al feto de los peligros medioambientales de la salud y promover un ambiente saludable.

EL CAMBIO GLOBAL DEL CLIMA Y NUESTROS NIÑOS

Tengo la siguiente visión para los próximos cincuenta años.

El cambio global del clima es actualmente visto por muchos en la comunidad de la salud pública como el asunto relacionado con la salud medioambiental más grande de nuestro tiempo. Al ver el más reciente informe del Panel Internacional del Cambio del Clima, hay casi unanimidad científica de que el cambio global del clima está ocurriendo, causado o exacerbado por las actividades humanas, y que los efectos en la salud humana y el bienestar son potencialmente muy serios. En estos informes, los niños son vistos como particularmente sensibles. Sin embargo, sus vulnerabilidades y sus efectos específicos en la salud aún no han sido completamente determinados en un documento o informe al respecto. Las autoridades responsables en Estados Unidos no tienen una comprensión completa del enorme efecto que el cambio global del clima puede tener sobre la salud de niños, nacional y mundialmente.

Sabemos que algunos de los efectos principales y directos en la salud del cambio global del clima incluyen: 1) Pérdidas de vidas humanas y trauma durante inundaciones, tifones, tormentas, huracanes y otros desastres naturales. 2) Aumento de la mortalidad y morbosidad debido a enfermedades isquémicas del corazón, enfermedades respiratorias y enfermedades del sistema nervioso, los riñones y otras durante el calor sofocante. Los efectos indirectos en la salud incluyen: 1) El aumento de enfermedades contagiosas y de origen parasitario debido al incremento de las lluvias. 2) El alto riesgo de infecciones intestinales debido a la falta de abastecimiento de agua limpia y de sistemas de saneamiento. 3) El aumento de la mortalidad y morbosidad debido a las partículas presentes en el aire y otros contaminantes del aire durante los incendios forestales. A nivel mundial, otros asuntos como la emigración forzada, el aumento del hambre, la pobreza, el crimen, la seguridad de alimento y el acceso limitado a los recursos que incluyen la tierra cultivable y el agua, tendrán un efecto en todos los miembros de la sociedad. Todos estos efectos potenciales tienen resultados enormes para los niños hoy como dentro de cincuenta años.

Referente a algunos de los asuntos medioambientales tradicionales de salud de los niños, espero que veremos una disminución del envenenamiento con plomo de la niñez debido al decaimiento de la mayoría de las casas construidas antes de los años 1970 y a las campañas para crear conciencia en el público que destacan la relación entre el envenenamiento con plomo y la exposición a pintura con plomo. Por desdicha, veremos el aumento de casos diagnosticados con cáncer y cánceres de niños específicamente. Una razón grande para esta tendencia lo será el uso de pesticidas en las comunidades agrícolas, exponiendo primero a los trabajadores, que luego llevan los productos químicos a casa y a sus familias. Continuaremos viendo más relaciones entre la ciencia emergente y los resultados de la salud, en particular en relación con el asma y la obesidad epidémica.

Por desdicha, veremos el aumento de casos diagnosticados con cáncer y cánceres de niños específicamente.

Pronto nos acercaremos a un momento donde la cobertura universal de asistencia médica será la única opción para los costos del cuidado de la salud, la longevidad de los ancianos y la severidad de las dolencias. Creo que el desarrollo de un registro médico —tanto para el asma como para los problemas de aprendizaje— son vitales e inevitables. La diversidad demográfica será un gran beneficio y una realidad, mejorando la manera global en que nos vemos y nos relacionamos los unos con los otros. Los niños de todas las clases socioeconómicas, de todas las etnias y lugares sacarán provecho de una variedad de investigaciones medioambientales pediátricas de salud que será transferida al público en general. Específicamente, el National Children's Study nos proporcionará una cantidad increíble de vinculaciones de salud entre la infancia y el medioambiente como nunca antes fuimos testigos. Opino que el estudio actual será seguido por subsiguientes estudios pronto.

Los niños son nuestro futuro, pero desafortunadamente si continuamos en los diversos caminos citados antes, dentro de cincuenta años las generaciones más jóvenes seguirán llevando, cada vez más y más, vidas no saludables comparadas con las generaciones que les antecedieron.

56

William H. Meadows

Bill Meadows es presidente de The Wilderness Society, cuya misión es proteger y conservar las zonas de la naturaleza salvaje y sin carreteras en Estados Unidos, que incluye el Arctic National Wildlife Refuge y los bosques nacionales.

UN CAMINO DE REGRESO A LA NATURALEZA SALVAJE

Estados Unidos es una nación forjada del caos de la naturaleza salvaje. Cuando los pioneros se esforzaron para civilizar un paisaje con horizontes al parecer ilimitados, colocando desperdicios en los bosques indomados del Este y las praderas vastas del Oeste, cambiaron la forma de un país y las vidas de sus pueblos nativos. Irónicamente, la naturaleza salvaje que doblegaron fue también la fuente primaria de sostenimiento para sus vidas precarias. Aun la destrucción continúa y ha persistido sin menguar por casi dos siglos y medio.

Hoy la mayor parte de nuestra tierra virgen ha desaparecido y la porción que queda existe primordialmente en zonas designadas por el Congreso dentro del sistema de tierras públicas federales. La disminución de estos esenciales parajes es tanto el legado del desarrollo no controlado como un signo de lo que nos hemos convertido. En nuestro entusiasmo descuidado por conquistar la naturaleza salvaje, abandonamos nuestra relación con la tierra y dejamos de comportarnos como ciudadanos responsables en la comunidad de la vida.

Mi sueño es que dentro de cincuenta años habremos encontrado nuestro camino de nuevo y habremos resurgido como una nación completamente comprometida con la protección de su patrimonio de tierra salvaje, una aspiración que no está fuera de nuestro alcance. La historia nos ha mostrado el poder transformante de una idea cuyo tiempo ha llegado.

El movimiento de derechos civiles experimentó un momento decisivo en agosto de 1963, cuando Martin Luther King, hijo, se paró en los peldaños del Lincoln Memorial y evocó su sueño de igualdad y justicia en Estados Unidos. Sin duda la conciencia colectiva cambió de rumbo esa tarde de verano cuando incontables afroamericanos encontraron nueva esperanza para el futuro y comenzaron a pensar diferente acerca del lugar que les correspondía.

En cincuenta años, cuando rebasemos el punto medio del siglo XXI, creo que el pueblo estadounidense habrá hecho suya una nueva conciencia acerca del mundo natural, una radicalmente distinta de la del pasado cuando se emanciparon corazones y mentes de indiscutible racismo de los años 1960 y por completo se terminaron los últimos restaurantes sólo para blancos. Podremos recordar esos días en el amanecer del nuevo siglo y preguntarnos si el año 2007 fue el punto de retorno, el momento esencial cuando ocurrió un cambio radical en la manera de pensar acerca del medioambiente.

El cambio del clima nos ha cambiado. No hay quizás ejemplo más sombrío de nuestra falta de relación con el mundo natural que el calentamiento global. Con la evidencia cada vez mayor de que las emisiones de carbono estaban socavando la salud del planeta, despreocupadamente continuamos alimentando nuestra adicción descabellada a la energía. No es de sorprenderse que muy pocos puedan recordar alguna vez cuando algo de la naturaleza estuvo en contacto son sus vidas estresadas y vacías. (Si hubo una relación entre los seres humanos y el mundo natural, probablemente estaba empacado y puesto en el estante de la tienda de comestibles.) Pocos actuaron para ocuparse del problema de clima, sentándose de forma complaciente en nuestro bote de la vida al que le entraba el agua por todos lados.

Pero una cosa divertida ocurrió en el camino al desastre. Por mucho que lo intentamos, la cantidad extraordinaria de información acerca del impacto mundial del calentamiento global fue simplemente demasiado generalizada para ignorarla. No por más tiempo los inocentes quedaron sin culpa, las personas de cada posición social repentinamente comenzaron a aceptar su complicidad en el asunto del cambio del clima. Si una ética nacional de conservación en toda la extensión de la palabra no nació la noche en que el documental *An Inconvenient Truth* [Una verdad inconveniente] ganó un premio de la Academia de Arte Cinematográfico, ciertamente las semillas de tal posibilidad fueron sembradas. Millones de activistas nuevos florecieron casi de la noche a la mañana.

Para los que amamos la naturaleza salvaje, este cambio de actitud marcaba un momento educativo, la extraña oportunidad para hablar de los indisolubles lazos de la humanidad con el mundo natural. Con la ventana en el calentamiento global bien abierta, las personas podrían ver cómo crecieron y se esparcieron los tentáculos de sus decisiones medioambientales, invadiendo aun los rincones más escondidos del planeta.

Este fue el momento cuando, según las palabras del gigante conservacionista Aldo Leopold, nuestro país tuvo la oportunidad de aceptar un nuevo imperativo ético hacia el medioambiente. Estoy convencido de que captar la magia de este momento creará el medio para la acción. «Todas las éticas», destacó Leopold, «descansan en una sola premisa: Que el individuo forme parte de una comunidad de partes interdependientes… La ética terrestre simplemente amplia los límites de la comunidad para incluir tierras, aguas, plantas y animales, o colectivamente, la tierra».

En esto se encuentra la más importante y simple aspiración del movimiento conservacionista para el año 2050 y más allá: Experimentar un cambio fundamental en la conciencia colectiva de este país, la cual manifiesta en el fiel respeto hacia la tierra y unos con otros.

Esta es una visión nueva para Estados Unidos. Imaginamos a un mundo donde la conservación de la naturaleza salvaje se haya vuelto una preocupación fundamental para nuestro pueblo que trabaja activamente para sustentar el paisaje. «El verde» se ha vuelto representativo de la mayoría y los electores de forma regular apoyan a los candidatos que respaldan la conservación. No dependeremos por más tiempo de los combustibles fósiles, somos los nuevos pioneros estadounidenses que han explorado los sitios inexplorados de la energía renovable y del carbón y hemos encontrado soluciones en la mitigación, la energía alternativa, el secuestro del carbón y hemos transformado nuestros estilos de vida. Se ha evitado la crisis del calentamiento global.

El cuerpo fundamental de normas, leyes y prácticas de presupuesto que afectan nuestra tierra base reflejan un cargo evidente: Primero, proteger el recurso.

Los gobiernos locales, desde los pequeños pueblos hasta las capitales de estado, han hecho de la preservación de las tierras vírgenes una prioridad. Honran el legado de la tierra y determinan las regulaciones para negocios y de zonificación de manera consecuente.

Las especies ya no se vuelven extintas, porque las criaturas salvajes tienen suficiente hábitat y libertad de movimiento para desarrollarse. Desde el bosque hasta el océano, las poblaciones vigorosas de plantas y animales propios del lugar prosperan en vastos ecosistemas protegidos. Una red a escala nacional de tierras salvajes, con doscientos millones de acres de tierra designada por el gobierno federal como naturaleza virgen, sustenta la tierra salvaje a través de Estados Unidos.

Los visitantes, desde el año 2007 que vean hacia abajo, desde el espacio, notarán un cambio notable en el paisaje. Está verde. Una trama complicada de áreas naturales se extiende desde el extremo norte de Maine hasta Baja California, y desde el Círculo Polar Ártico hasta los cayos de la Florida. Esta continuidad de la naturaleza salvaje se extiende desde parques en centros de la ciudad hasta espacios abiertos suburbanos, verdes caminos municipales, enclaves rurales, ríos escénicos, corredores del hábitat de la fauna silvestre, sitios de conservación y en áreas vírgenes prístinas.

Los incontables acres están físicamente conectados. Otros muchos forman un tapiz que ha estado trenzado por los hilos de fauna silvestre migratoria. La cultura, la tradición y la recreación se entrelazan en todos los corazones del pueblo estadounidense. Entrelazadas en medio de este mosaico que se expande cada vez más hay prósperas comunidades cuyos ciudadanos tienen el compromiso de sustentar los sistemas naturales. Ellos saben que un medioambiente saludable es esencial para una economía robusta y lo consideran un deber cívico.

En nuestro mundo, la naturaleza salvaje perdura. Las corrientes de agua corren puras desde las montañas hacia los ríos debajo, regando la tierra y a quienes dependen de esto. Es un mundo donde los seres humanos adoptan sus papeles como ciudadanos iguales en la gran comunidad de la vida, con la seguridad de que están inseparablemente asociados al mundo natural, una relación que comienza en el umbral de cada casa y se extiende en todas las direcciones a los vecindarios y pueblos. Todo ello a través de linderos artificiales y, en los campos, los bosques, las montañas, los desiertos y los ríos que son la preocupación común de todos.

57

Lawrence M. Krauss

Lawrence M. Krauss es físico teórico y director del Center for Education and Research en cosmología y astrofísica en Case Western Reserve University. Es autor de numerosos éxitos de ventas que incluyen: The Physics of Star Trek *[La física de Star Trek],* Historia de un átomo *y más recientemente,* Hiding in the Mirror *[Cómo ocultarse en el espejo].*

EL MUNDO FUTURO:
EL MAL, EL BIEN Y LO DESAGRADABLE

Las predicciones acerca del futuro por lo general están erradas, ya que tienden a no tomar en cuenta los desarrollos inesperados pero profundamente nuevos que cambian la manera de comportarse los humanos, como es el caso del desarrollo de la Internet en los años de 1980. No obstante, tomando prestado de Charles Dickens, me siento confiado que el futuro será tanto lo mejor de todos los tiempos como lo peor de todos los tiempos.

Organizaré mis predicciones alrededor de una variedad de temas y subtemas, centrados alrededor del mal, el bien y lo desagradable.

El mal:

1. El calentamiento global: Toda la evidencia no sólo parece indicar que el calentamiento global inducido por el hombre es real, sino que estamos rápidamente acercándonos a un tiempo cuando viviremos en un

planeta que es fundamentalmente diferente al planeta con vida que había alcanzado éxito en los pasados 500.000 años. Habrá cambios dramáticos del clima que levantarán los niveles del agua por lo menos en metros durante los próximos cincuenta años, desplazando quizás a mil millones de personas que viven cerca del nivel del mar en los países más pobres en el mundo. El impacto directo del calentamiento global en los climas más al norte (y al sur) es menos evidente. No hay duda que algunas zonas se beneficiarán, debido al aumento de la producción agrícola, pero las presiones sobre el primer mundo serán muy fuertes debido a la devastación causada en el tercer mundo.

2. La energía: Los próximos cincuenta años serán el período durante el cual la fuente de energía del mundo, por necesidad, cambiará del petróleo y el gas a alguna otra. Anticipo que la tecnología satisfacerá el reto de encontrar nuevas y renovables fuentes de energía. Sin embargo, el reto para satisfacer de energía al mundo del año 2058 será a pesar de todo abrumador y la transición será dura. Con una población global de más de diez mil millones de personas, la energía necesaria para permitirle a toda la humanidad lograr un nivel de vida como el que ahora tenemos en occidente requeriría una central eléctrica de un nuevo Gigawatt cada día por más de cuarenta años. Eso no ocurrirá. Aprenderemos de manera dramática a reducir nuestro consumo neto de energía o podemos esperar que el mundo se divida en naciones que tienen energía y naciones sin fuentes de energía, la cual reflejará esta división del GNP.

3. Terrorismo nuclear y guerra nuclear: El mundo ha durado sesenta años sin el uso de armas nucleares en tiempo de guerra, desde las explosiones de Nagasaki e Hiroshima. Pero las superpotencias poseen más de veinte mil armas nucleares y ellas proliferan en todo el mundo. Es así difícil concebir que los terroristas no tendrán en algún punto acceso a un arma nuclear rudimentaria, la cual usarán. Tal explosión no destruirá a la humanidad, pero no está claro si podría servir como la chispa de una mayor guerra nuclear.

El bien

1. La medicina y nuestra comprensión científica de la vida: Se ha dicho que el siglo XXI será el siglo de la biología, como el siglo XX lo fue para la física. En efecto, pienso que los dos campos principalmente se unirán, cuando comencemos a entender los procesos que impulsan la vida a niveles atómicos y moleculares. Confío que no sólo comprenderemos el origen de la vida y lo recrearemos en el laboratorio dentro de cincuenta años, sino que también redefiniremos por completo lo que la vida es, controlando muchos de los procesos que rigen la manera en que sobrevivimos como individuos y especies. La medicina conquistará muchas enfermedades existentes y extenderá considerablemente las expectativas de vida. Claro que estos desarrollos tendrán efectos profundos sociales y éticos, y cómo manipulamos esos logros determinará si el futuro se parecerá al Nuevo Mundo Valiente o a Star Trek.

2. La inteligencia de la computadora: No veo obstáculo para mejoras continuadas en la tecnología de la computadora, conduciendo finalmente a las máquinas inteligentes y conscientes de sí mismas. A diferencia de Ray Kurzweil, dudo que esto ocurrirá dentro de treinta años, pero cincuenta años es una posibilidad. Una vez que esto ocurra, el futuro de la inteligencia en el planeta cambiará para siempre. Las máquinas inteligentes y autoprogramables sin duda podrán desarrollarse mucho más rápidamente que los sistemas biológicos, tanto que para adaptarnos tendremos que incorporar la inteligencia de la máquina al significado de ser humano o nos quedaremos atrás. Esto puede sonar como un futuro espeluznante, del tipo de Borg en Star Trek, pero no pienso que tenga que serlo. El resultado podría ser unas especies profundamente mejoradas y un planeta más seguro. Ya veremos.

3. La realidad virtual: Nuestra habilidad para manipular ambientes artificiales, ya sea masivamente en computadoras paralelas o usando tecnologías holográficas en tercera dimensión, continuará mejorando de forma exponencial. Vemos ya mundos artificiales como la Segunda Vida, donde las personas se encuentren, compren tierras, tengan rela-

ciones sexuales, etc. Pienso que estos mundos se pondrán cada vez más atractivos, realistas y adictivos. Espero que habrá quienes dentro de cincuenta años harán la mayor parte de su vida en esos ambientes. Que veamos o no esto como algo bueno depende de la perspectiva de uno, pero no obstante, pienso que ocurrirá.

Lo *desagradable*:

1. La lucha entre la ciencia y la religión: Ha habido una tensión inherente entre estas dos áreas diferentes de la experiencia intelectual humana por más de mil años, tanto en el occidente como en el oriente. En el siglo XII dentro del mundo islámico, por ejemplo, desarrollar la teología eficazmente echó a perder una floreciente cultura científica y matemática, mientras que en Europa la Iglesia Católica de manera impresionante reprimió la investigación científica durante la Edad Media. En Estados Unidos ha habido un movimiento fundamentalista creciente que se opone a la enseñanza de la ciencia, especialmente de la evolución, en nuestras escuelas. Muchos individuos adiestrados en las así llamadas instituciones de enseñanza superior, como Liberty University, las que en realidad son bastiones del fundamentalismo, ahora tienen posiciones de alguna influencia en Washington. Al mismo tiempo, un resurgimiento del fundamentalismo islámico, alimentado sin duda en parte como una reacción de las sociedades tecnológicamente empobrecidas por la riqueza y el poder de las culturas occidentales no islámicas, también está en marcha de manera impresionante para oponerse a la propagación del conocimiento. La pregunta que naturalmente surge es si estas fuerzas de ignorancia prevalecerán durante los próximos cincuenta años o si el progreso científico continuará incólume. Hay razones para el optimismo. Por ejemplo, el movimiento del diseño inteligente en Estados Unidos ha tenido varios contratiempos serios en los últimos dos años. Sin embargo, Estados Unidos tiende a exportar todos los aspectos de su cultura, tanto los buenos como los malos, y así vemos que se levantan fuerzas antiintelectuales en Europa. Creo que la batalla actual entre el islam y el cristianismo y entre el fundamentalismo contra toda clase de racionalismo,

se empeorará a corto plazo. Los enormes retos tecnológicos globales que enfrenta la humanidad, junto con el crecimiento de la población, las crisis energéticas y el calentamiento global, exacerbarán estas tensiones. El resultado final para el mundo de dentro de cincuenta años dependerá de cómo emerja la humanidad de estas batallas.

58

John C. Mather

*El doctor John C. Mather, que comparte el Premio Nobel de Física del
año 2006 con George Smoot, es un astrofísico notable del Laboratorio de
Cosmología Observacional en el Centro de Vuelos Espaciales Goddard
de la NASA. Es el científico de proyecto de más alto rango del Telescopio
Espacial James Webb.*

Siempre hay tanto más por descubrir

A estas alturas de la historia de la humanidad, estamos siendo testigos de un
nexo de colaboración científica y tecnología avanzada que promete generar una
explosión de conocimientos que es, tanto en los sentidos literales como figura-
tivos de la frase, un temblor de tierra. La astrofísica ya ha comenzado a medir el
universo infantil. Los científicos participan periódicamente del descubrimiento
de más cosas acerca de la materia oscura, materia no detectada u observada directamente; pero inferida de los efectos gravitacionales sobre la materia visible, y
responsable de dar forma a las galaxias, y de la energía oscura, la forma de energía
responsable no sólo de acelerar el universo sino de dar forma a las galaxias que
están dentro de él. En términos muy simples, hoy tenemos discernimientos notables de dónde venimos y a dónde vamos.

En los próximos cincuenta años, hay muchos motivos para creer que estos
discernimientos se moverán rápidamente hacia una definición aun más grande.
Con el lanzamiento del Telescopio Espacial James Webb, proyectado para el año
2013, bien podemos ver realmente la formación planetaria, hasta ahora invisible

porque no habíamos tenido tanta capacidad para trabajar en el rango infrarrojo del espectro electromagnético. Imagine rastrear la conexión de la Vía Láctea hasta nuestro sistema solar, regresando millones de años para ver fuegos artificiales cósmicos cuando surgen las estrellas. Esperamos plenamente que durante las próximas dos décadas encontremos planetas en algún otro lugar de la galaxia.

Aparte del increíble avance en lo que conocemos sobre el origen del universo, podemos esperar uno igualmente excitante en lo que sabemos sobre dónde vamos desde aquí y con cuánta rapidez. La cosmología, como alguna de las otras ciencias, distrae nuestra atención del próximo año fiscal, del próximo ciclo de elecciones, de la próxima generación, incluso del próximo siglo a una visión de rango más largo. Lamentablemente, nuestros medios de comunicación están más ocupados en informar sobre las luchas que sobre los hechos. La investigación cosmológica puede cambiar esa perspectiva, una importante contribución sin importar lo que realmente se descubra.

> *Esperamos plenamente que durante las próximas dos décadas encontremos planetas en algún otro lugar de la galaxia.*

Cuando recuerdo la misión Apolo, me asombran los logros. Hoy es difícil de imaginar, pero esos individuos básicamente trabajaron con reglas de deslizamiento. Los viajes por el espacio entonces y ahora son mucho más difíciles de lo que la gente quiere admitir. Y hay una discrepancia sustancial entre los sueños y la realidad. La idea ficticia de las estaciones espaciales que sostienen miles de millones de personas es simplemente una expresión de deseos. Sin embargo, el punto crucial es que si logramos lo que creemos que podríamos: Lanzar y mantener un telescopio que verterá datos nuevos en nuestra investigación, aislar una partícula de materia oscura en el laboratorio, crear una máquina consciente como sugiere el gurú Ray Kurzweil con inteligencia artificial, contaremos con maneras inesperadas de mejorar el futuro Aunque las estaciones espaciales aún no pueden producir el agua y el aire que los humanos requieren, pueden ser grandes laboratorios para aprender cómo hacerlo, y bien pueden ser entornos óptimos para máquinas dirigidas por humanos.

Todo esto, por supuesto, está sujeto a las decisiones tomadas fuera del campo científico. Hace poco visité Alejandría, Egipto. De pie allí, recordando la gran biblioteca del mundo antiguo, y cómo su existencia y su pérdida afectaron el progreso del conocimiento, me golpeó el reconocimiento de que nuevamente, bien podríamos perder nuestro rumbo. El conocimiento hoy está más disperso que entonces. Nuestro mundo depende de la divisa del éxito comercial. Nosotros en la NASA comprendemos la necesidad del escrutinio público, y vemos nuestros trabajos no sólo para lograr lo que muchos insisten en que es una misión totalmente imposible, sino asegurándole al mundo qué estamos haciendo y por qué.

Aquellos que estamos en Estados Unidos somos particularmente afortunados. A partir de su creación, este país ha conocido a líderes que no estaban para nada interesados en la ciencia, y muchos adeptos. Benjamin Franklin y Thomas Jefferson son, por supuesto, los primeros casos paradigmáticos. Hoy, trabajamos en un mundo de colaboración viva, grandemente mejorado por el hecho de que nuestros colegas de otros países quieren venir aquí. Y, sí, aún hay competencia y eso, en efecto, es algo bueno. La Guerra Fría fue una fuente significativa de apoyo para la ciencia, y ahora la preocupación del público con el calentamiento global ha encendido el foco nuevamente en nuestro camino.

Lo que debemos recordar es que cualquiera sea la herramienta extraordinaria que tengamos a nuestra disposición en cincuenta años, cualquier horizonte que exploremos y más allá, garantizamos nuestro futuro al hacer de este país, en este mundo, un buen lugar para estar.

59

Ahmed Zewail

Ahmed Zewail, el laureado Premio Nobel del año 1999 en química, es profesor de esa materia y de física y director del Centro para la Biología Física en Caltech. Se han emitido estampillas postales para honrar sus aportes a la ciencia y a la humanidad.

AVANCES INCREÍBLES... Y LO QUE PERMANECE IGUAL

Viajar a través del tiempo es un verdadero reto. A lo largo de la historia, notables hombres han sostenido predicciones para el futuro que más tarde demostraron ser contrarias a la realidad. Habitualmente pensamos en el marco de referencia del «presente» sin, para la mayoría de las personas, poder ver el «futuro» (las bolas de cristal generalmente no funcionan). El fundador de IBM, Thomas J. Watson, dijo en el año 1943 sobre el futuro de las computadoras: «Creo que hay un mercado mundial para aproximadamente cinco computadoras». Multiplique esta cifra por mil millones para llegar a la realidad de nuestros días. No obstante, es interesante llegar a la conjetura del estado del siglo XXI debido a su singularidad en la historia del conocimiento humano. En los próximos cincuenta años, todo análisis del estado de avance debe considerar las fuerzas del conocimiento y de la fe, afectadas, por supuesto, por los cambios de influencia políticos, económicos y naturales.

No cabe duda de que uno puede predecir, sobre la base de las tendencias actuales, que la ciencia y la tecnología brindarán nuevos descubrimientos e innovaciones en muchos campos. Aquí, primero resalto los avances que expandirán vastas escalas de longitud y de tiempo, desde la micro (escala atómica) muy pequeña, hasta la macro (escala del cosmos) muy grande, y hasta la (vida) muy compleja, la escala intermedia. Para el mundo micro, será posible dominar y manipular materia en el nanómetro (un billonésimo de un metro) de escala de longitud y en el fentosegundo al atosegundo (una millonésima de un millardo y un millardo de un millardo, respectivamente), en escala de tiempo. Este control con precisión puede conducir a la síntesis de las máquinas microrobóticas que pueden formar «materia inteligente», materia con una función específica de escala molecular, o la construcción de una fábrica que imita a la biología, la célula. El diseño de los medicamentos desde los primeros principios hubiera tenido un enorme efecto sobre la cura de enfermedades, con suerte a precios mucho menores para los necesitados, especialmente los de los países menos desarrollados. Académicamente, tales enfoques multidisciplinarios, que requieren el conocimiento de diversas ciencias físicas y biológicas, reestructurarán la educación universitaria y redefinirán nuevos campos de estudio en la interfaz.

Construyendo sobre los avances en los desarrollos moleculares y celulares, la humanidad alcanzará una comprensión mucho mayor de la función biológica de los órganos, tales como el cerebro, pero dudo que el código de conciencia sea desencriptado incluso con cincuenta años de investigación. Se desarrollarán nuevas herramientas para observar el comportamiento de sistemas complejos en espacio y tiempo, y pueden surgir nuevos conceptos que describan la complejidad. El tratamiento de enfermedades tales como Alzheimer tomará un nuevo rumbo, control a nivel de la molécula (proteína), apuntar a los genes (ADN) o hacer que los órganos de repuesto usen células madre y técnicas de clonación asistidas por métodos actuales de ingeniería genética, biología molecular y expresión de genes (PCR, RNAi, ADN recombinante). En los próximos cincuenta años, las expectativas de vida pueden extenderse más allá de los cien años, y el cuidado de la salud humana cambiará más desde el consultorio de los médicos hacia los hogares en lo que denomino «MP» o medicina personal. Pero los beneficios médicos y societarios no evolucionarán sin algunas repercusiones. La síntesis o el control de la materia física es muy diferente de la interferencia con o la modificación de la vida (por ejemplo, usar silicona en lugar de carbono como base), y para muchos de este planeta esta invasión representa un conflicto con la creencia religiosa.

Sin una educación mejorada y un discurso franco sobre ética y moralidad, los choques entre ciencia y sociedad pueden convertirse en una consecuencia seria, incluso en países desarrollados como Estados Unidos.

El progreso no sólo se hará en el mundo de la materia y de la vida, sino también en el cosmos en su totalidad. Más de 80% de nuestro universo está hecho de energía oscura, y nosotros actualmente no comprendemos realmente su naturaleza; la materia física observada es sólo de 5% y el resto es materia oscura, materia de composición desconocida, que no puede observarse ópticamente, pero cuya presencia se infiere por el efecto de la gravedad sobre la materia visible. En este siglo, la cosmología brindará un mejor entendimiento de la energía oscura y la materia. También develaremos algunos misterios de los agujeros negros al detectar ondas de gravedad, con suerte con nuevas sorpresas que van más allá de las expectativas de la teoría de la relatividad de Einstein. Las misiones espaciales continuarán explorando el sistema solar y más allá, y podemos aprender más sobre la participación de los planetas en el origen de la vida. Las colonias pueden formarse en la luna, con suerte no para propósitos militares, y los viajes espaciales pueden convertirse en la nueva Tierra de los sueños, la Disneylandia que la gente disfrutará, pero con un precio.

En tecnología, es seguro decir que el desarrollo cambiante más rápidamente será el de la información y las computadoras. Los saltos adelante derivarán de la reducción del tamaño físico de las computadoras y del incremento en su capacidad de cómputo y velocidad, posiblemente más allá del límite de la ley de Gordon Moore, una observación empírica del año 1965 que sostenía que la cantidad de transistores en un único chip (circuito integrado) se duplicaría casi cada dos años. La expansión de la red de banda ancha y la integración de los multimedios en un dispositivo, sin mencionar la posibilidad de la computación cuántica usando el lenguaje del átomo (mecánica cuántica), tendrá un efecto sorprendente sobre la comunicación de la información, la velocidad y la capacidad, y sobre la sociedad y la cultura. La sociedad se readaptará a la explosión de información, pero debemos esperar que los valores familiares tradicionales se vean más comprometidos.

Lamentablemente, a pesar de estos descubrimientos anticipados e innovaciones, hay un cisma a cruzar en los próximos cincuenta años. Tecnologías avanzadas, e incluso más sencillas, facultarán a algunas personas a infligir desastres a gran escala a través de «ataques terroristas» o «causas de lucha por la libertad».

Dado el 80% de población de los que no tienen en nuestro planeta, una gran porción de personas están desesperadas o frustradas debido a su pobre o desfavorable situación económica o política, y de algún modo dejarán escapar su vapor y realizarán perjuicios significativos en poblaciones a gran escala. Las bombas químicas, biológicas o las armas nucleares pueden usarse y, como resultado, pueden disparar la primera gran guerra nuclear entre naciones. Sería sabio aliviar, o al menor morigerar, la desesperación de los que no tienen, y sostener asistencia económica y educación tendiendo puentes de diálogos entre Occidente y los 1,3 mil millones de musulmanes. Juzgando a partir del desempeño de los líderes mundiales actuales, temo que la situación permanecerá como alarmante mientras que el electorado político no permita soluciones visionarias a las causas reales de la desgracia humana: La ignorancia y la privación.

En los próximos cincuenta años, la única superpotencia del mundo de hoy puede tener una competencia real, y los retos son tanto internacionales como nacionales. En un mundo interdependiente, Estados Unidos ya no puede darse el lujo de tener una política exterior fragmentada e incoherente. Mientras otras naciones construyen una posición económica de liderazgo, Estados Unidos no puede permitir la erosión de las innovaciones y la inversión en Investigación y Desarrollo, una declinación en la ética laboral y el debilitamiento de la tradicionalmente poderosa clase media. Tan importante como eso, el sistema de valores que guió a la nación y atrajo las mejores mentes de todo el mundo no puede ser complicado por los beneficios políticos de funcionarios y lobistas elegidos. Todos estos factores determinarán la posición global de Estados Unidos dentro de cincuenta años. Ya los indicadores económicos pronostican que para 2050,

Juzgando a partir del desempeño de los líderes mundiales actuales, temo que la situación permanecerá como alarmante mientras que el electorado político no permita soluciones visionarias a las causas reales de la desgracia humana: La ignorancia y la privación.

China tendrá un PBI proyectado de 45 billones de dólares, sobrepasando a Estados Unidos, con el PBI de la India acercándose al de Estados Unidos, y el dólar está perdiendo su posición de liderazgo entre todas las divisas. Yo, sin embargo, aún creo en el sistema estadounidense y con suerte dentro de los próximos cincuenta años el país reestructurará sus sistemas políticos y educativos para preservar los valores que definieron su singularidad en la historia.

Lo antes expuesto en cuanto a ciencia, tecnología y sociedad no toma en cuenta las fuerzas naturales que generan desastres. Estos incluyen consecuencias del cambio climático, grandes epidemias o terremotos, huracanes como el Katrina y posiblemente un asteroide de cincuenta a cien kilómetros que choque contra la tierra en una colisión sin precedentes. Sorpresas como el 11 de septiembre, la destrucción masiva de Hiroshima o la ruptura de virus-máquinas de la comunicación electrónica pueden suceder antes de que pasen cincuenta años. Pero una fuerza mayor más allá de la naturaleza que está seguramente aquí para quedarse es la religión. Sería ingenuo ignorar la importancia de la fe en las vidas de miles de millones de personas en todo el planeta. Dentro de cincuenta años, muchos de los problemas que actualmente plagan al mundo se considerarán mitigados si las culturas y las religiones forman parte de una visión de política y diplomacia, y razón y fe, que no necesariamente tienen que estar en conflicto, son aceptadas como la necesidad dual humana de conocimiento y sentido de la vida.

Para cerrar, creo que los próximos cincuenta años traerán aparejados descubrimientos revolucionarios e innovaciones mientras la humanidad adquiere nuevos conocimientos. Los seres humanos, sin embargo, siguen siendo la misma especie, *Homo sapiens,* que desea el uso de la fuerza, desde la invención del fuego, las carrozas y las espadas hasta el uso actual de las bombas nucleares. Lo que es diferente en el siglo XXI es la capacidad de unos pocos individuos de ocasionar una destrucción masiva. Queda claro, al menos para mí, que en los próximos cincuenta años y más allá de donde está el panorama será, por un lado, de color rosa para los avances científicos y médicos que transformarán las vidas en forma positiva y, por otro lado, triste al considerar la falta de visión en los asuntos globales. Sólo puede concretarse el progreso cuando los líderes políticos vean al mundo a través del lente de los derechos humanos y la coexistencia pacífica. Sólo entonces las nuevas generaciones se beneficiarán plenamente de la tremenda potencialidad del siglo XXI.

60

Ross Gelbspan

Ross Gelbspan fue editor y periodista durante treinta años en el Philadelphia Bulletin, *el* Washington Post *y el* Boston Globe, *donde ganó un Premio Pulitzer por edición en el año 1994. Es autor de dos libros sobre el clima global:* The Heat Is On *[La calefacción está encendida] y* Boiling Point *[Punto de ebullición]. El creador y autor del sitio en la red* www.heatisonline.org, *Gelbspan se jubiló del periodismo cotidiano.*

LA TIERRA DENTRO DE CINCUENTA AÑOS: ¿RESCATE... O RUINA?

Dentro de cincuenta años, podemos estar viviendo en un mundo en el que la cooperación global haya reemplazado a la competencia global como la dinámica dominante, en la que hemos vertido las cada vez más artificiales lealtades nacionales que nos dividen, y en el que las personas de todo el mundo se han reunido en un proyecto mundial en común para rescatar a un planeta gravemente desvalorizado.

Alternativamente, podríamos estar luchando para sobrevivir a una era desolada y duradera de infierno climático.

Parece no haber dudas de que parte de la infraestructura global ha sido profundamente interrumpida por el incremento espectacular en los sucesos extremos del clima. El calentamiento de la atmósfera ya está destruyendo bosques en Alaska así como también en el noroeste de Estados Unidos y Canadá. Tal vez veamos fracasos en las cosechas de las «canastas de pan» debido a los cambios en los patrones de lluvias, sequías más extensas, escasez de agua e infestación de insectos. Estarán acompañados por un correspondiente aumento en la cantidad de enfermedades que portan los insectos, malaria, fiebre del dengue, fiebre amarilla y enfermedad de Lyme. Y seremos testigos de disminuciones significativas en la pesca de peces y moluscos, ambos debido al exceso de pesca y también a la acidificación de los océanos del mundo por nuestras emisiones de carbono.

Muchos de esos efectos casi seguramente comenzarán a producirse en la próxima mitad del siglo.

El dióxido de carbono, el principal gas que atrapa el calor liberado por la quema de carbón y petróleo, permanece en la atmósfera durante unos cien años. Así que incluso si fuéramos a reemplazar todas nuestras plantas generadoras con carbón, nuestros hornos que queman petróleo y nuestros automóviles que queman gasolina hoy día, aún estaríamos sujetos a un prolongado período de costosos y traumáticos extremos climáticos.

Lo más probable es que el mundo refleje otros cambios que trasciendan los efectos de un régimen climático más errático. Como por ejemplo, los hielos de las regiones árticas se derritieron, no sólo contribuyen a más cantidad de agua para los niveles crecientes de los océanos sino que también están molestando el equilibrio del calor en el planeta. La cubierta de hielo tradicional de la tierra ha reflejado, durante milenios, una determinada cantidad de luz solar al espacio, actuando como un elemento estabilizador en el termostato del planeta. Pero al desaparecer esa cubierta de hielo, no sólo refleja menos calor en la atmósfera, sino que también permite que la tierra y las zonas oceánicas absorban el calor que cubrían previamente.

Tal vez veamos fracasos en las cosechas de las «canastas de pan» debido a los cambios en los patrones de lluvias, sequías más extensas, escasez de agua e infestación de insectos.

La verdadera cuestión no es tanto cómo lucirá nuestro mundo en los próximos cincuenta años. En los últimos años, tres científicos sumamente prominentes, el doctor Rajendra Pachauri, presidente del Panel Intergubernamental sobre el Cambio Climático, el doctor James Hansen de la NASA; y James Lovelock, renombrado ecologista británico, han declarado que estamos muy cerca de, o ya hemos pasado, un punto de no retorno en términos de efectos climáticos de importancia.

La verdadera cuestión es cómo nosotros como especie responderemos a esos cambios.

La respuesta más probable, pero no inevitable, será totalitaria. Cuando los gobiernos se enfrenten con averías, su respuesta más probable será usar su poder policial y militar para restaurar o imponer el orden. El alcalde de Nueva Orleáns, Ray Nagin, por cierto no era un dictador. Pero cuando Katrina y sus torrenciales secuelas inundaron todos los vecindarios, se vio forzado a llamar a la Guardia Nacional para hacer cumplir las órdenes de evacuación, e intentar limitar el surgimiento predecible de saqueos y falta de legalidad. En una escala más grande, no es difícil prever que los gobiernos recurran a estados permanentes de ley marcial en países cuyas cosechas se vean destruidas por extremos climáticos, cuyas tierras estén por debajo del nivel del mar y cuyas fronteras sean invadidas por refugiados ambientales.

La noticia esperanzadora de la historia es que el cambio social rápido puede surgir tan rápidamente como cambie el clima. El Muro de Berlín se derrumbó en aproximadamente dos años. El apartheid en Sudáfrica fue derrotado en el pestañeo histórico de un ojo.

Es posible que, dada la reunión y los signos cada vez más inequívocos del inicio del caos climático, las personas comenzarán a enfocarse más en nuestras similitudes que en nuestras diferencias. A nivel más concreto, la naturaleza nos está diciendo que necesitamos unirnos en un proyecto global común para cambiar nuestras infraestructuras de energía, fuera del carbón y del petróleo y a fuentes de energía como el viento, el sol, el hidropoder a pequeña escala y el poder de las mareas, y otras formas menos destructivas de energía.

Una transición global crearía millones de empleos, especialmente en los países en vías de desarrollo. Podría hacer que los países empobrecidos y dependientes fueran socios comerciales. Elevaría las normas de vida en el exterior sin comprometer las nuestras. Socavaría la desespe-

Una transición global crearía millones de empleos, especialmente en los países en vías de desarrollo.

ración económica que da surgimiento a tanto sentimiento antiestadounidense. Y en un tiempo muy breve, podría saltar la industria de la energía renovable a un motor central, impulsor de crecimiento de la economía global.

Dando por un momento un paso hacia atrás hasta un punto de ventaja de ángulo mayor, este tipo de iniciativa también podría ser el comienzo del fin de un nacionalismo pasado de moda y cada vez más tóxico que hemos generado desde hace mucho tiempo.

La economía se está volviendo verdaderamente globalizada.

La globalización de las comunicaciones ahora posibilita que cualquier persona se comunique con otra en todo el mundo.

Y puesto que no respeta las fronteras nacionales, el clima global nos convierte en uno.

Nuestra historia moderna ha estado marcada por una dicotomía entre el totalitarismo de las economías de mando y control y la opulencia y brutalidad de los mercados no regulados y la globalización de escape. Es sólo posible que un proyecto de obras públicas global para volver a cablear el planeta pueda servir como modelo que podría comenzar a apuntarnos hacia esa calibración óptima de la competencia y la cooperación que maximizaría nuestra energía y creatividad y productividad al mismo tiempo que se extiende dramáticamente en cuanto a las condiciones de base para la paz: Paz entre los pueblos y la naturaleza.

Ese es el escenario más optimista. No es el más probable. En el pasado, cuando chocaron la naturaleza y la historia, la naturaleza siempre ganó, y la historia siempre ha tenido que comenzar de nuevo.

El próximo medio siglo nos dirá de muchas maneras cuánto hemos aprendido de la última mitad del siglo.

Reconocimientos

Compilar este libro fue un esfuerzo de equipo.

Nuestro agradecimiento a Bill Adler, que tuvo la idea, y a Bill Adler hijo, Peggy Robin, Jeanne Welsh, Rachael Garrity, Deb Sherer, April Moore y Katrina Milligan de Adler & Robin Books, que fueron invalorables en asegurar el material.

Le agradecemos el aliento y el apoyo a nuestro editor, especialmente a David Moberg, Joel Miller y Kristen Parrish.

Reconocemos la ayuda de Mel Berger en la Agencia William Morris, de Jayme Brown en la oficina de Mike Wallace, y de Mary Wallace por su entusiasmo por el libro.

Les agradecemos a todos. Ellos hicieron que este libro fuera posible.

Notas

Capítulo 14

1. Dr. Lane Neal, discurso sobre ciencia y tecnología, Serie «Secretary of State's Open Forum Conversation», Washington D.C. (22 junio 2000), transcripción, acceso obtenido 26 marzo 2007, www.ostp.gov/html/00727.html.

2. Naciones Unidas, *World Population Prospects, The 2006 Revision* (ESA/WP.202), (Nueva York: Department of Economics and Social Affairs, Population Division, 2007).

3. Ibid.

4. Ibid.

5. Peter Gruss, discurso sobre el Museo Nacional de Ciencias Emergentes e Innovaciones, The Max Planck Society for the Achievement of Science, Tokio (15 septiembre 2005), transcripción, acceso obtenido 26 marzo 2007, www.mpg.de/pdf/redenPraesidenten/050915scienceTunnel_en.pdf.

6. John H. Holland, "What is To Come and How to Predict It", en *The Next Fifty Years*, ed. John Brockman, (Nueva York: Vintage Books, 2002), pp. 170-82.

7. Thomas L. Friedman, *La Tierra es plana: Breve historia del mundo globalizado del siglo XXI* (Madrid: Mr Ediciones, 2006).

8. Rod A. Beckstrom y Ori Brafman, *La araña y la estrella de mar* (Barcelona: Empresa Activa, 2007).

9. Marshall McLuhan, *Comprender los medios de comunicación: Las extensiones del ser humano* (Ediciones Paidós Ibérica, 1968).

Capítulo 39

1. Energy Technology Perspectives; Scenarios and Strategies to 2050, publicado por IEA.

Capítulo 53

1. Charles Singer, *A Short History of Biology* (1931).